수수께끼 불교 : 활안 정섭 · 호암 찬헌 編

여래선과 조사선

불교정신문화원

머리말

　한국불교에서 가르치는 선은 초발심자경(初發心自警)으로부터 치문경훈(緇門警訓), 서장(書狀), 도서(都序), 선요(禪要), 절요(節要), 그리고 능엄(楞嚴), 기신(起信), 원각(圓覺), 반야(般若), 법화(法華), 화엄(華嚴), 전등(傳燈), 염송(拈頌)이 기본이다.

　그러나 우리들은 처음 출가 후 선원(禪院)에서 처음으로 선문촬요(禪門撮要)와 정혜결사문(定慧結社文) 등을 보고, 남방불교에 가서는 4아함(阿含)을 총정리한 청정도론(淸淨道論)이 있는 것을 알았으며, 미얀마에서는 위빠사나, 티베트에서는 자비선(慈悲禪), 중국에서는 여래선(如來禪)과 조사선(祖師禪), 다시 한국에 돌아와서 보니 화두선(話頭禪)이 주류를 이루고 있었다.

　그리고 미국과 유럽에서는 모두 이러한 선들을 마인드 콘트롤(메디테이션)이라는 이름을 가지고 갖가지 형태로 유행시키고 있었다. 특히 유럽에서는 티베트의 자비선이 각광을 받는 것을 보고, 미국에서는 원색적인 인도 요가사들과 중국·일본의 선지식들이 존경을 받고 있는 것도 보았다.

　선은 알고 보면 '마음 하나를 다스리는 것인데, 그 성품을 중심으로 다스리면 견성선(見性禪)이 되고, 법을 중심으로 다스리면 직지인심(直指人心)이 된다.

문제는 무엇을 하든지 깨달음에 달려 있으므로 석가모니 부처님의 가르침을 불교(깨달음의 가르침)라 한 것이다. 일찍이 우리는 삼각산 문수원(文殊院)에서 BTN과의 인연으로 선문염송 30권을 주마간산격으로 한 번 읽은 일이 있고, 다시 그것을 풀이하여 선사들의 이력과 함께 2,3 차례 공부한 바 있다.

그런데 금년에는 마지막으로 전등록을 강의하게 되었으니 심히 영광스러운 일이 아닐 수 없다. 선은 다른데 문제가 있는 것이 아니고 깨닫는 데에 문제가 있다. 그러나 이 세상에는 수 많은 각자(覺者)가 있으나 그것을 세상에 베풀어 주지 못하므로 행이 없는 "논리선(論理禪)" 또는 "의리선(義理禪)"이 되고 있다.

여래의 선은 임지자성(任持自性) 궤생물해(軌生物解)의 원칙을 깨닫는 것이고, 조사선은 바로 그 여래선의 바탕 위에 중생을 제도하는 방편을 보인 것이다. 이것은 6조대사를 공부한 사람들이 돈황에서 판단해 놓은 것이다. 6조대사를 중심으로 하고 있는 한국의 조계선(曹溪禪)에 다소라도 도움이 될까 하여 강의를 시작하게 된 것이다.

아무쪼록 수강생들은 언어문자만 따르지 말고 그 속에 들어 있는 뜻을 파악하여 세상과 중생에게 큰 빛이 되어 주시기 바란다.

불기 2560년 갑신년 10월 안거일
활안·호암 드림

일러두기

1. 이 책은 전동록 연등회요, 선문염송, 직지, 임제록, 벽암록 등 가운데 있는 인도 28조, 중국 6조의 여래선과 조사선만을 간추려 정리한 것이다.

2. 선의 내용은 남방불교의 청정도론과 북방불교의 유가사지론 등을 중심으로 중국, 한국, 티베트 등 여러 나라의 어록에 구체적으로 정리되어 있다.

3. 과거 7불은 후세에 제작된 법보단경에 첨가된 것이지만, 3세제불이 똑같이 한 가지 법등(法燈) 속에서 어두운 세계를 밝혀 왔다는 사실을 증명하는 자료가 되고 있으니 그 순서를 따라 낱낱이 점검하고 음미해 보시기 바란다.

4. 그 이후의 모든 선은 분등선(分燈禪)이고 부촉선(咐囑禪)이니, 나는 어디에서 등불을 붙여왔고 누구에게 나누어주고 있는지를 점검해 보시기 바란다.

5. 뒤에 염불선과 지관선은 별도로 다루겠다.

6. 부록은 오직 목차만 적어 놓았으니 서로 비교해 보시기 바란다.
   서로 반복된 것이 3분의 2가 넘는다.

목   차

여래선(如來禪)과 조사선(祖師禪)

여래선은 석가여래 이후 인도 28조의 평등선(平等禪)[1]을 말하고, 조사선은 달마 이후 6조 혜능대사까지의 차별선(差別禪)[2]을 말한다. 나머지 오가칠종(五家七宗)은 분등선(分燈禪)[3]이고, 그 이후는 부촉선(咐囑禪)[4]이다.

6조 법보단경(法寶壇經) 이전에는 과거칠불(過去七佛) 이야기가 경전(阿含經)에는 나와도 선서(禪書)에는 없었다. 6조단경 덕이본(德異本)[5]에서 마하가섭을 제1세로 하였는데, 돈황본(燉煌本)에서는 과거칠불이 들어갔고, 송나라에서 만들어진 종보본(宗寶本)과 경덕전등록(景德傳燈錄)에는 여러 가지 주석까지 붙여 설명하고 있다.

또 덕이본에는 제3조가 상나화수(商那和修)로 되어 있는데, 돈황본에는 말전지(末田地)로 되어있으니 아난의 전법제자가 두 분이었다는 것을 알 수 있다.[6]

그리고 큰스님의 존칭도 마명·용수 이전에는 비구(比丘)·아라한(阿羅漢)·보살(菩薩)이란 존칭을 쓰고, 제24대 사자존자 이 후부터 존자(尊者)란 말을 쓰게 되었다. 근거는 종보본에 있다.

그리고 당나라 말 남돈선(南頓禪 : 六祖門下)에서 생긴 위앙종(潙仰宗 : 770-

---

1) 일체중생이 똑같이 불성의 이치를 가지고 있다는 평등선
2) 차별선은 누구나 평등하나, 깨닫는 데는 근기따라 차별이 있다는 것
3) 분등선은 마음에 등불을 나누어 준 것.
4) 부촉선은 견성성불의 이치를 통해 세상을 빛나게 할 것을 부탁한 것
5) 육조단경은 6조스님이 소주 대범사에서 설한 것을 소주 자사 위거의 청에 의해 법해스님이 편집한 것인데, 이본(異本)이 많다. 분과도 서로 다른데, 돈황에서 발견된 덕이본이 남돈선을 중심으로 반야의 견성설을 배경으로 조직한데다 유교의 족보처럼 역대 조사의 이력이 들어 있으므로 크게 빛을 보고 있다.
6) 한 분은 북인도(현 파키스탄 상좌부) 전법자, 다른 한 분은 남인도(부파불교) 전법자.

853) · 임제종(臨濟宗 : ?-866) · 조동종(曹洞宗 : 807-869) · 운문종(雲門宗 : 864-949) · 법안종(法眼宗 : 885-958) 가운데, 위앙 · 법안은 7대에서, 운문은 13대에서 대가 끊어지고, 오직 임제 · 조동만 지금까지 전해오고 있다. 이로서 보면 법의 흥망은 사람을 따라 성쇠가 있다는 것을 알 수 있다.

그런데 중국의 전등록과 한국 선문염송(禪門拈頌)에서는 이 분들의 역사와 거양법문(擧揚法門)을 자그만치 1700가지 이상으로 기록하고 있다. 이제 이들의 법문을 골수만 골라 자기 공부를 점검할 수 있도록 하나의 관문(關門)을 형성하고자 하니 공부한 사람은 스스로 자기 공부를 점검할 것이고, 그렇지 못한 사람은 앞사람들의 노정기를 통해 자기 길을 선택하여야 할 것이다.

부처님께서 보리수 밑에서 도를 깨치시고,
"아, 기특하다. 일제중생이 모두 지혜의 덕상을 갖추고 있구나. 이것을 깨닫지 못하여 생사의 구렁에서 벗어나지 못하고 있구나."
하고 사방으로 일곱 발자국 씩 걸으니 진흙 속에서 연꽃이 피어나, "천상천하 유아독존" 이라 하였다.

깨달은 사람은 어찌하여 깨닫고 어리석은 중생은 어찌하여 어리석은가. 한 손을 뒤집으면 손등이고 손바닥이지만 손 자체는 변한 것이 없다. 그러므로 화엄경에 "깨달으면 누구나 황금지(黃金地)에 보리수의 꿈을 실현하고 대자대비의 궁전에 앉아 사자후(獅子吼)를 할 수 있다" 하였다.[7]

---

7) 대각의 4대원리 : 깨달은 사람은 누구나 그 자리가 황금지(4통5달 된 사람)가 되고, 가는 곳 마다 깨달음을 설한 보리수가 되고, 중생을 따뜻하게 감싸주는 대자대비궁전이 되어, 하는 말마다 파사현정(破邪顯正)의 사자후가 된다.

제1편 인도의 여래선

1. 과거칠불(過去七佛)

비바시불   시기불   비사부불   구류손불

구나함모니불   가섭불   석가모니불

　여기서 과거라 하는 것은 현재 석가모니부처님을 중심으로 계산한 것이다. 이 7불 이전에도 수 없는 부처님이 계시고 현재[賢(現)劫]에도 무수한 부처님이

계시나 인도 사람들은 보통 7대조까지 제사를 가정에서 모시는 것이 풍습이므로 7대조 부처님을 기준해서 설명한 것이다.

≪장아함경(長阿含經)≫에는 "문수보살이 7불의 조사가 되고 금화선혜(金華善慧)가 송산령(松山嶺)에 올라 도를 행하였다."고 하였다.

과거칠불은 ① 비바시불(毘婆尸佛) ② 시기불(尸棄佛) ③ 비사부불(毘舍浮佛) ④ 구류손불(拘留孫佛) ⑤ 구나함모니불(拘那含牟尼佛) ⑥ 가섭불(迦葉佛) ⑦ 석가모니불(釋迦牟尼佛)이다.

(1) 비바시불(毘婆尸佛)

비바시불은 과거 장엄겁 제998존으로 사람의 수명 8만4천세일 때 찰제리(刹帝利 : 왕족[8]) 종족에 태어나서 성은 구리야(拘利若)이고 아버지는 반두(槃頭), 어머니는 반두바제(槃頭婆提)였다. 반두바제성에 계실 때에 바바라수(婆婆羅樹) 밑에서 3회 설법으로 34만8천인을 제도하였다. 두 제자가 있는데 하나는 건다(騫茶)이고 둘은 제사(提舍)였다. 시자는 무우(無憂)이고 아들은 방응(方膺)이다. 전법게는 다음과 같다.

신종무상중수생(身從無相中受生)

---

[8] 성씨는 출생의 혈통을 나타내는 칭호다. 단계혈통집단(單系血統集團)은 시조를 중심으로 족적관념(族的觀念)을 가지고 있으며, 여기서 본·성·이름이 구별된다. 중국에서는 하·은·주(夏·銀·周) 9대까지는 씨(氏)를, 여자는 성을 호칭하였으나 남녀가 함께 지내면서 성씨가 있게 되었다. 우리나라에서는 고려 초기부터 지배층에게 성을 부계혈통 중심으로 계승하도록 하고 이름은 개인을 가리기 위해 썼다. 그래서 성이 없는 사람에겐 성을 내리는 사성제도(賜姓制度)가 생겼고, 혹은 전난을 통해 약간씩 변하게 하는 변성(變姓)제도가 생겼다가 어떤 때 스스로 자신을 칭하는 자칭성(自稱姓)을 쓰는 자도 생겼다. 그러므로 중국자전(漢文解字)에는 "姓人之所生也"라 하였고, 좌전에서는 "天子建德因生而賜姓"이라 하였다. 천자가 덕이 있는 사람에게 제후를 봉하면서 조상의 출생지로서 성을 삼았다는 말이다. 그래서 이 성은 출생지 지방과 인연이 많다. 경주 김씨, 밀양 박씨, 전주 이씨 등이 그것이다. 그러므로 한국에서는 대부분 성과 본관으로 가문을 상징하고, 이름은 가문의 대수 즉 항렬(行列), 자(字)는 개인을 구별하는 이름이다. 따라서 한국에서는 성은 주로 혈통을 따르고 있지만 외국에서는 그렇지 않은 경우가 많다. 따라서 한국의 성씨는 덕있는 사람에게 주는 표지, 봉건제후가 귀순자들의 대우, 혼인결연의 표징으로 사용하고 있다. 그러므로 과거 7불의 역사를 이렇게 이름, 부모, 사제, 시자, 지역 이름으로 표시한 것은 불교는 어디까지나 덕있는 사람들의 역사를 추존하고 표창한 내력을 기록한 것이다. 불교는 어디까지나 인간의 종교이지 하늘에서 뚝 떨어진 종교이거나 땅에서 푹 솟은 사상이 아니기 때문이다.

유여환출제형상(猶如幻出諸形象)

환인심식본래무(幻人心識本來無)
죄복개공무소주(罪福皆空無所住)

모양 없는 가운데서 난 몸이
마치 허깨비 모습과 같다.
도깨비 속에는 원래 마음과 생각 없으므로
죄와 복이 다 비어 머무를 곳 없다.

(2) 시기불(尸棄佛)

시기불은 과거장엄겁 제999존으로 사람의 수명이 7만세 때에 찰제리종족에 태어났다. 성은 구리야(拘利若)이고 아버지는 명상(明相)이며, 어머니는 광요(光曜)이었다. 광상성 분타리수 밑에서 3회 설법으로 25만인을 제도하였다. 두 제자가 있었는데 하나는 제사(提舍)요 둘은 바라바(婆羅婆)였다. 시자는 인행(忍行)이고 아들은 무량(無量)이었다. 전법게는 다음과 같다.

기제선법본시환(起諸善法本是幻)
조제악업역시환(造諸惡業亦是幻)
신여취말심여풍(身如聚沫心如風)
환출무근무실성(幻出無根無實性)

선한 법도 본래 허깨비이고
악한 법도 허깨비이다.
몸은 거품, 마음은 바람과 같으므로
허깨비를 내는 것 또한 근거 없고 사실적인 성품이 없다.

(3) 비사부불(毘舍浮佛)

비사부불은 과거 장엄겁 1천존으로써 사람의 수명이 5만세 때에 찰제리종족
에 태어났다. 성은 구리야(拘利若)이고 아버지는 선등(善燈)이며 어머니는 칭계
(稱戒)였다. 무유성 바라수 밑에서 2회 설법으로 13만인을 제도하였다. 두 제자
가 있었는데 하나는 부유(扶遊)요 둘은 울다마(鬱多摩)요, 시자는 적멸(寂滅)이
며 아들은 묘각(妙覺)이었다. 전법게는 다음과 같다.

가차사대이위신(假借四大以爲身)
심본무성인경유(心本無性因境有)
전경약무심역무(前境若無心亦無)
죄복여환기역멸(罪福如幻起亦滅)

4대를 빌려서 몸을 삼으니
남이 없는 마음이 경계로 인해 나타난다.
경계 없으면 마음 또한 없나니
죄와 복이 허깨비 같이 일어났다 없어진다.

(4) 구류손불(拘留孫佛)

구류손부처님은 현겁(賢劫)의 제일존이다. 사람의 수명이 4만세 때에 바라문
종족에 태어났다. 성은 가섭(迦葉)이고 아버지는 예득(禮得)이며 어머니는 선기
(善枝)다. 안화성 시리사수(尸利沙樹) 밑에서 1회 설법으로 4만인을 제도하였
다. 두 제자가 있는데 하나는 살니(薩尼)이고 둘은 비루(毘樓)다. 시자는 선각
(善覺)이고 아들은 상승(上勝)이었다. 게송은 다음과 같다.

견신무실시불신(見身無實是佛身)
요심여환시불환(了心如幻是佛幻)

요득신심본성공(了得身心本性空)
사인여불하수별(斯人與佛何殊別)

실없는 몸을 보는 자 그것이 부처님 몸이고
마음이 허깨비와 같은 줄 아는 자 그것이 허깨비 같은 부처다.
몸과 마음의 본 성품이 공한 줄 알면
이 사람은 부처님과 다르지 않다.

(5) 구나함모니불(拘那含牟尼佛)

구나함모니불은 현접 제2존으로 사람의 수명 3만세 때에 바라문종족에 출세하여 성은 가섭이고 아버지는 대덕(大德), 어머니는 선승(善勝)이었다. 청정성 조잠사라 나무 밑에서 1회 설법으로 3만인을 제도하였다. 두 제자가 있는데 하나는 서반나(舒槃那)이고 둘은 울다루(鬱多樓)며 시자는 안화(安和)이고 아들은 도사(道師)이었다. 게송은,

불불견신지시불(佛不見身知是佛)
약실유지별무불(若實有知別無佛)
지자능지죄성공(智者能知罪性空)
단연불포어생사(但然不怖於生死)

부처님은 몸을 보지 않고도 부처인줄 알지만
만일 진실로 앎이 있다면 따로 부처가 없다.
지혜 있는 사람은 능히 죄의 성품이 공한 줄 알아
태연하여 생사에 두려움이 없기 때문이다.

(6) 가섭불(迦葉佛)

가섭불은 현겁 제3존이다. 사람의 수명 3만세 때에 바라문종성에 태어나 성은 가섭이 되고 아버지는 범덕(梵德)이 되며 어머니는 재주(財主)였다. 바라나성 니구율나무 아래에서 1회 설법으로 2만인을 제도하고 두 제자를 두었으니 하나는 제사(提舍)이고 둘은 바라바(婆羅婆)이었다. 시자는 선우(善友)이고 아들은 집군(集軍)이었다. 전법게는

일체중생성청정(一切衆生性淸淨)
종본무생무가멸(從本無生無可滅)
즉차신심시환생(卽此身心是幻生)
환화지중무죄복(幻化之中無罪福)

일체 중생의 성품은 청정하여
본래부터 생과 멸이 없다.
몸과 마음이 허깨비에서 나니
허깨비 속에는 죄와 복이 없다.

(7) 석가모니불(釋迦牟尼佛)

석가모니불은 현겁 제4존이다. 성은 찰제리이고 아버지는 정반왕(淨飯王)이며 어머니는 대청정묘(大淸淨妙)이었다. 일생보처의 자리에 올라 도솔천에 태어나 이름을 승선천인(勝善天人, 護明大士)이라 불렀다. 보처의 수행법으로서 모든 천중(天衆)들을 제도하고 또 시방세계에 몸을 나타내서 설법하였다.

≪보요경(普曜經)≫에
"부처님이 탄생하실 때 큰 광명을 놓아 시방세계를 비치시니 땅에서 금 연꽃이 솟아 발을 받들자 동서남북으로 각각 7보씩을 걷고 한 손은 하늘을 가리키

고 한 손은 땅을 가리키며 천상천하 유아독존(天上天下 唯我獨尊)이라 하시니 때는 주소왕(周昭王) 24년 B.C. 갑인 4월 8일이었다."

하고

"19(29)세 되던 해 2월 8일 네 문을 구경하시고 생로병사의 고통을 영원히 없애고자 2월 8일 자시에 정거천인(淨居天人)의 말을 듣고 출가하여 단특산중(檀特山中)에 들어가 아람가람처(阿藍伽藍處)에서 불용처정(不用處定)을 보름 동안 공부하고 다시 울두람불처(鬱頭藍弗處)에 가서 비비상처정(非非想處定)을 배웠다. 이 또한 생사대사와는 관계가 없는 것을 아시고 상두산(象頭山)에 이르러 다른 외도들과 같이 하루에 밀과 보리 몇 낱으로 연명하며 6년을 지냈다."

모두 이것은 외도들의 사법(邪法)과 이견을 끊는 좋은 방편이었다. 이러한 모든 것을 통하여 외도 사법의 부도덕한 경지를 벗어나 자기 독특의 수행법을 통하여 2월8일 새벽 하늘의 밝은 별을 보고 도를 깨달으니 천인사(天人師), 불·세존(佛·世尊)이라 불렀다.

때는 나이 30(35)세로 주나라 목왕 3년 B.C. 계미였다. 녹야원에 이르러 교진여 등 5비구에게 사제법륜(四諦法輪)을 굴려 도과를 얻게 하고 49(45)년간 설법하신 뒤 제자 가섭에게 뒷일을 맡기며 다음과 같이 말했다.

"나에게 있는 청정법안(淸淨法眼) 열반묘심(涅槃妙心) 실상무상(實相無相)의 미묘정법(微妙正法)을 그대에게 부촉한다."

하고 또 아난에게도 부촉하여 끊어짐이 없게 하였다. 전법게는 다음과 같다.

법본법무법(法本法無法)
무법법역법(無法法亦法)
금부무법시(今付無法時)
법법하증법(法法何曾法)

법이란 본래 법은 법이라 할 것도 없으나
법 없는 법 또한 그렇다.
이제 없는 법을 전해주노니
법이란 법이 언제 (내가) 법이라 하였겠느냐.

그 뒤 부처님은 다시 가섭에서 금루승가리(金縷僧伽梨)를 전하면서
"이것을 잘 가지고 있다가 다음 미륵불께 전하라."
하시고 구시나성 니련선하 사라쌍수 사이에 가서 마지막 제자 기바(耆婆)를
제도하시고 무상게(無常偈)를 읊었다.

제행무상(諸行無常)
시생멸법(是生滅法)
생멸멸이(生滅滅已)
적멸위락(寂滅爲樂)

모든 법이 무상하니
이것이 생멸법이다.
생멸이 다 멸하고 나면
적멸이 곧 낙이 된다.

그 때에 제자들이 향과 나무를 가지고 와서 다비하였으나 불이 탄 뒤에도 관
이 여전히 남아 있으므로

범속제맹치(凡俗諸猛熾)
하능치화열(何能致火爇)
제존삼매화(諸尊三昧火)
사유금색신(闍維金色身)

　이라 하니 갑자기 삼매의 불이 솟아나서 잠깐 사이에 타고 여덟섬 너말의 사리를 얻었다. 때는 임신 2월 15일이었다.

　이후 1017년만에 교법이 중국에 전해지니 때는 후한 명제 10년 B.C. 무진이었다.

　이상의 글을 종합하여 보면 우선 석가 부처님의 연대가 3천년대로 나온다. 이것은 2천5백년 연대에 해당되는 아쇼카왕의 돌비석이나 중성점기(衆聖點記)를 참고하지 않고 위서(僞書)로 지칭되는 주서이기(周書異記)를 저본으로 한데 문제가 있다.

　그러나 이 책은 주서이기를 저본으로 한 전등록을 기본하여 썼으므로 고치지 않고 그대로 썼다.

　이상으로서 과거 7불의 역사는 모두 마치고 다음부터는 인도의 여러 조사들에 대하여 설명하기로 하겠다.

2. 인도의 선각자들

(1) 마하가섭(摩訶迦葉. Mahakasyapa)과 아난다(阿難陀. Ananda)

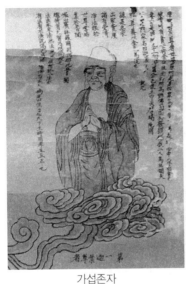 

가섭존자   아난존자

마하가섭은 마갈타국 사람이다. 성은 바라문이고 아버지는 음택(飮澤)이며 어머니는 향지(香至)이다. 연금사(鍊金師) 집안의 출신이다. 옛날 비바시부처님께서 열반하신 뒤 탑을 세웠는데 탑에 모신 불상의 얼굴에 얼룩이 져 있자 어떤 가난한 여인과 함께 뜻을 모아 개금하고 그 인연으로 91겁 동안 가섭의 도반이 되었다. 그 인연으로 항상 태어날 때마다 황금찬란한 모습으로 태어나고 입에서는 항상 광명이 솟았으므로 이름을 가섭이라 하였다. 그래서 중국 사람들은 가섭을 번역하여 '음광승존자(飮光勝尊者)'라 하였다.

석가 부처님께서 다자탑 앞에 계실 때 가섭이 지나가다가 뵈오니 자리를 나누어 앉으시고

"나에게 있는 정법안장 열반묘심(正法眼藏 涅槃妙心)9)을 그대에게 부촉한다"

---

9) '정법안장(正法眼藏)'은 바른 법은 지혜있는 사람의 눈 속에 들어 있다는 말이고, '열반묘심(涅槃妙心)'은

고 하였다. 항상 검소한 생활로 걸사생활을 하였으므로 두타제일(頭陀第一)[10] 가섭존자라 불렸다.

마하가섭의 두타행은 아래와 같은 열두 가지 청정무구행을 말한다.
① 인가를 멀리 떠나 산숲 또는 평야 고요한 곳에 떨어져서 사는 재아란야처행(在阿難若處行)
② 늘 밥을 빌어먹고 사는 상행걸식행(常行乞食行)
③ 순서적으로 밥을 비는 차제걸식행(次第乞食行)
④ 하루에 한때만 한자리에서 먹고 두 번 먹지 않는 수일식법행(受一食法行)
⑤ 발우 안에 든 것 만으로 만족하는 절량식행(節量食行)
⑥ 한 자리에서 먹고 거듭 먹지 않는 중후부득음장(中後不得飮醬)
⑦ 정오가 지나면 술, 사탕, 우유도 먹지 않음
⑧ 헌 옷을 빨아 기워 입는 행(着弊納衣行)
⑨ 단지 상·중·하 3의만 입고 사는 삼의행(三衣行)
⑩ 공동묘지부근에서 무상관을 닦는 총간주행(塚間住行)
⑪ 있는 곳에 애착을 갖지 않고 노지에서 사는 수하노지행(樹下露地行)
⑫ 단정히 앉아 눕지 않는 단좌불와행(但座不臥行)

또 부처님께서 영산회상에서 법화경을 설하려 할 때 한 선녀가 꽃을 바치니 그것을 들어 대중 앞에 보였으나 모든 대중이 멍하게 있는데 오직 가섭존자가 미소를 지었으므로 "나에게 있는 정법안장 열반묘심을 가섭에게 부촉한다" 하였으므로 이것을 일러 염화미소(拈花微笑)라 부르게 되었다.

또 부처님께서 입멸하실 때는 기사굴산 빈발라굴에 있었는데 이상한 광명을 보고 니련선하에 가서 예배하니 부처님께서 두 발을 뻗어 내보여 곽시쌍부(廓示雙趺)의 인연을 보였다.

생사를 초월한 참된 평화는 묘한 마음 속에 들어 있다는 말이다.
10) 두타행(頭陀行)은 청정무구행(淸淨無垢行)을 실천하는 열두가지 행을 말한다.

이상의 "다자탑전의 반분좌"와 "영산회상의 염화미소", "사라쌍수의 곽시쌍부"를 속칭 삼처전심(三處傳心)이라 말하고 이심점심의 표적으로 이해하고 있다.

다비가 끝난 뒤에는 여래의 제자들에게 '슬퍼하지 말고 법장(法藏)을 결집하여 정법이 끊어지지 않도록 하자' 하고 대중을 모으자 5백 비구가 모였으므로 아난존자가 상수가 되어 수다라장(修多羅藏 : 三藏)을 편집하였다.

아난은 '부처님께서 떠나시고 나니 장엄하지 못한 것이 넓은 하늘에 별들이 달을 여읜 것 같다' 하고 '언제 어디서 누가 누구에게 무슨 말씀을 하였는데 그때의 감회가 어떠했다는 육하원칙(六何原則)에 의하여 경 · 율을 편집하니 이것이 우리가 보는 팔만대장경이다.

가섭존자는 경장이 편집되자

"내 나이 많아 오래 머물지 못하겠으니 이제 바른 법은 아난에게 부촉한다" 하고 다음과 같은 게송을 읊은 뒤 부처님의 금란가사를 가지고 계족산(鷄足山)으로 들어갔다. 때는 주효왕 5년(혹 4년) 병진이다.

전법게는 다음과 같다.

법법본래법(法法本來法)
무법무비법(無法無非法)
하어일법중(何於一法中)
유법유불법(有法有不法)

법이라고 하는 본래 법은
법도 아니고 법 아닌 것도 아니다.
그런데 어찌 이 한 법 가운데
법과 법 아닌 것이 있겠는가.

아난존자는 왕사성 사람이다. 아버지는 곡반왕(斛飯王)이고 부처님의 종제이다. 부처님 성도하신 날 밤에 나서 부처님을 일생 동안 시봉하였다. 총명 예지하여 무엇이고 들으면 다시는 잊어버리는 일이 없으므로 총지제일(摠持第一) 다문제일(多聞第一)이라 하였다.

아사세왕이 임종을 보기 원하여 고했으나 잠이 깊이 들어 베살리성으로 갔다. 아사세왕이 꿈 가운데서 큰 일산의 보배 자루가 부러지는 것을 보고 깨서 보니 아난존자가 그 사이 다녀갔는지라 슬퍼하여 베살리성으로 갔다. 그런데 존자께서는 벌써 강 중류에 이르러 좌정하고 있었다.

"거룩하신 3계의 스승이시여, 어떻게 저를 버리시고 여기까지 오셨나이까. 잠깐만이라도 자비를 베푸시어 열반에 들지 마옵소서."

하자 베살리성 왕도 그곳에 와서 외쳤다.

"어찌하여 이다지도 빨리 열반에 드시려 하시나이까. 원컨대 잠깐만 머물러 저의 공양을 받아주옵소서."

아난이 말했다.

"왕이시여, 슬퍼하지 마옵소서. 열반은 대자유며 청정한 것이니 모든 존재에 얽매임이 없기 때문입니다."

아난이 어느 나라에 치우쳐 열반하면 나중에 불행의 빌미가 될까 하여 그대로 강의 중류에 머물러 열반에 들려 하자 갑자기 천지가 육종으로 진동하였다. 이 상서를 본 설산의 5백 신선들이 몰려와 제자가 되니 그 가운데 하나는 상나화수(商那和修)요 둘은 말전저가(末田底迦)였다. 아난이 이들이 법기(法器)임을 아시고 "옛적에 부처님께서 정법안장 열반묘심을 마하가섭에게 전하시고 가섭은 나에게 전했는데 나는 이것을 다시 그대들에게 전하노라" 하고 다음의 게송을 읊은 뒤 풍분신삼매(風奮迅三昧)에 드니 스님 사리를 4분하여,

  ①은 도리천에 봉안하고
  ②는 사갈라 용궁에 봉안하였으며,
  ③은 아사세왕이 봉안하고
  ④는 베살리에 봉안하였다.

때는 중국의 여왕 12년(혹 10년) 계사였다.

본래부유법(本來付有法)
부료무언법(付了無言法)
각각수자오(各各須自悟)
오료무무법(悟了無無法)

본래 있는 법을 전하니
전한 뒤에는 없게 된다.
각각 스스로 깨닫고 보면
법 아닌 법도 없게 되리라.

말전지(Madhyantika)는 기원전 3세기 무렵 인도 타파라 사람이다. 아난의
제자가 되어 아라한과를 얻고 북인도 건타라국 카슈미르로 가서 전법하였다.
생존년대는 알 수 없고, 전법게도 따로 없다.

(2) 상나화수(商那和修. Sanavasa)와 우바국다(優婆麴多. Upagupta)

상나화수

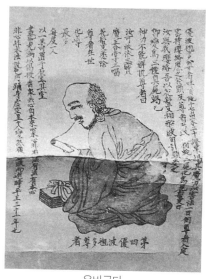
우바국다

상나화수는 마돌라국(摩突羅國) 사람이다. 아버지는 임승(林勝)이고 어머니는 교사야(憍奢耶)다.

옛적에 여래께서 유행하시다가 마돌라국 우류다(優留茶)에 이르러 아난에게 "이곳에서 100년 후에 상나화수가 나서 법륜을 굴리게 될 것인데 그 때에는 구기수라는 상서스러운 풀이 날 것이다"라고 예언한 바 있다.

과연 그곳에서 큰 성현이 태어날 때 구기수(九技秀)라는 신성한 풀이 난 뒤에 상나화수가 태어났으므로 이름을 그렇게 지은 것이다. 상낙가차(商諾迦此)는 자연복(自然服)이라는 말이다. 저절로 태어난 상서로운 풀을 말한다.

어머니 태에서 6년만에 태어나 출가하여 아난의 법을 잇고 두 화룡(火龍)을 교화, 그곳에 범궁(梵宮)을 지어 받았다. 말년에 타리국(吒利國)에서 우바국다(優婆麴多)를 만났다.

"나이가 몇 살이냐?"

"열 일곱입니다."

"몸이 열 일곱이냐 마음이 열 일곱이냐?"

"스님께서는 머리가 흽니까 마음이 흽니까?"

"머리가 희다."

"저도 몸이 열 일곱입니다."

그 후 3년 있다가 머리를 깎고 구족계를 주었다. 그리고 법을 전하니 전법게는 다음과 같다.

비법역비법(非法亦非法)
무심역무법(無心亦無法)
설시심법시(說是心法時)
시법비심법(是法非心法)

비법 또한 법이 아니다
무심하면 법도 없다.
이 심법을 말한다면
이 법도 심법이 아니다.

전법 후 스님은 계빈국(罽賓國) 남쪽 상백산(象白山)에 있다가 5백제자를 거느리고 있는 우바국다가 게으름을 피우고 있는 것을 보고 곧 그들에게 가서 용분신삼매(龍奮迅三昧)를 나타내어 항복 받으시고

통달비피차(通達非彼此)
지성무장단(至聖無長短)
여제경만의(汝除輕慢意)
질득아라한(疾得阿羅漢)

피차가 없는 도리를 깨달으면
지극한 경계에는 장단이 없다.

그대 경만한 뜻 제거하면
바로 아라한도를 얻으리라.

이렇게 게송을 읊은 뒤 18변화[11]로부터 화광삼매에 들어 몸을 살랐다. 우바국다가 범가라산에 장사지내니 5백 비구는 번을 들고 가서 공양하였다. 주나라 선왕 23년 B.C. 을미였다.

우바국다는 탁리국(吒利國) 사람이다. 성은 수타(首陀)이고 아버지는 선의(善意)다. 17세에 출가하여 20세에 도를 깨닫고, 마돌라국에 가서 많은 중생을 제도하니 악마의 궁전이 흔들리고 파순이 근심하였다. 파순이 꾀를 내어 삼매 중에 있는 스님의 목에 영락을 걸어 주었다. 존자가 그 뜻을 알고 사람과 개와 뱀의 송장을 족두리로 변화시켜 그들에게 선물하니 그의 머리에서는 구더기가 변해서 우글거렸다. 자기의 신통력으로서는 어찌 할 수 없는 것을 안 마왕이 범천왕에게 가서 의논하니
"10력의 제자[12]들이 부린 신통은 우리들이 어찌할 수 없다"고 하면서,

약인지도(若因地倒)
환인지기(還人地起)
이지구기(離地求起)
종무기리(終無其理)

땅으로 인해 넘어졌으면
땅으로 인해 일어나야지

---

11) 18變는 불·보살이 나타내는 열 여덟가지 신통 ─ 震動. 熾烈. 流布. 示現. 轉變. 往來. 卷. 舒. 衆象入身. 同類往趣. 隱. 顯. 小作自在. 制他神統. 能施辯才. 能施憶念. 能施安樂. 放大光明.

12) 10력의 제자는 곧 부처님의 제자들이다. 부처님은 ①처비처지력(處非處智力) ②업이숙지력(業異熟智力) ③선정해탈지력(禪定解脫智力) ④근상하지력(根上下智力) ⑤종종승해지력(種種勝解智力) ⑥종종계지력(種種界智力) ⑦변취행지력(遍趣行智力) ⑧숙주수념지력(宿住隨念智力) ⑨사생지력(死生智力) ⑩누진지력(漏盡智力)의 10가지 지혜의 힘을 갖추고 있기 때문이다.

땅을 여의고 일어나려 하는 것은
옳지 못하다.

하니 이 말을 듣고 파순이 우바국다에게 오자 존자가 3귀의 계를 주었다. 곧 족두리가 없어졌다. 이에 마왕이 외쳤다.

"10력 3매의 성현이신 부처님 제자에게 귀의합니다. 제가 이제 불도에 회향하오니 저의 재난을 없에 주소서"라고 하였다.

스님은 제자를 제도할 때마다 산가지를 하나씩 던져 넣었는데 세로 18주 가로 12주 되는 방에 그 산가지가 가득 찼으므로 이때부터 주실(籌室)이란 말이 생기게 되었다.

마지막으로 향상장자가 와서 출가하기를 청하였다. 스님이 물었다.

"그대의 몸이 출가코자 하는가 마음이 출가하려 하는가?"

"저의 출가는 몸과 마음으로 하는 것이 아닙니다."

"그러면 무엇으로 하는가?"

"형상 없는 부처를 신앙합니다."

"그대는 삼보를 잘 계승하라. 장차 크게 되리라. 너의 아버지가 너를 낳을 때 해를 보고 낳았으니 너의 이름을 제다가(提多迦)라 하라."

하고 다음과 같이 전법게를 읊었다.

심자본래심(心自本來心)
본심비유법(本心非有法)
유법유본심(有法有本心)
비심비본법(非心非本法)

마음은 본래부터 마음이다.
본심엔 법이 있는 것 아니니
법이 있고 본래의 마음이 있으면
마음도 아니고 본래의 법도 아니다.

법을 전한 우바국다는 허공으로 몸을 솟구쳐 18변을 나타내고 앉아서 열반에 드시니 주실(籌室)에 있는 산가지로 시체를 살랐다. 때는 주나라 평왕 31년 (혹 30년) 경자였다.

(3) 제다가(提多迦. Dhetaka)와 미차가(彌遮迦)

제다가

미차가

제다가는 마가다국 사람이다. 아버지가 낳을 때 꿈을 꾸니 황금 해가 집에서 솟아 천지를 비치는데 앞쪽에 큰산이 있어 온갖 보배로 장식되어 있었는데 산마루에서 큰 샘이 솟아 사방으로 넘쳐흘렀다. 뒤에 우바국다가 해석하기를 "해는 도요 산은 몸이요 샘은 법이라"고 하였다. 본래의 이름은 향중(香衆)이었는데 우바국다가 통진량(通眞量)의 뜻으로 "제다가"라고 지어 주었다. 이 말을 들은 제다가가 기뻐 뛰며

외외칠보산(巍巍七寶山)이여
상출지혜천(常出智慧泉)이로다.
회위진법미(廻爲眞法味)로
능도제유연(能度諸有緣)이로다.

높고 높은 칠보산이여,
항상 지혜 샘물 솟구쳐

진짜 법미를 만들어
인연 중생들을 제도하리로다.

하니 국다가

아법전어여(我法傳於汝)
당현대지혜(當現大智慧)
금일종옥출(今日從屋出)
조요어천지(照耀於天地)

내가 너에게 전법하여
대지혜를 나타내고자 하니
오늘 집을 나와
천지를 맑게 바치게 하라.

이렇게 출가하여 유행하다가 중인도에서 미차가를 만나니 미차가가 말했다.
"옛날에 저는 스님과 함께 범천에 났다가 저는 아사타를 만나 선인의 법을
익히고 스님은 10력의 제자가 되니 어언 6겁이 지났습니다."
"옛 이야기는 그만두고 당장 사사귀정(捨邪歸正)하라."
"스님께서 해탈케 하옵소서."

스님께서 율사를 시켜 계를 주게 하고 법을 전하니, 전법게는 다음과 같다.

통달본법심(通達本法心)
무법무비법(無法無非法)
오료동미오(悟了同未悟)
무심역무법(無心亦無法)

본래의 법과 마음을 통달하니
법도 없고 법 아님도 없다.
깨닫고 나면 깨닫기 전과 같나니
마음도 없고 법도 없다.

전법 후 18변으로 화광삼매를 지으니 미차가가 8천비구와 함께 사리를 거두어 반다산에 탑을 세웠다. 때는 주 장왕 7년(혹 5년) 기축이었다.

미차가는 중인도 사람이다. 법을 받은 미차가가 북천축에 가니 마을 주위에 금빛이 찬란한 구름이 감돌고 있었다. 반드시 법을 이룰 도사가 있으리라 기대하고 성안으로 들어가니 어떤 사람이 손에 술그릇을 들고 거슬러 오면서 물었다.
"스님은 어디서 오시며 어디로 가십니까?"
"내 마음으로부터 왔으나 무처(無處)로 가려한다."
"내 손에 있는 물건을 아실 수 있습니까?"
"더러운 그릇이다."
"저를 아시겠습니까?"
"'나'라 하면 알 수 없는 것이고 안다면 벌써 그것은 내가 아니다. 그대의 성명은 무엇인가?"
"저는 한량없는 겁부터 이 나라에 나기까지 성은 바라타(婆羅墮)이고 이름은 바수밀(婆須蜜)입니다."
"옛날 부처님께서 인간에게 예언하시기를 내가 열반에 든 뒤에 3백년 경에 바라타 바수밀이 나타나서 나의 일곱 번째 법맥을 이으리라 하였는데 바로 그대가 이이로다."
라고 하니 그는 곧 술그릇을 땅에 놓고 스님의 곁으로 와서 말했다.
저는 현겁 중에서 부처님께 좌석을 바치고 석가법 중에서 포교하리라 예언을 받은 바 있는데 바로 그 때가 지금입니다."
하자 미차가가 곧 머리를 깎고 계를 주어 법을 전하였다.

무심무가득(無心無可得)
설득불명법(說得不名法)
약료심비심(若了心非心)
시해심심법(始解心心法)

마음이 없으므로 얻을 수 없고
말할 수 있는 법이라 하지 않노라.
마음이 마음 아닌 줄 알면
비로소 마음과 마음법을 알 것이다.

전법 후 미차가는 사자분신삼매에 들어 다라수나무 끝까지 솟구쳤다가 입멸하시니 바수밀이 사리를 거두어 칠보함에 담아 부도를 세웠다. 때는 양왕 17년 (혹 15년) 갑신이었다.

(4) 바수밀(婆須蜜. Vasumitra)과 불타난제(佛陀難提)

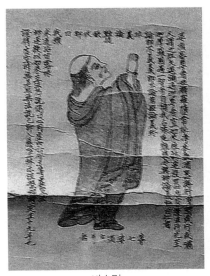 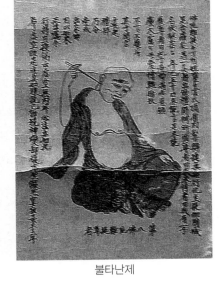

바수밀   불타난제

바수밀은 북천축국 사람으로 성은 바라타다. 항상 깨끗한 옷을 입고 손에 술병을 들고 마을을 돌아다니면서 읊조리기도 하고 휘파람을 부니 사람들이 미쳤다고 하였다.

미차가는 법을 받고 나서는 미가라국까지 가서 광대한 불사를 펴는데 불타난제가 법의를 토론코자 왔다. 스님이 "그대가 토론코자 한다면 벌써 그것은 이치가 아니다. 왜냐하면 진리는 토론의 대상이 되지 않기 때문이다"고 하니 스님이 법이 훨씬 뛰어난 것을 알고 출가하여 감로법을 배우고자 하였다. 이에 스님이 게송을 말해 주었다.

심동허공계(心同虛空界)
시등허공법(示等虛空法)
증득허공시(證得虛空時)
무시무비법(無是無非法)

마음은 허공과 같다.
허공과 같은 법을 보이니
허공을 증득하면
옳은 법도 없고 그른 법도 없으리라.

그 후 스님께서 자심삼매(慈心三昧)[13]에 드니 범왕 제석이 와서 "賢劫衆聖祖 而當第七位 尊者哀念我 請爲宣佛地"하고 찬탄하며 청법하자 "나는 얻은 것이 없다. 여래의 경지에는 有와 無가 없다"고 하고 입멸하였다. 이에 불타난제가 그 곳에 칠보탑을 세우니 때는 정왕 19년(혹 17년) 신미였다.

불타난제는 가마라국 사람으로 성은 구담(瞿曇)이다. 정수리에 육계(肉髻)가 있고 말을 잘했다. 바수밀을 만나 출가 전법하고 뒤에 대중을 거느리고 유행하다가 제가국 서울 비사라(毘舍羅)의 집에 이르니 그의 지붕 위에서 흰 광명이 솟고 있었다. 제자들에게 말했다.
"저 집 속에 말못하고 걷지 못하는 성자가 있으리라."
바로 그 때 집에서 장자 한 사람이 나와서 물었다.
"무엇을 구하시나이까?"
"시자를 구한다."
"나에게 50이 넘은 외아들이 있으나 아직 말도 못하고 걷지도 못합니다."
"그가 바로 나의 제자다."
하고 존자가 그를 보니 벌떡 일어나 절을 하고

"부모비아친(父母非我親)
수시최친자(誰是最親者)
제불비아도(諸佛非我道)
수시최도자(誰是最道者)"

---

13) 온 세상을 사랑하는 삼매

하였다.

"부모보다 더 친한 자 누구며 부처님 보다 더 위대한 자가 어떠한 것이냐."

는 말이다. 이에 존자가

"여언여심친(汝言與心親)

부모비가비(父母非可比)

여행여도합(汝行汝道合)

제불심즉시(諸佛心卽是)

외구유상불(外求有相佛)

여여불상사(與汝不相似)

욕식여본심(欲識汝本心)

비합역비리(非合亦非離)니라"

하였다.

"네 말이 마음과 친하면 부모와 비교가 되지 않고 너의 행이 도와 합하면 부처가 곧 네 마음이다. 밖에서 부처를 구하면 너와는 같지 않으니 너의 본심을 구하고자 하면 합하지도 말고 여의지도 말라."

는 말이다. 복타밀다가 존자의 거룩한 말씀을 듣고 곧 7보를 걸으니 스님께서

"이가 옛적의 비원(悲願)을 의지하여 부모의 정을 버리기 어려운 까닭에 말을 않고 걷지도 아니하였다."

하였다. 이에 부모께서 아들을 놓아주어 출가케 하니, 불타난제가 전법게를 읊어주었다.

허공무내외(虛空無內外)

심법역여차(心法亦如此)

야료허공고(若了虛空故)

시달진여리(是達眞如理)

허공이 안팎이 없듯
마음의 법도 그러하다.
만일 허공을 알면
이 진여의 도리를 알 것이다.

이때 복타밀다가 스승을 찬탄하기를
"우리 스님은 조사중 여덟 번째로서 한량없는 중생을 제도하시니 모두가 아라한을 얻었다."
하였다. 스님은 이렇게 법을 전하시고 열반에 드시니, 대중이 탑을 세워 전신을 그대로 모셨다. 때는 경왕 12년(혹 10년) 병인이었다.

(5) 복타밀다(伏馱密多. Buddhamitra)와 협존자(脇尊者. Partra)

복타밀다

협존자

복타밀다는 제가국 사람으로 성은 비사라다. 불타난제에게 법을 받고 중인도에 가서 행하였는데 향개(香蓋)장자가 아들 하나를 데려와서 예를 올리고 말했다.

"이 아들은 태내에서 60세를 살고 나와 호를 난생(難生)이라 합니다. 일찍이 한 선인이 보고 '범상치 않으니 장차 법기가 되겠다' 하였으므로 이제 출가시키고자 합니다."

이에 스님은 삭발 수계하였는데 갈마시에 생사리가 30개나 나타났다. 스님이 여래의 정법안장을 부촉하면서 게송을 읊었다.

진리본무명(眞理本無名)
인명현진리(因名顯眞理)
수득진실법(受得眞實法)
비진역비위(非眞亦非僞)

진리는 본래 이름이 없으나

이름을 인하여 진리를 나타낸다.
진실의 법을 받아 얻으면
참도 거짓도 아니다.

존자께서 법을 전하고 멸진삼매에 들어 열반에 드니 대중들이 향유와 전단으로서 화장하여 사리를 거두어 탑을 나란다사에 세웠다. 때는 경왕 35년 갑인이었다.

협존자는 중인도 분으로 이름은 난생이다. 꿈에 흰 코끼리의 보좌에서 밝은 구슬이 광채를 발하는 것을 보고 존자를 낳았다. 그런데 그 뒤 복타밀다 존자를 만나 시봉하였는데 옆구리를 땅에 대고 잠을 자지 아니하였으므로 협존자라 부르게 되었다.
화씨국에 이르러서 어느 나무밑에 쉬다가 부나야사(富那夜奢)를 만났다.
"너는 어디서 왔느냐?"
"마음은 오지 않았습니다."
"어디서 사느냐?"
"마음은 머무는 곳이 없습니다."
"그러면 정처가 없는가?"
"부처님들도 그러합니다."
"너는 부처가 아니다."
"부처라 해도 안됩니다."
"이 땅이 금빛으로 변하니 성인이 와서 보리수 밑에서 깨달음의 꽃을 피울 것이다."
"스님께서 금빛 땅에 앉아 진실을 말씀하시니 돌이켜 나를 비쳐 삼매에 들게 하십니다."
"여래의 정법안장을 그대에게 부촉하노라."
하고 다음과 같은 게송을 읊었다.

진체자연진(眞體自然眞)
인진설유리(因眞說有理)
영득진진법(領得眞眞法)
무행여무지(無行亦無止)

존자가 이렇게 전법 한 뒤 열반에 드시니 사부대중이 사리를 모아 곧 옮겨 탑을 세우고 공양하였다. 때는 정왕 22년(혹 27년) 기해이다.

(6) 부나야사(富那夜奢. Punyayasas)와 마명대사(馬鳴大士. Asvaghosa)

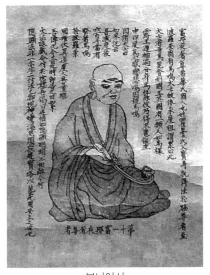
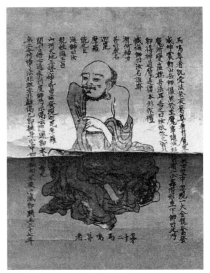

부나야사   마명대사

　부나야사는 화씨성 사람이다. 성은 구담이고 아버지는 보신(寶身)이다. 협존자의 법을 전해 받고 바라나국(婆羅奈國)에 가니 마명대사(馬鳴大士)가 마중 나와 물었다.

　"어떤 것이 부처입니까?"

　"알고자 하면서도 알지 못하는 것이 그것이니라."

　"부처도 모르는데 어찌 그것이 아닌 줄을 알겠습니까?"

　"너는 나무와 같다."

　"톱의 이치는 어떤 것입니까?"

　"너를 자유롭게 해준다."

　"나무의 이치는 어떻습니까?"

　"네가 나를 쪼개는구나―."

　마명이 훤히 깨닫고 제자가 되고자 하자 "이 자는 옛날 비사리국의 왕이다. 나라 안에 말과 같이 생긴 사람이 헐벗고 있으므로 신통으로 누에가 되어 그에게 옷을 제공하였다. 그 뒤 다시 왕이 중인도에 태어났는데 말 같은 사람이라 크게 감동되어 크게 울었으므로 마명이라 하였다. 부처님께서 내가 멸한 뒤 6백년경 바라나국에 마명이 태어나서 외도를 꺾고 한량없는 중생을 제도하리라 하였는데 그대가 바로 그이로다" 하고 법을 전했다.

미오여은현(迷悟如隱顯)
명암불상리(明暗不相離)
금부은현법(今付隱顯法)
비일역비이(非一亦非二)

미련하고 깨닫는 것이 숨었다 나타나는 것 같이
명암은 서로 여의지 않는다.
내 이제 은현법을 그대에게 부촉하노니
하나도 아니고 둘도 아니다.

전법 후 조용히 열반에 드시니 때는 안왕 14년 무술이었다.

마명대사는 바라나국 사람으로 공승(功勝)이라고도 부른다. 야사에게 법을 받은 뒤 화씨성에 가서 전법하는데 한 노인이 땅에 엎드려 있었다.

"이는 예사 무리가 아니다."

하니 곧 없어지더니 잠깐 사이에 땅에 금빛 나는 사람이 솟아나 여자로 변하여 오른손으로 마명을 가르키며 찬탄하였다.

"여래의 수기를 받으시고 지금 이 땅 위에서 제일의(第一義)14)를 선언하시는 장자존자께 머리 숙여 절합니다."

----

14) 세상에서 제일 가는 진리. 모양도 없는 것이 온갖 이치를 다 아우르고 있으니 제1의라 한다. 그리고 ②는 꽃을 뿌리며 부처님께 공양하며 ③은 시방제불께 공양하는데 ④는 법장(法杖)을 내리치면서 범패를 외운다. 첫째는 소리가 정직하고 둘째는 음성이 평화롭고 아름다우며 셋째는 그 소리가 맑고 깨끗하고 넷째는 그 소리가 깊고 그윽하고 다섯째는 감동적이다. -〈長阿含〉

그리고 갑자기 사라졌다. 마명이

"이는 곧 마왕의 대적을 의미한다."

하니 곧 이어서 비바람이 일어 천지가 아득해졌다. 공중에서 금용이 나타나서 위력을 부리자 산천이 진동하였다. 그러나 마명이 털끝 하나 움직이지 않고 앉아 있으니 마왕의 장난이 곧 소멸되었다. 7일 후 메뚜기만한 작은 벌레가 자리 밑에 들자 대사가 그것을 손으로 잡아들고

"이것이 마(魔)다. 법을 몰래 들으러 왔도다."

하고 놓아주니 가지 못하였다. 대사가

"네가 삼보에 귀의하면 신통을 얻으리라."

하니 그 때에사 형상대로 바로 나타났다.

"네 이름이 무엇이며 권속은 얼마나 되느냐?"

"제 이름은 가비마라(迦毘摩羅)이고 권속은 3천입니다."

"네가 신통력을 다하면 어떤 변화를 일으킬 수 있느냐?"

"바다를 변해서 작은 물을 만들 수 있습니다."

"너의 성품의 바다도 변화시킬 수 있느냐?"

"무엇을 성해(性海)라 합니까?"

"산하대지가 그에 의하여 건립되고 삼매와 6통이 이로 말미암아 난다."

가비마라가 이 말을 듣고 3천 권속을 데리고 출가하여 법왕의 제자가 되었다. 이에 스님은,

은현즉본법(隱現卽本法)
명암원불이(明暗元不二)
금부오료법(今付悟了法)
비취역비리(非取亦非離)

숨었다 나타나는 것이 본래 법이니
명암은 원래 둘이 아니다.
지금 이 깨달은 법을 그대에게 전하노니

취하지도 말고 여의지도 말라.

마명은 이렇게 법을 전하고 용분신삼매(龍奮迅三昧)에 드니 진체(眞體)를 그대로 용감(龍龕)에 보관하였다. 때는 현왕 42년 갑오였다. 스님의 저서에는 불소행찬, 건치범찬, 대승기신론 등이 있어 후세 대승불교의 지침이 되었다.

불소행찬(佛所行贊)은 부처님의 일대기를
① 석가왕중에 태어나(生品)
② 궁중생활을 하고(處王宮品)
③ 환락이 싫어(厭樂品)
④ 욕심을 떠나(離慾品)
⑤ 성을 출가하니(出城品)
⑥ 차익이 돌아왔다(叉匿還宮)
⑦ 고행림에 들어가자(入苦行林)
⑧ 궁중사람들이 비애에 빠졌다(合宮衆悲品)
⑨ 사신들이 태자를 찾아가니(求太子品)
⑩ 벌써 빔비사라왕을 만나(瓶沙王詣太子品)
⑪ 빔비사라왕과의 약속을 하고 있었다(答瓶沙王品)
⑫ 두 선인 아라람과 울두람을 만나고(阿羅藍 · 鬱頭藍品)
⑬ 마군이를 항복 받고(破魔品)
⑭ 위없는 깨달음을 얻었다(阿惟三菩提品)고 정리하였는데,
이것이 장차 8상록으로 만들어져 유행하게 되고, 세조대왕과 세종대왕이 석보상절과 월인천강지곡을 짓는 근본자료가 된다.

〈신수대장경 제4권 본연부 下〉

다음 건치범찬(楗稚梵讚)은 종, 반(磬), 타수(打水), 성명(聲鳴)으로 종, 목탁, 방울, 북 등을 두들기며 다라니 범패[15]를 외우며 부처님의 행적을 찬탄하는 노래를 말하는데, 특히 8대 영탑의 명호를 운율에 맞추어 노래불렀다.

淨飯王都迦毘城　龍彌儞園佛生處
摩加陀泥連河側　菩提樹下成正覺
迦尸國坡羅奈城　轉大法輪十二行
舍衛大城祈園內　遍滿三界現神統
桑迦尸國曲女城　忉利天宮而降下
王舍大城僧分別　如來善化行慈悲
廣嚴大城靈塔中　如來思念壽量處
拘尸那城大力地　娑羅雙樹入涅槃
二十九載處王宮　六年雪山修苦行
五歲王舍城化度　四年在於毘沙林
二年惹里巖安居　二十三載止舍衛
廣嚴城及鹿野苑　摩拘梨與忉利天
尸輪那及憍啖彌　寶塔山頂并大野
尾努聚落吠蘭帝　淨飯王都迦毘城
此等聖境各一年　釋迦如來而行住
如是八十年住也　然後牟尼入涅槃

〈新修 32 論集部 八大靈塔梵讚〉

이것이 8대 성지의 명호로써 장차 범패의 가사가 되고 불교 예술음악이 싹트게 된 동기다.

물론 이 범패는 사위국 바사익왕이 부처님께 법문을 들으러 가다가 영성비구(令聲比丘)의 사영(四詠)을 들은데서 시작된 것이다.

① 初唄(如來唄)
　　如來妙色身　世間無與等

---

15) 건치는 도구(악구)로 치고 두들기고 불고 빼는 소리를 내는 것이고 범패는 색계 4천인들이 읊는 맑고 깨끗한 소리이다.

無比不思議　是故我敬禮
② 二唄(云何唄)
　　云何得長壽　金剛不壞身
　　復以何因緣　得大堅固力
③ 三唄(中唄)
　　如來色無盡　智慧亦復然
　　一切法常住　是故我歸依
④ 四唄(後唄)
　　處世間如虛空　若蓮花不著水
　　心淸淨超於彼　稽首禮無上尊

　　그리고 기신론은 대승기신론(大乘起信論)을 말하는데, 대승의 신근(信根)을 일으키기 위해 설한다 하였다. 책 머리에는 귀경송(歸敬頌)을 놓고 맨 끝에는 회향송을 붙였는데, 지금까지 예를 올렸던 3귀의, 4홍서원하고는 차원이 다르다.

귀경송은
歸命盡十方　最勝業遍知　色無碍自在　救世大悲者 (佛)
及彼身體相　法性眞如海　無量功德藏　如實修行等 (法 · 僧)
爲欲令衆生　除疑捨邪執　起大乘正信　佛種不斷故 (造論動機)

　　그리고 본문을 5분(因緣 · 立義 · 解釋 · 修行信心 · 勸修利益)으로 나누어 지었는데,
　　첫째 인연을 여덟 가지로 나누어 설명하였다.
　　① 중생들이 일체고를 여의고 열반락을 얻게 하기 위해서이지 세상의 명예나 이익, 공경을 받기 위해서 짓는 것이 아니고,
　　② 여래의 근본 뜻을 해석하여 중생들이 바른 견해 속에서 그릇된 생각을 갖지 않게 하기 위해서 이 논문을 짓고,
　　③ 선근이 성숙된 중생들로 하여 대승법에 나아가 퇴전하지 않기 위해서이고,

④ 선근이 미약한 중생들로 하여금 닦고 익혀 신심을 내게 하고,

⑤ 갖가지 방편으로 악업장을 버리고 다 같이 멀리 치만사망(癡慢邪網)을 벗어나게 하기 위한 것이며,

⑥ 지관을 익히고 닦아 범부 2승을 다스리기 위한 것이고,

⑦ 오로지 염불하는 방편으로 부처님 세계에 태어나게 하고,

⑧ 널리 이익됨을 보여 다시는 퇴전하지 않게 하기 위한 것이다 하였다.

그리고 이 같는 논리는 부처님의 경론중에 이미 설한 것이지만 중생의 근기가 광협장단(廣狹長短)의 성품이 다르기 때문에 간단한 글을 통해 널리 알고 깊이 이해하기를 즐겨하는 사람들을 위해 이 글을 지었다고 하였다.

둘째 입의분은 총설로서 중생이 마음이 그대로 부처님의 마음임을 밝히고,

셋째 해석분에서는 그것을 체·상·용으로 나누어 순·역(順·逆)을 따라 3세 6추16)로 나누어 구체적으로 해석하고,

넷째 이와 같이 지관정려(止觀靜慮)를 닦으면,

다섯째, 누구에게나 성불, 해탈, 자유의 이익이 있다는 것을 보였다.

그리고 회향송에서는

"이렇게 제불의 심심광대한 뜻을 인연따라 간단하게 설명하여 그 공덕이 모두 범성에 돌리니 널리 일체 중생을 이익 되게 해 달라"는 서원으로 끝을 맺는다.

〈신수대장경 32권 논집부 575p〉

이 글의 해설서는 세계적으로 800종이 넘고 있으며, 우리나라 원효대사가 쓴 기신론소를 중국, 일본, 불란서 등지에서 교재로 쓰고 있으니 진실로 자부심을 느낀다.

---

16) 三細는 ① 無明業相 ② 能見相 ③ 境界相이고 六麤는 ① 智相 ② 相續相 ③ 執取相 ④ 計名字相 ⑤ 起業相 ⑥ 業繫苦相이다.

(7) 가비마라(迦毘摩羅. Kapimala)와 용수존자(龍樹尊者. Nagarjuna)

가비마라 용수존자

　가비마라는 화씨국 사람이다. 처음 외도가 되어 3천명 제자를 거느리고 있다가 마명에게 법을 받은 뒤 서인도로 가니 왕자 운자재(雲自在)가 그의 명성을 듣고 궁중으로 초대하였다. 존자가 말했다.

　"부처님께서 말씀하시기를 국왕대신이나 세도가에 가지 말라 하셨다."

　"이 나라 서울 북쪽에 큰 석굴이 있으니 그러면 거기가 계십시오."

　"좋다."

　그리하여 산속으로 들어가니 길가에 큰 뱀이 스님을 보고 칭칭 감았다. 존자가 삼귀의를 외우니 곧 뱀이 몸을 풀고 갔다. 존자가 석굴에 이르니 어떤 노인이 소복을 하고 나와서 문안하였다.

　"그대는 누구인가?"

　"저는 옛날 이곳에 살던 비구입니다. 조용함을 좋아하여 혼자 있는데 젊은 비구가 와서 자주 법을 물었으므로 화를 내었더니 그 인연으로 뱀이 되어 천년을 살다가 비로소 스님에게 계법을 듣고 해탈하게 되었으므로 사례합니다."

　"이 산에 또 다른 사람이 있는가?"

"북쪽으로 10리쯤 가면 큰 나무 밑에 5백 마리의 용이 있는데 그 나무가 늘 그들을 위해 설법하므로 용수(龍樹)라 부릅니다."

존자가 그곳으로 가니 용수가 맞으며 말했다.

"대덕께서 어찌 이 험한 곳까지 오셨습니까?"

"나는 귀한 사람이 아니다. 오직 그대를 보러 왔노라."

용수가 마음속으로

"이 사람이 결정된 성품을 얻고 도를 깨쳐 대성의 법을 이은 분인가."

하고 의심하자 존자가

"나는 네 마음을 안다."

하자 용수가 곧 그 말을 듣고 뉘우쳐 그의 5백제자와 함께 귀의하였다.

이에 스님은 구족계를 주고 다음과 같은 게송을 지어 법을 전하였다.

비은비현법(非隱非顯法)
설시진실제(說是眞實際)
오차은현법(悟此隱顯法)
비우역비지(非愚亦非智)

숨지도 않고 드러나지도 않는 법은
진실의 세계를 말하는 법이다.
이 은현법을 깨달으면
어리석지도 않고 지혜롭지도 아니할 것이다.

이렇게 전법한 존자가 삼매의 불로 화장하니 용수가 5색사리를 거두어 탑을 세웠다. 때는 추왕 41년(혹 40년) 임진이다.

용수는 서천축 사람으로 용승(龍勝)이라고도 한다. 가비마라존자에게 법을 받고 남인도로 가니 남인도 사람들은 복을 지을 뿐 불성을 개발하려는 생각을 갖지 않고 있었다. 존자가 말했다.

"그대들은 불성을 보고자 하면 아만을 꺾으라."

"불성이 큰가 작은가?"

"크지도 않고 작지도 않다. 또 넓지도 좁지도 않고 복도 없고 갚음도 없으며, 죽지도 않고 나지도 않는다."

비로소 발심하자 용수가 보름달 같은 형상을 나타냈으나 오직 가나제바(迦那提婆)라는 장자의 아들이 보고 대중에게 물었다.

"그대들은 저 모습을 보는가?"

"눈으로 볼 수 없는데 어찌 알겠는가?"

"이것이 존자께서 나타내 보이신 불성의 본체이다. 무상삼매는 형체가 보름달과 같아 확실히 비고 밝다."

달빛이 스며들자 스님은 곧 자리에 앉아 게송을 읊었다.

신현원월상(身現圓月相)
이표제불체(以表諸佛體)
설법무기형(說法無其形)
용변비성색(用辨非聲色)

몸으로 둥근 달의 모습을 나타낸 것은
모든 부처님들의 몸을 표한 것이다.
형체 없는 설법은
소리와 빛이 아님을 변증한다.

이 게송을 들은 무리들이 모두 불법에 귀의하여 출가하였다. 원래 이 나라에는 5천명의 외도가 있어 크게 요술을 부리고 있었는데 존자가 이들을 교화하고 ≪대지도론(大智度論)≫ · ≪중론(中論)≫ · ≪십이문론(十二門論)≫을 지어서 후세에 전했다.

전법게는 다음과 같다.

위명은현법(爲明隱顯法)
방설해탈리(方說解脫理)
어법심부증(於法心不證)
무진역무희(無瞋亦無喜)

은현법을 밝히기 위하여
비로소 해탈의 이치를 설한다.
법을 증득하려는 마음이 없으면
성냄과 기쁨 또한 없으리라.

그 뒤 스님은 월륜삼매(月輪三昧)[17]에 들어 열반하시니 가나제바의 무리들이
보배탑을 세웠다. 때는 진시황 35년(B.C. 212) 기묘이다.

용수보살의 저서에는 대지도론(大智度論), 십주비바사론, 중론, 12문론 등이
있는데, 이 저술들은 중도불교의 핵심이 되어 8종(삼론. 법상. 화엄. 구사. 성
실. 율, 천태. 진언)의 조사로 추앙하였다.
대지도론은 600부 반야경을 100권의 논문으로 풀이한 것이고, 십주비바사론
(十住毘婆娑論)은 화엄 10지중 제1지와 2지를 구체적으로 설명한 것인데, 여기
서 정토왕생의 염불문이 크게 번성하게 되었다.

그리고 중론은
不生亦不滅 不常亦不斷 不一亦不異 不來亦不出
能說是因緣 善滅諸戲論 我稽首禮佛 諸說中第一

〈中論 觀因緣品第一〉

이라하여 제법개공(諸法皆空)을 중도로서 풀었다. 이 외에도 용수보살은 복을

---

17) 보름달처럼 은근히 밝은 빛을 나타내는 삼매

바로 지어야 한다고 하면서 복계정행소집경(福蓋正行所集經) 12권, 선타가왕에게 보리심을 발하여 계를 잘 지킬 것을 권장한 선타가왕설법게(禪陀迦王說法偈), 권발요게(勸發要偈), 계왕송(誡王頌), 광대발원문(廣大發願文) 등이 있다. 선사이면서도 교에 능하고 율과 논에 통달하여 동서남북 어디에도 막히는 바가 없었다.

(8) 가나제바(迦那提婆. Kanadera)와 라후라다(羅睺羅多. Rahulata)

가나제바

라후라다

가나제바는 남천축국 사람이다. 성은 비사라(毘舍羅)다. 처음에는 기복불교를 하다가 용수를 찾아가니 용수가 시자를 시켜 발우에 물을 가득 떠놓았다. 제바가 바늘 하나를 물에 던지자 뜻이 맞아 용수가 설법하다가 소리만 들리게 하고 그의 모습을 달 그림자처럼 둥글게 나타내니 제바가

"이는 스님께서 불성이 성색(聲色)에 관계없음을 보이신 것이다."

하였다. 이에 제바는 법을 받고 비라국에 가서 범마정덕(梵摩淨德)을 만났다. 정덕장자의 집에는 몇 개월 전부터 후원의 나뭇가지에 큰 버섯이 났는데 오직 장자와 그의 아들 라후라다의 눈에 띄어 그것을 먹을 뿐 다른 사람의 눈에는 뜨이지 않았다. 존자가 말했다.

"이는 전생의 업보 탓이다."

"무슨 업보입니까?"

"수양이 부족한 비구가 시주를 많이 받아먹고 죽어 그 은혜를 갚고자 태어난 것인데 장자와 그대의 아들이 그 스님을 특별히 봉양한 과보다."

"그러면 언제까지 이 버섯이 나겠습니까?"

"그대 나이 81세 때까지 나리라."

당시 장자의 나이는 79세였다. 장자가 놀라 출가의 뜻을 발했으나 나이가 늙어 둘째 아들을 추천하였다. 스님께서

"옛날 여래께서 둘째 5백년 뒤에 큰 교주가 태어나리라 하였는데 이 애가 바로 그 애다."

하시며 곧 머리를 깎아 시중을 들게 하였다.

파연불성(巴連佛城)에 이르니 외도들이 불교를 헐뜯고 비방하였다. 존자가 긴 번을 들고 성중으로 들어가니 외도들이 물었다.

"그대는 왜 앞서지 않는가?"

"그대는 왜 뒤지지 않는가?"

"그대는 천한 사람 같다."

"그대는 어진 사람 같다."

"그대는 어떤 법을 아는가?"

"그대는 아무것도 모른다."

"나는 부처가 되고자 한다."

"나는 분명히 부처가 되었다."

"그대는 되지 못했다."

"원래 나는 되지 못했지만 그대 또한 되지 못했다."

"그대는 되지 못했는데 어찌하여 되었다 하는가"

"그대에게 교만심이 있기 때문이다."

"그대의 이름이 무엇인가?"

"가나제바이다."

"일찍이 명성을 들은 바 있다. 허물을 뉘우치고 사죄하라."

이때 대중 가운데서 토론이 일어났으나 걸림 없는 변재로서 판결하여 귀순시켰다. 그리고 상족제자인 라후라다에게 법을 전하고 분신삼매에 들어 입적하니 학인들이 탑을 세워 공양하였다. 때는 전한 문제 19년(B.C. 161) 경진이다.

전법게는 다음과 같다.

본대전법인(本對傳法人)
위설해탈리(爲說解脫理)
어법실무증(於法實無證)
무종역무시(無終亦無始)

근본을 대하여 전법한 사람
해탈의 이치를 말하기는 하지만
법에는 진실로 증득할 것이 없으므로
처음도 없고 끝도 없다.

라후라다는 가비라국 사람이다. 법을 받고 실라벌성(室羅筏城)의 금수(金水)를 지나가다가 가운데 5불(佛)의 영상이 나타나는 것을 보고 그곳으로부터 머지 않은 곳에 성현이 있는 것을 알았다. 강을 거슬러 500리를 가니 승가라제(僧伽羅提)가 선정에 들어 있었다. 3·7일을 기다려 선정에서 일어나는 것을 보고 물었다.

"그대는 몸이 선정에 드는가 마음이 선정에 드는가?"

"둘 다 듭니다."

"그렇다면 어찌하여 들고 나는 것이 있는가?"

"물속에 든 금이 항상 고요한 것과 같습니다."

"이미 동요함이 없다면 어떤 것이 들고 나는가?"

"나오나 들어가나 금은 동요가 없습니다."

"금에 이미 상(相)이 있으니 나고 드는 것이 분명하다."

"그렇지 않습니다."

"금이 본래 공한 줄을 알아야 나고 듦이 없느니라."

"선생님께서는 그런 도리를 누구에게 배웠습니까?"

"가나제바는 무아(無我)를 성취한 어른이다."

"이미 그분을 스승하여 무아를 성취한 선생님이라면 저 또한 스님을 스승 삼아 공부하고자 합니다."

"내가 이미 내가 아닌 줄 알면 참 나를 보리라."

승가난제가 언하에 대오(大悟)하고 자재를 얻어 손에 금발우를 받쳐들고 범궁(梵宮)에 나아가 향기로운 음식을 가져와 대중과 함께 스님께 공양하였다. 그러나 대중들이 먹지 않자 존자가 말했다.

나와 자리를 같이한 이는 과거 사라수왕여래(娑羅樹王如來)인데 중생들을 어여삐 여겨 여기 오신 것이다. 너희들도 그 때 함께 공부하여 제3과를 성취하였다."

그래도 대중이 의심하였다.

"우리 스승의 신통은 믿어도 사라수왕에 대하여서는 의심이 풀리지 않는다."

하자 스님께서 "박덕한 세상이다" 말하시고 곧 금강륜(金剛輪)에 나아가 유리그릇에 감로수를 가득 담아오니 비로소 흠모하였다. 이에 스님은 승가난제에게 법을 전하고 좌탈하였다. 때는 전한 무제 28년(B.C. 113) 무진이었다. 전법게는 다음과 같다.

어법실무증(於法實無證)
불취역불리(不取亦不離)
법비유무상(法非有無相)
내외운하기(內外云何起)

법은 진실로 증득할 것이 없으니
취하지도 말고 여의지도 말라.
법은 有無의 상이 아니니
어찌 안과 밖에서 일어나는 것이 있겠느냐.

(9) 승가난제(僧伽難提. Simghanada)와 가야사다(伽倻舍多)

승가난제

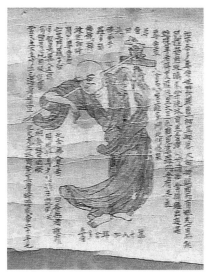
가야사다

　승가난제는 실라벌성의 보장엄왕(寶莊嚴王)의 아들이다. 나면서부터 말을 하여 불법을 칭찬하여 세상을 놀라게 하였는데, 7세에

　　개수대자부(稽首大慈父)
　　화남골혈녀(和南骨血女)
　　아금욕출가(我今欲出家)
　　행원애민고(行願哀愍故)

라는 시를 지었다. 부모님께 귀의하오니 출가를 허락해 달라는 말이다.
　부모님께서 굳이 말렸으나 종일 먹지 않으므로 급기야 출가를 허락하였다. 출가 후에는 이름을 승가난제라 하고 선리다(禪利多)를 스승으로 19년 동안 시봉하였다. 왕자로서 출가하여 너무 고통이 많았기 때문에 고민이 많았는데 비로소 한 줄기 밝은 빛이 평탄하게 내려 비침으로서 안심을 얻고 자기도 모르는 사이에 10리 길을 걸어 자연히 뚫린 동굴을 보고 들어가 10년을 하루같이 지냈다. 부왕은 선리다에게 아들을 보호하지 못하였다고 국외로 쫓아내었으나 승가난제는 비로소 도를 얻었다. 법을 얻고 나서는 마제국(摩提國)으로 갔다. 도중에 서늘한 바람이 불자 "이는 필시 도풍(道風)이다" 하고 산밑을 보니 5색 구름이 찬란하였다. 대중과 함께 서성거리다가 한 초막 아래 한 동자가 둥근 거울을 가지고 노는 것을 보고 물었다.

"몇 살이냐?"

"백살입니다."

"네 아직 어려 보이는데 어떻게 백살이 되었다 하느냐?"

"저는 아직 100살의 이치를 확실히 모릅니다."

"좋은 근기로다."

"부처님께서 말씀하시기를 백살을 살아도 근기를 알지 못하면 하루를 살며 근기를 아는 것만 못하다고 하였습니다."

"네 손에 가진 것이 무엇이냐?"

"부처님의 둥근 거울로 안팎이 없고 티끌 또한 없습니다."

아버지께서 두 사람이 주고받는 말씀을 듣고 곧 허락하여 출가하니 이름을 가야사다(伽倻舍多)라 불렀다. 어느 날 바람이 불어 풍경소리가 들리니 스님이 물었다.

"바람이 우느냐 풍경이 우느냐?"

"바람도 풍경도 아니고 오직 제 마음이 웁니다."

"마음이 무엇이냐?"

"모두가 고요하기 때문입니다."

"좋은 아이다. 나의 법을 그대에게 전해주리라."

하고 다음과 같은 게송을 읊었다.

심지본무생(心地本無生)
인지종연기(因地從緣起)
연종불상방(緣從不相妨)
화과역부이(華果亦復爾)

"마음 땅에는 본래 나는 것이 없으나 땅을 인해서 연이 쫓아 일어난다. 연이 따라 나도 서로 방해롭지 않듯 꽃과 열매도 이와 같다"는 말이다. 존자는 전법 후 나무 밑에서 나뭇가지를 잡고 열반에 들었다. 고원(高原)에 장사코자 하였으나 시체가 움직이지 아니하므로 그곳에 탑을 세웠다. 때는 전한의 소제 13년 (B.C. 74) 정미였다.

가야사다는 마제국인이다. 성은 울두람(鬱頭藍)이고 아버지는 천개(天蓋) 어머니는 방성(方聖)이다. 일찍이 큰 신장이 거울을 들고 있는 것을 꿈에 보고 태기가 있어 7일만에 낳았는데, 살과 몸이 유리처럼 비치니 한 번 씻지 아니하여도 자연히 향기롭고 깨끗해졌다. 어릴 때는 항상 총명 예지하여 조용한 것을 좋아하고 말을 예사롭게 하지 않더니 거울을 가지고 놀러갔다가 승가난제를 만나 법을 받았다.

법을 받은 후 대월씨국(大月氏國)에 갔다가 구마라다(鳩摩羅多) 집에서 서기가 방광하는 것을 보고 들어가니 물었다.

"웬 사람들이오?"

"불제자들이다."

이 말을 듣고 들어가더니 소식이 없었다. 구마라다가 문을 두들기자 속에서 소리가 났다.

"이 집에는 아무도 없소."

"아무도 없다고 하는 그대는 누구인가?"

비로소 이 말을 듣고 나와 존자를 뵙자 존자가

"옛날 부처님께서 천년 후 이곳에서 성자가 나서 나의 법을 계승하리라 하였는데 바로 그대가 그이다."

하니 즉시 그곳에서 숙명지(宿命智)를 얻고 출가하여 법을 받았다.

유종유심지(有種有心地)

인연능발붕(因緣能發萌)

어연불상애(於緣不相碍)

당생생불생(當生生不生)

종자가 있고 마음의 땅이 있으면
인연따라 싹이 튼다.
인연이 서로 장애하지 아니하면
날 때 나도 나는 것 아니다.

스님이 이렇게 법을 전하고 화광삼매에 들어 몸을 태우니 때는 전한 성제
20년(B.C. 13)이었다.

(10) 구마라다(鳩摩羅多. Kumaradha)와 사야다(闍夜多)

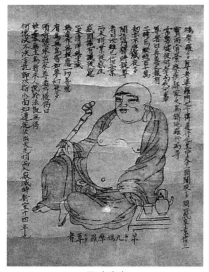

구마라다

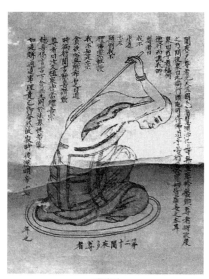

사야다

구마라다는 대월씨국 바라문의 아들이다. 전생에 자재천인(自在天人)인데 보살의 영락을 보고 도리천에 태어나 교시가(憍尸迦)에게 ≪반야경≫을 듣고 다시 범천에 태어나 대도사가 되어 설법하다가 때가 되니 월씨국에 탄생하였다.

중천축국에서 사야다(闍夜多)를 만나 물었다.

"부모는 일찍부터 3보를 믿고 있사오나 항상 병을 앓고 있습니다. 이웃에는 전타라가 있으나 반대로 몸이 건강하고 모두 화합합니다."

"인과응보이니라."

"인과가 서로 다릅니까."

"그것은 시기의 차이 때문이다. 그러나 원래 우리의 본 마음에는 선도 없고 악도 없느니라."

존자가 듣고 즉시 깨달았다. 스님께서 다음과 같은 게송을 말씀하시고 "이는 묘음여래(妙音如來)의 오도송(悟道頌)이니 잘 전하라" 하였다.

성상본무생(性上本無生)
위대구인설(爲對求人說)
어법기무득(於法旣無得)
하회결불결(何懷決不決)

성상에는 원래 남이 없지만
구하는 사람을 대하여 말하게 된다.
법에 이미 얻을 것이 없다면
무엇 때문에 깨치고 못 깨치는 것을 걱정할 것 있겠는가.

　스님께서는 이렇게 법을 전하시고 앉아 손톱으로 얼굴을 후비니 마치 홍련이 피어나는 것같이 되면서 거기서 큰 광명을 내어 4부 대중을 비친 뒤 열반에 들었다. 때는 신(新 : 王莽이 前漢을 멸하고 새로운 국호를 만든 것) 14년(서기 22) 임오였다.
　사야다는 북천축국 사람이다. 지혜가 깊고 교화한 이가 많았다. 나열성(羅閱城)에 이르러 돈교(頓敎)를 폈는데 외도 가운데 일일일식(一日一食)하며 장좌불와 하고 6시로 예불하는 바수반두(婆修盤頭)가 있었다. 존자가 물었다.
　"그렇게 공부하여 가지고 불도를 얻을 수 있겠는가?"
　"스승의 가르침인데 어찌 옳지 않겠는가?"
　"아무리 스승의 법이라 해도 고행은 도와는 멀다."
　"그대는 어떻게 공부하였기에 스승도 비웃는가?"
　"나는 도를 구하지 않으나 뒤바뀌지 않고 예불하지 아니하나 교만하지 않고 오래 앉지 않으나 게으르지 않고, 하루에 한 때(一食)만 먹으나 잡식(雜食)하지 않고, 만족함이 없으나 탐하지 않고 마음에 희망이 없다. 이것이 도가 아니겠는가."
　"옳은 말씀입니다."
　"활시위가 너무 평평하면 끊어지게 되나니 중도를 취하는 것이 좋으리라. 내 그대를 대중 앞에서 억눌렀는데 불쾌하지 않는가?"

"제가 7생 전을 기억해 보니 항상 안락국에 태어났는데 월정(月淨)스님께서 사다함과(斯陀含果)의 수기를 받았습니다. 수기를 받고 나서는 대광명(大光明)보살을 뵙게 되었는데 월정스님께서 '자식은 소중히 여기면서 아비를 업신여기니 어쩌면 그렇게 못났는가' 꾸짖었습니다. 그 때 저는 제가 짚고 간 지팡이를 벽에 그린 부처님의 얼굴에 기대놓은 까닭에 그 후 2과를 잃었습니다. 저는 그 때부터 어떤 말을 들어도 곧 뉘우쳐 경책하는 까닭에 화를 내지 않습니다. 하물며 법문을 듣고 화를 내겠습니까?"

"그래, 그대 오래 전부터 공덕을 심었으니 나의 법을 계승하라."

하고 다음과 같은 게송을 읊고 좌탈하시니 때는 후한, 명제 17년(서기 74) 갑술이었다.

언하합무생(言下合無生)
동어법계성(同於法界性)
약능여시해(若能如是解)
통달사리경(通達事理竟)

언하에 생이 없음을 깨달으니
법계의 성품과 같게 된다.
만일 이렇게 알면
일과 이치를 다 깨달아 마칠 것이다.

(11) 바수반두(婆修盤頭. Vasubandhu)와 마나라(摩拏羅. Manara)

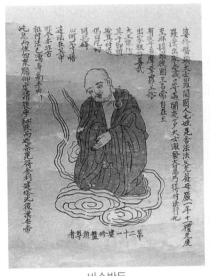

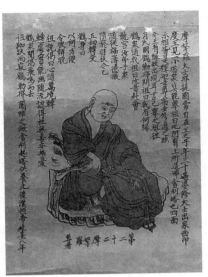

바수반두   마나라

　바수반두는 나열성(羅閱城 : 북인도 건다라국 페샤와르) 사람이다. 성은 비사가(毘舍佉)이고 아버지는 광개(光盖)며 어머니는 엄일(嚴一)이다. 집은 부자이나 자식이 없어 불탑에 기도하였더니 하루는 검은 구슬 두 개를 삼키는 꿈을 꾸었다. 그 뒤 태기가 있었는데 7일 후 현중(賢衆)스님이 찾아왔다. 광개가 예를 올리니 단정히 앉아 받더니 엄일이 절을 하니 현중이 자리를 피하면서,

　"도리어 법신대사(法身大士)께 예를 올립니다."

하고 절을 하였다. 이유를 물으니

　"거룩한 이를 안고 있기 때문이라."

하며

　"옛날 부처님께서 공부하실 때 까치가 머리 위에 집을 지었는데 그 인연으로 죽은 뒤에는 나제국(那提國)의 왕이 되었다가 다시 이곳에 태어나게 되었으니 두 아들을 낳으면 이름을 하나는 바수반두라 하고 하나는 추니(芻尼)라 하십시오. 부처님께서 두 5백년 뒤에 나열성 비사카 가운데 성자가 태어난다고 하신 것은 이를 두고 한 말입니다."

하였다. 그 뒤 한 달만에 아이를 낳으니 그 이름이 바수반두(세친·천친)이다. 처음에는 형 무착과 함께 설일체유부에 함께 출가하였으나 15세에 광도나한(光度羅漢)에게 득도되어 비바하(毘婆訶)보살에게 계를 받고 나제국으로 가서 대승불교를 하게 되었다.

그 때 그 나라왕 상자재(常自在)가 물었다.

"나열지방의 풍토가 여기와 어떻게 다릅니까?"

"저 국토에는 일찍이 세 부처님이 나고 이제 여기서는 두 성인이 법을 계승할 것입니다."

"두 성인이란 누구 누구입니까?"

"하나는 왕의 둘째 아들 마나라(摩拏羅)이고 또 하나는 나입니다."

"부처님께서도 두 5백년 뒤에 이곳에서 성현이 나서 법을 크게 펼 것이다 하였는데 이 이가 바로 그이 이니 부처님의 유훈대로 하겠습니다."

존자께서 곧 출가시켜 구족계를 주고 법을 전했다.

포환동무애(泡幻同無碍)
여하불료오(如何不了悟)
달법재기중(達法在其中)
비금역비고(非今亦非古)

포환이 모두 걸림 없으니
무엇을 깨닫지 못하겠는가.
법을 깨달은 것이 그 속에 있으니
지금이나 예나 다름없다.

여기서 포환은 몸과 마음이다. 존자는 이렇게 법을 전하고 입멸하니 때는 안제(安帝) 11년(서기 17) 정사였다.

먼저 지은 구사론(俱舍論)과 뒤에 쓴 유식론(唯識論)은 불교 논전 가운데 백미(白眉)로서 불교물리학과 불교인식논리학은 심리학의 기초가 되었다. 구사론의 본 이름은 아비달마구사론이다. ① 계(界) ② 근(根) ③ 세간(世間) ④ 업(業) ⑤ 수면(隨眠) ⑥ 현성(賢聖) ⑦ 지(智) ⑧ 정(定) ⑨ 파아(破我) 등 9품으로 형성되어 있고, 모두가 "삼세실유 법체항유(三世實有 法體恒有)"를 증명하였다.

이를 반대한 중현노사의 구사박론(俱舍雹論)이 있었으나 그가 죽은 뒤 순정이론(順正理論)으로 바꾸어 출판해 주었다. 그리고 형님 무착을 만난 뒤 유식 20송을 지어 삼계가 유일심(唯一心)임을 밝혀 아뢰야식연기론(阿賴耶識緣起論)을 전개하였다. 후세 대승불교의 3신(身) 4지(智)[18] 해탈의 불교가 이로부터 발기된다.

마나라는 나제국 상자재왕의 아들이다. 30세에 바수반두에게 법을 전해 받고 서인도로 갔다. 그 나라 왕은 득도왕(得道王)으로 구담족인데 불교에 귀의한 자이었다. 하루는 길가에 작은 탑이 있는 것을 공양코자 내력을 물었으나 범행(梵行)·선관(禪觀)·주술(呪術)하는 사람 중에는 누구하나 아는 자가 없는데 존자가
"아쇼카왕의 소작(所作)인데 인연이 있어 나타난 것이다."
하므로 곧 발심하여 왕위를 태자에게 전하고 출가하였다.

마나라 존자가 월시국 학륵나(鶴勒那)비구에게 가고자 향을 피우니 학륵나존자는 나라의 왕 보인(寶印)에게 설법하다가 갑자기 자기 방 가운데 향로에서 이삭(穗)이 나는 것을 보고 마나라존자가 오실 기미를 알았다. 이에 존자는 월씨국에 와서 학륵나존자와 보인왕의 공양을 받았다. 학륵나존자의 제자에 학자(鶴子)라는 아이가 있었는데 총명하였다. 마나라존자가 보시더니
"이는 5겁 시 묘희국(妙喜國)에 살았는데 전단향목으로 종채를 만들어 종을 치게 한 인연으로 총명하게 태어났다."
하였다. 학륵나는 늘 학의 무리들이 따라다녔는데 그 이유는 "4겁 전에 비구

---

18) 3신은 법신, 보신, 화신이고 4지는 평등성지, 대원경지, 묘관찰지, 성소작지이다.

가 되어 용궁으로 공양을 받으러 가는데 5백 명의 제자들이 도력이 없으면서도 따라 다니면서 얻어먹었다. 그 인연으로 죽은 뒤 학이 되었는데 그대가 어느 곳으로 공양청을 받아가면 혼자만 먹으러 가느냐 하여 더 많이 달려들게 된다” 하였다. 학륵나가 그들을 제도할 비결을 물으니 다음과 같은 게송을 읊었다.

　심수만경전(心隨萬境轉)
　전처실능유(轉處實能幽)
　수류인득성(隨流認得性)
　무희역무우(無喜亦無憂)

　마음은 경계를 따라 흘러가건만
　흘러가는 곳은 자기도 알지 못하나니
　천만 번 흘러가더라도 하나인줄만 알면
　기쁨과 슬픔에 속지 않는다.

이 게송을 듣고 학들이 모두 울면서 떠나가니 존자는 조용히 가부좌를 맺고 열반에 들었다. 학륵나와 보인왕이 함께 탑을 세우니 때는 전한 환제 19년이 었다.

(12) 학륵나(鶴勒那)와 사자비구(師子比丘)

학륵나

사자비구

　학륵나는 월씨국 사람이다. 성은 바라문으로 아버지는 천승(千勝)이고 어머니는 금광(金光)이다. 부처님께 기도 들여 신동(神童)이 금고리를 가지고 오는 것을 보고 잉태하였다. 7세에 동네사람들이 굿하는 것을 보고 당집에 들어가 "허망한 짓이다" 꾸짖자 신상이 저절로 무너졌다. 22세에 출가하여 30세에 마나라 존자를 만나 법을 전해 받았다.

　중인도로 교화하러 갔다가 무외해왕(無畏海王)을 만나 설법해 주는데 왕의 눈결에 소복한 사람이 보여 물으니 "일월왕자(日月王子)로서 옛적에 설법을 들은 은혜를 사례코자 한다" 하였는데 형상은 보이지 않고 이상한 향기만 풍겼다.

　왕이 물었다.

　"일월국의 국토는 얼마나 됩니까?"

　"1천 불이 교화하시는 세계에 제각기 백억의 수미산과 일월이 있습니다."

　왕이 듣고 기뻐하자 순간 존자가 설법하여 인연 있는 모든 사람들을 제도하였다.

　그런데 맏제자인 용자(龍子)가 갑자기 죽었다. 그의 형 사자(師子)는 널리 통하고 많이 알았으나 바라문을 섬기었는데 그의 스승마저 죽으니 존자에게 물었다.
　"제가 도를 구하고자 하는데 어떻게 마음을 쓰시리까?"
　"마음은 쓸 것이 없느니라."
　"마음이 쓸 바가 없다면 누가 불사를 짓습니까?"
　"작용이 없는 것이 불사이니 지은 바 공덕이 아소(我所)가 없기 때문이다."
　사자가 이 말을 듣고 곧 깨닫자 존자가 홀연히 동북쪽을 가리키면서 물었다.
　"저기 산이 어떻게 보이느냐?"
　"흰 무지개가 천지를 관통한 것 같습니다."
　"내가 입멸한 뒤 50년 있다가 북천축국에서 환란이 있을 징조이다. 화가 반드시 그대에게 미치리라" 하고 다음과 같은 게송을 읊었다.

　인득심성시(認得心性時)
　가설부사의(可說不思議)
　요료무가득(了了無可得)
　득시불설지(得時不說知)

　마음의 성품을 안 그 때를
　부사의라 말할 수 있으나
　확실히 알면 얻는 것도 없고
　얻을 때는 말하지 않아도 안다.

입멸 후 화장하여 사리를 나누어 탑을 세우려 하니 공중에서 소리가 났다.

　일법일체법(一法一切法)
　일체법섭일(一切法攝一)
　오신비유무(吾身非有無)
　하분일체탑(何分一切塔)

한 법이 일체법이고
일체법이 한 법이다.
이 몸은 있지도 않고 없지도 않는데
하필이면 일체탑을 나누려 하는가.

그래서 탑을 나누지 않고 사리가 나온 자리에 그대로 탑을 세우니 때는 후한 헌제 20년(서기 209) 기축이었다.

사자비구는 중인도 사람이다. 바라문 종족으로 법을 받은 뒤에는 사방으로 다니다가 계빈국에 이르러 선관(禪觀)을 닦고 있는 바리가(波利迦)의 무리들을 보고 힐난하니 달마달(達摩達)이 분개하여 달려왔다. 존자가 물었다.
"선정을 닦는다고 하는 사람이 어찌하여 여기까지 왔는가?"
"선정은 사람이 익히는데 오고 가는데 무슨 방소(方所)의 장애가 있습니까?"
"이미 방소가 없다면 어찌 사람이 익히는데 있다 하겠는가."
"선정이 사람을 길들이는 것이고, 사람이 선정을 익히는 것이 아닙니다."
"그렇다면 자네가 여기 왔을 때는 누가 선정을 닦는가?"
"마치 맑은 구슬이 안팎에 티가 없는 것 같습니다."
"하지만 지금 그대를 보니 구슬의 무리는 아니다."
"아닙니다. 제 마음도 어지럽지 않습니다."
"더러운 물건(物)이 요동치 않는다고 그것을 선정이라 할 수는 없다."
달마달이 말씀을 듣고 크게 깨닫자 소문이 주위에 널리 퍼졌다.

그때 한 장자가 아이를 데리고 와서 물었다.
"이 아이의 이름은 사다(斯多)인데 날 때부터 왼손을 쥐고 펴지 않습니다."
존자가 보고 "내 구슬을 돌려다오" 하니 동자가 갑자기 손을 펴고 구슬을 바치니 대중이 모두 깜짝 놀랐다. 존자가 말했다.
"내가 전생에 스님이 되어 바사(婆舍)라는 동자를 데리고 있었다. 그 때 내가 서해용왕의 공양청을 받고 갔다가 구슬 하나를 보시 받아 맡겼는데 이제 돌려 받아도 되겠기에 말한 것이다."

하니 장자가 곧 아들을 들어 출가시켰다. 그이가 바로 바사사다(婆舍斯多)이다.

존자가 "머지 않아 재난이 올 것이니 정법안장을 잘 보호하여 유정들을 구제하라" 이르고 게송을 읊었다.

정설지견시(正說知見時)
지견구시심(知見俱是心)
당심즉지견(當心卽知見)
지견즉우금(知見卽于今)

지견을 바로 보고 말할 때에
지견이 곧 마음이다.
마음이 곧 지견이라면
보고 알 때가 곧 지금이다.

존자가 비밀리에 가사를 전해주면서,
"다른 나라에 가서 법을 전하라."
하여 바사사다는 남천축국으로 갔다.

존자는 뒤에 계빈국에 있다가 불승을 빙자한 외도 마목다(摩目多)와 도락차(都落遮)가 궁중에 들어가 요망한 짓을 하다가 들통나니 그의 죄가 스님들에게로 돌아와 큰 해를 보았다. 왕은
"내가 불승을 크게 존중하였는데 나를 반역하다니."
하면서
"모든 절을 헐고 스님들을 죽이라."
명령하였다. 왕 자신도 칼을 들고 존자에게로 가 물었다.
"존자는 5온이 공함을 깨달았습니까?"
"깨달았다."

"생사를 여의었습니까?"

"여의었다."

"그렇다면 나에게 머리를 줄 수 있겠습니까?"

"몸도 내 것이 아니거늘 하물며 머리이겠는가?"

즉석에서 왕이 머리를 치니 흰 젖이 몇자를 솟았다. 왕은 오른팔이 그 자리에서 떨어져 7일 만에 죽었다.

그런데 이 사자존자는 바사사다에게 의법(依法)을 전한 외에 곁으로 달마달이하 4세에 이르는 22인이 법을 받은 바 있다.

태자 광수(光首)가 탄식하자 상백선인(象白仙人)이 전생의 인연을 설명하여 의심을 풀게 하자 광수는 사자들과 시체를 거두어 탑을 세우게 하였다. 때는 위제왕 20년 기묘이다.

(13) 바사사다(婆舍斯多)와 불여밀다(不如密多)

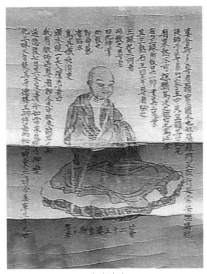

바사사다   불여밀다

바사사다는 계빈국 사람이다. 바라문 출신으로 아버지는 적행(寂行)이고 어머니는 상안락(常安樂)이다. 태몽에 신기한 칼을 얻고 잉태하였는데 나서보니 왼손을 쥐고 있다가 사자존자를 보고 폈다.

법을 받은 뒤 남인도로 가는 도중 동인도 가승왕(迦勝王)을 만났는데 예를 갖추어 공양하였다. 외도 무아존(無我尊)이 왕의 사랑을 받다가 그 사랑이 존자에게 돌아가는 것을 보고 질투하여 논전을 희망하였다.

"나는 말을 빌리지 않고 잠자코 하는 토론을 합니다."

"누가 승부를 아는가?"

"승부를 다투는 것이 아니고 다만 그 이치만을 취할 뿐입니다."

"그대는 무엇을 이치라 하는가?"

"무심(無心)을 이치로 압니다."

"이미 무심하다면 어찌 이치를 알겠는가?"

"내가 말하는 무심은 이름이고 이치가 아닙니다."

"내가 보니 마음도 아닌 것이 이치이고 이름이 아니다."

"그렇다면 누가 분별합니까?"

"이미 주장하는 이름이 이치가 아니라면 이 이름은 무엇을 말하는가?"

"이치 아님을 분별하는 것을 무명(無名)이라 합니다."

"이름이 이미 이름이 아니고, 이치 또한 이치가 아니라면 분별하는 이는 누구며 어떤 물건을 분별하는가?"

이렇게 59회를 반복하다가 외도가 말이 막히니 항복하였다. 순간 존자가 북쪽을 바라보며 "나의 스승께서 오늘 화를 당하셨다"하고 탄식하였다.

그리고 곧 왕을 하직하고 남으로 떠나 깊은 산골짜기에 숨었다. 나라의 왕 천덕(天德)이 맞아 접대하니 주술사가 시기하여 음식에 독약을 타주었다. 그러나 스님은 괜찮고 도리어 그가 화를 입었다.

천덕의 아들이 둘이 있는데 하나는 포악하고 하나는 허약하였다. 인과로서 그 원인을 밝혀주니 왕이 기뻐하였다.

60년 뒤 득승(得勝)이 왕이 되어 외도를 믿으며 존자를 괴롭히니 태자 불여밀다(不如密多)가 간하다가 갇히었다. 왕이 물었다.

"내 나라에 본래 요망함이 없었는데 대사께서 전하는 것이 무엇이오."

"불법입니다."

"부처님께서 열반하신 지 벌써 1천2백년이 되었는데 어떻게 법을 이어받았습니까?"

존자가 가섭으로부터 24세에 이르기까지의 역사를 말하니 "사자비구는 형육을 당한 것으로 아는데 어떻게 법을 이어 받았느냐"고 하였다.

이에 존자가 환란 전에 받은 사실과 증물을 보이니 즉시 가사를 불에 넣어 태워버리라 하였다. 그러나 불속에 들어간 가사가 타지 않고 오히려 오색이 찬란한 것을 본 왕이 비로소 후회하며 법답게 섬겼다. 태자가 출가를 희망하자 물었다.

"무엇을 위해 출가하려 하는가."

"그 일을 하지 않고자 합니다."

"그 일이란?"

"세속 일입니다."
"그러면 어떤 일을 하고자 하는가?"
"불사(佛事)를 짓고자 합니다."
"그대는 성현의 강림한 바이다."
하고 6년 동안 데리고 시봉하다가 구족계를 주어 법을 전하였다.

성인설지견(聖人說知見)
당경무시비(當境無是非)
아금오진성(我今悟眞性)
무도역무리(無道亦無理)

성현께서 말하는 지견은
경계를 당해서도 시비가 없다.
내가 참 성품을 깨닫고 보니
도도 없고 이치도 없었다.

불여밀다가 게송을 듣고 물었다.
"법의(法衣)를 계속해서 전하오리까?"
"덕화가 시방에 퍼지면 사람들이 저절로 믿고 따르리라."
밀다가 예배하고 물러가니 이에 스님은 삼매의 불로 몸을 태웠다. 득승왕이 평지에 한 자나 된 사리를 거두어 부도를 세우니 때는 동진 명제 태녕 3년 을유였다.
불여밀다는 남인도 득승왕(得勝王)의 태자이다. 득도 후에는 동인도에 갔다. 나라의 왕 견고(堅固)가 장과범지(長瓜梵志)를 받들고 있었다. 하루는 흰 서기가 뻗쳐오는 것을 보고 왕이 물으니 장조가 임금님의 저의를 두려워하여 "이는 악마가 나타날 징조다" 하였다. 그리고 자기의 무리를 모아놓고 의논하였다. 모든 제자들이 "불과 물로 신통을 부려 물리치겠다" 하므로 안심하였다.

존자가 이르러 왕성에 검은 기운이 서린 것을 보고 "조그마한 환란이 있겠구나" 하고 왕궁에 나아가니 임금님께서 물었다.

"대사는 무엇하러 왔습니까?"

"중생을 제도하러 왔습니다."

"어떤 법으로 제도합니까?"

"근기 따라 제도합니다."

그 때 범지가 신통을 일으켜 존자를 무너뜨리려고 허깨비들을 동원하니 스님께서 손가락으로 그것을 가리키자 모두 사라지고 말았다. 그리고 왕에게 정법을 전하고 "이 나라에서 성인이 나서 남의 법을 이을 것이다" 예언하였다.

하루는 임금님과 함께 수레를 타고 지나갈 때 한 20세 정도 되는 동자가 다가왔다. 이름도 성도 모르는 아이로서 걸식을 하고 살아왔는데 혹 영락(瓔珞)이라 부르기도 하였다. 누가 묻기를 "네 성이 무엇이냐?" 하면 "그대의 성과 같다" 하여 어쩌면 상불경(常不輕)보살의 행과도 비슷한 행동을 하였다. 존자가 이를 보고 물었다.

"너는 옛일을 기억하느냐?"

"예. 옛적에 스님과 같이 살았는데 스님은 마하반야를 연설하실 때 저는 깊은 수다라를 읽었습니다."

그래서 이름을 반야다라(般若多羅)라 하였다. 존자가 왕에게 "이는 대세지보살의 화현입니다. 이 분 말고도 이 나라에서는 두 분의 성현이 나서 한 분은 남인도를 교화하고 한 분은 진단(震旦 : 支那)를 교화할 것입니다" 하고 법을 전했다.

진성심지장(眞性心地藏)

무두역무미(無頭亦無尾)

응연이화물(應緣而化物)

방편호위지(方便號爲智)

참 성품이 마음땅에 합하니
머리도 없고 꼬리도 없다.
인연 따라 物을 교화하니
방편으로 호를 지혜라 한다.

스님은 임금님께 "최상승을 보호해 줄 것"을 부탁하고, 본래의 자리로 돌아가 가부좌를 맺고 열반에 드니 때는 동진 효무제 태원 13년(서기 388) 술자였다.

(14) 반야다라(般若多羅, Prajnadara)와 보리달마(菩提達摩, Bodhidharma)

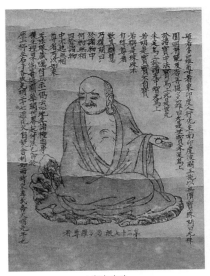
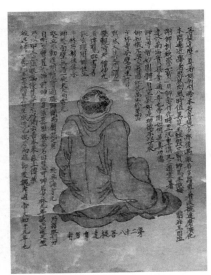

반야다라   보리달마

반야다라는 동인도 사람이다. 법을 받은 후 남인도에 이르러 가니 나라왕 향지(香至)가 불법을 독신하여 존중하고 공양하였다. 이 왕에게 세 아들이 있었는데 그 지혜를 시험코자 구슬을 가지고 가 물었다.

"이 구슬이 둥글고 밝은데 여기 미칠 것이 있겠습니까?"

첫째왕자 목정다라(目淨多羅)와 둘째왕자 공덕다라(功德多羅)가 똑같이 대답하였다.

"이 구슬은 7보 가운데서도 가장 존귀하여 이를 지닐 이가 없습니다. 존자의 도력이 아니면 어떻게 잇겠습니까."

"형은 국쇄를 가질 왕이고, 둘째는 기보를 희롱할 재무부장관이 되리라."

그런데 셋째왕자 보리다라(菩提多羅)는 달랐다.

"이것은 세상의 보배라 귀히 여길 것이 못되고 보배 가운데서는 법보(法寶)가 으뜸입니다."

"그렇다면 모든 물건 가운데 어떤 물건이 형상이 없는가?"

"일어나지 않는 것이 형상이 없습니다."

"어떤 물건이 세상에 가장 높은가?"

"나와 남을 집착하지 않는 것이 가장 높습니다."

"어떤 물건이 가장 큰가?"

"법성(法性)이 가장 큽니다."

존자가 이 애가 법기(法器)인 것을 알았으나 아직 그 때가 오지 않은 것을 알고 말없이 보고만 있었다.

향지국왕이 입멸하자 모든 사람들이 슬피 우는데 오직 보리달마는 선정에 들어 7일만에 깨어나 출가를 희망하였다. 이에 구족계를 주고 법을 전하니 전법게는 다음과 같다.

심지생제종(心地生諸種)
인사부생리(因事復生理)
과만보리원(果滿菩提圓)
화개세계기(華開世界起)

마음땅에서 종자가 나니
일을 인해서 다시 이치가 난다.
과가 차면 깨달음이 원만해지고
꽃이 피면 세계가 빛나리라.

존자는 전법 후 그 자리에서 일어나 좌우손을 펴서 각각 광명을 놓으니 온 세상에 오색광명이 선명하였다. 몸을 허공으로 던져 7다라수(多羅樹)를 솟구쳤다가 삼매의 불로 몸을 태우니 때는 송 효무제 대명 원년(서기 457) 정유였다.

보리달마는 남천축국 향지왕(香至王)의 셋째 아들이다. 성은 찰제리요, 본래의 이름은 보리다라(菩提多羅)였는데 제27조 반야다라를 만나 마음 자리를 깨닫고 스승의 가르침에 따라 이름을 고쳤다.

"그대는 모든 법을 깨달았다. 대저 달마(법)라 함은 통달하고 크다는 뜻이니, 달마라 하라."

이어서 반야다라존자는 보리달마에게 이렇게 말했다.

"그대가 비록 법을 깨달았으나 멀리 떠나지는 말라. 우선 남천축에 머물렀다가 내가 열반에 든 지 67년 뒤에 진단(震旦 : 中國)으로 가서 큰 법약(法藥)을 마련해 놓고 상근기(上根機)들을 직접 대하라. 행여 너무 빨리 떠나서 햇볕에 시드는 일이 없도록 하라."

"그 나라에 법의 그릇이 될 만한 사람이 있겠습니까?"

"셀 수 없이 많을 것이다. 그러나 내가 입멸 후 60년 뒤에는 나라에 재난이 있을 것이니 수중문포(水中文布)를 잘 항복시키라. 가되 남쪽에는 머물지 말라. 그곳에는 유위의 공덕만 좋아하여 불법의 참 이치를 보지 못하리라."

하고 다음과 같은 게송을 말씀하였다.

노행과수부봉양(路行跨水復逢羊)
독자처처암도강(獨自悽悽暗度江)
일하가련쌍상마(日下可憐雙象馬)
이주눈계구창창(二株嫩桂久昌昌)

물을 건너 가다가 다시 양을 만나게 되므로
홀로 쓸쓸히 강을 건너게 될 것이다.
대낮의 가련한 두 코끼리와 말이여,
두 그루 계수나무가 오랜만에 창창할 것이다.

위에서 말하는 '수중문포'란 보리유지(菩提流支)의 모함을 가리키고 게송 가운데의 '물을 건너 가다가 양을 만난다'는 것은 낙양에서 소연(蕭衍)을 만나게 된다는 말이다. 양(羊)은 양(陽)으로 통하니 낙양을 예언한 것이고, 노행(路行)의 행(行)에 과수(跨水)의 수(水)를 더하면 연(衍)자가 된다. '쓸쓸히 강을 건넌다' 한 것은 양무제와 헤어져서 양자강을 건너감을 뜻하는 것이고, '코끼리와 말'은 양나라·위나라의 두 무제와 보리유지 및 광통(光統)스님을 가리킨다.

'두 그루의 계수나무'는 소림(小林)을 지칭한 것이며, '오랫만'이란 뜻을 지닌 구(久)자는 아홉 구(九)와 통하니 9년만에 비로소 법이 번성할 것을 반야다라 존자께서 게송으로 예언한 것이다.

보리달마는 스승 반야다라존자를 40년 동안 시봉하다가 존자가 세상을 떠난 뒤에는 본국 사람들을 위해서 교화를 폈다.

당시 인도에는 불태선(佛太先)과 불대승다(佛大勝多)가 있었는데 보리달마는 이들과 함께 불타발타(佛陀跋陀)의 소승선(小乘禪)을 배웠다. 특히 이 가운데 불태선은 반야다라를 만나 소승선을 버리고 대승선을 배워 스승과 함께 교화를 펴니 당시의 사람들이 두 감로문(甘露門)이라 칭찬하였다.

그러나 이들에 의하여 인도에는 여섯 개의 종파가 생겼으니 ① 유상종(有相宗) ② 무상종(無相宗) ③ 정혜종(定慧宗) ④ 계행종(戒行宗) ⑤ 무득종(無得宗) ⑥ 적정종(寂靜宗)이 그것이다.

이들은 무리를 나누어 교화함으로써 서로 경쟁하여 크게 번성하기는 하였으나 자기 종파의 견해를 고집하고 집착하므로 부처님의 근본 가르침과는 어긋나는 점이 많았다. 그래서 달마대사는 삿된 소견에 빠져있는 이들을 제도하기 위하여 나섰다.

먼저 유상종의 종주 살바라(薩婆羅)를 만났다.

"어떤 것을 실상(實相)이라 하는가?"
"모든 형상 가운데서 따로 형상을 취하지 않는 것이 실상입니다."
"그렇다면 어떻게 실상을 따로 결정할 수 있겠는가?"
"결정할 것이 없으므로 진실이라 합니다."
"그렇다면 어떻게 그대는 결정지을 수 없는 것을 얻었다 하는가?"
"내 말은 형상을 말한 것도 아니오, 비형상을 말한 것도 아닙니다."
"그러나 그대만이 결정됨을 결정할 수 없으므로 실상이라고 할 수 없다."

"결정됨을 결정할 수 없으므로 실상이라 할 수는 없지만 나는 내 잘못을 아는 까닭에 결정치도 않고 결정하지 아니하지도 않습니다."

"그대가 지금 변하지 않는다고 한 것은 실상이 아니다. 이미 변한 것과 변해간 것이 그 뜻이 분명하기 때문이다."

"변치 않는 것도 마땅히 있고, 있는 것은 있지 않는(不在) 것이기 때문에 실상은 변해서 그 이치를 결정합니다."

"실상은 변치 않고, 변하는 것은 실상이 아니라 하면 있음과 없음 가운데서 어떤 것이 실상인가?"

살바라가 허공을 가리키면서 말했다.

"이는 세간의 유위의 형상이지만 공합니다. 나의 이 몸도 이와 같습니다."

"만일 실상을 알면 형상 아님을 보게 되고 형상 아님을 알면 물질 또한 그렇게 될 것이다. 물질 가운데서 본체만 잃지 않으면 있고 없는데 걸리지 아니할 것이다. 만일 이와 같이 이해하면 이것이 실상이다."

유상종의 무리들이 이 말을 듣고 크게 깨달아 경쾌한 마음으로 믿고 예배하였다.

달마대사는 다시 무상종의 바라제(波羅提)를 만났다.

"그대가 말하는 무상을 그대는 어떻게 증득하는가?"

"내가 무상을 밝히는 것은 마음을 나타낼 수 없기 때문입니다."

"마음이 나타나지 않는다면 어떻게 밝히는가?"

"취하지도 버리지도 않으면 상대의 연을 짓지 않습니다."

"취하지도 않고 버리지도 않고 상대를 짓지 않는다는 것은 이는 마음이 비어 없다는 증거이다."

"부처님께서 삼매에 들어서도 얻은 것이 없다고 하였는데 하물며 형상 없는 것이야 더 말할 것 있겠습니까?"

"형상이 없다면 이미 유무(有無)가 없고 얻을 것이 없다면 무슨 삼매가 있겠는가."

"제가 증득하지 않는다 한 것은 증득할 것이 없는 것을 증득한 것이며 삼매가 아니기 때문에 삼매라 한 것입니다."

"삼매가 아니라면 어떻게 이름하며, 증득하지 않는다면 증득하지 않는 것을 어떻게 증득하겠는가?"

바라제가 언하에 곧 마음을 깨닫고 참회하자 달마대사는 그에게 수기를 주었다.

"그대는 오래지 않아 과위(果位)를 얻고 이 나라에 있는 마(魔)를 항복 받으리라."

그 다음 달마는 정혜종의 바란타(婆蘭陀)와 대화를 나누었다.

"정혜가 하나인가, 둘인가?"

"하나도 아니고 둘도 아닙니다."

"하나도, 둘도 아니라면 어찌하여 정혜라 하는가?"

"정(定)에서 보면 혜(慧)가 아니요, 혜에서 보면 곧 정이 아니므로 하나도 둘도 아니되는 것입니다."

"하나라야 하는데 하나가 아니고 둘이라야 하는데 둘이 아니라면 무엇을 일러 정혜라 하는가?"

"하나도 둘도 아니지만 정혜를 알 수 있고 정혜 아닌 것도 그렇게 해서 알 수 있습니다."

"정이 혜가 아니고 혜가 정이 아니라면 어찌 알 수 있으며 하나도 둘도 아니라면 정과 혜를 닦는 자는 누구인가?"

바란타가 듣고 의심이 곧 눈 녹듯 하였다.

달마는 다시 넷째 계행종의 한 현자에게 가서 물었다.

"무엇이 계며 무엇이 행인가. 그리고 계와 행은 둘인가 하나인가?"

"하나와 둘이 모두 그에게 나오며 교(敎)에 의하여 물듦이 없으며 이를 계행이라 합니다."

"그대는 말과 같이 교법에 의한다 한 것이 물듦이다. 하나와 둘이 모두 부정

되었으면 어찌 교법에 의한다 하겠는가. 이 두 가지가 서로 어기면 행이 될 수 없으니 안과 밖이 분명치 않으므로 계라 할 것도 없다."

"나에게 내외가 있는 것은 제가 이미 압니다. 이미 통달한 뒤에는 그것이 계행이니, 만일 서로 어긴다고 말하면 모두가 옳고 모두가 그르며 말이 청정함에 미치면 그것이 계요 행입니다."

"모두가 옳고 모두가 그르다면 어찌 청정이라 하겠는가. 이미 통달했다면 어찌 또 안팎이 있겠느냐?"

이 말에 계율종의 현자는 항복하고 말았다.

다음에는 무득종의 보정(寶靜)에게 가서 물었다.

"그대가 무득이라 하나 무엇이 무득인가. 이미 얻을 것이 없다면 얻었다(得)할 것도 없을 것이다."

"내가 얻을 것이 없다고 말한 것은 얻을 것을 얻은 것도 없다는 것은 아닙니다. 얻을 것을 얻는다고 말한 때에 얻을 것 없는 것이 곧 얻는 것입니다."

"얻은 것이 이미 얻는 것이 아니라면 얻은 것도 얻은 것이 아니리라. 이미 얻은 것을 얻었다 하니 얻을 것을 얻었다 함은 무엇을 얻었단 말인가?"

"얻음을 보면 얻는 것이 아니요, 얻음이 아니라야 얻나니, 만일 얻지 않음을 보면 얻을 것을 얻었다 합니다."

"얻는 것은 얻는 것이 아니오, 얻을 것을 얻는 것도 얻은 것이 없다 하니 이미 얻은 바가 없다면 무엇으로써 얻을 것을 얻겠는가."

보정이 듣고 의심이 넝쿨 풀어지듯 하였다.

달마는 다시 여섯째 적정종에 나아가 물었다.

"무엇을 적정이라 하고 이 법 가운데 고요한 자는 누구이고 적멸한 자는 누구인가?"

"마음이 요동하지 않는 것을 적멸이라 하고, 법에 물들지 않는 것을 고요하다 합니다."

"본 마음이 적멸치 않는다면 반드시 적정을 빌어야 하겠지만 본래 적멸한 것인데 무엇 때문에 적정을 이용하리오.”

“모든 법이 본래 공하니 공이 공하기 때문이요, 그 공이 공하므로 적정하다 합니다.”

“모든 법이 이미 공하여 형상이 없다면 무엇이 다시 고요하고 적멸하겠는가.”

적정종의 존자는 달마의 가르침을 받고 활연히 깨달았다. 이리하여 외도가 모두 불법에 귀의함으로써 5인도 전체가 달마대사의 교화권에 들어왔다.

이렇게 6년을 교화하는 가운데서도 이견왕(異見王)이 삼보를 비방하고 업신여겼다. 그리하여 선왕의 존경을 받던 이들까지 모두 쫓겨나갔다. 달마대사는 이를 알고 여섯 종파의 무리들과 협력하여 이견왕의 박덕을 구제하고자 했다. 그들 가운데 종승(宗勝)이 대사의 만류도 뿌리치고 왕궁으로 가서 이견왕과 토론하다가 말이 막힌 것을 보고 바라제가 위신력으로 구름을 왕 앞에 이르게 하여 구원하도록 하였다. 왕은 바라제가 구름을 타고 오는 것을 보고 깜짝 놀라 문답하던 것도 까맣게 잊고 이렇게 말했다.

“하늘을 타고 온 자가 바른가 삿된가?”

“저는 사(邪)와 정(正)이 아니지만 왔다면 정과 사가 있습니다. 만약 대왕의 마음이 바르면 저에게도 사와 정은 없습니다.”

왕은 놀랐으나 교만한 생각이 치솟아 종승을 쫓아내니, 바라제가 말했다.

“대왕은 이미 도를 행하면서 어찌 사문을 물리치십니까. 제가 비록 아는 것은 없으나 대왕께서 물어주시길 바랍니다.”

왕이 성을 내면서 물었다.

“어떤 것이 부처인가?”

“성품을 본 이가 부처입니다.”

“대사는 성품을 보았는가?”

“나는 이미 성품을 보았습니다.”

“성품이 어디에 있는가?”

“성품은 작용하는 곳에 있습니다.”

“그것이 어떻게 작용하기에 나에게는 보이지 않습니까?”

"지금 작용하고 있는 데도 왕 스스로 보지 못할 뿐입니다."

"나에게 있습니까 없습니까?"

"대왕께서 만약 작용한다면 없을 수 없습니다. 그러나 대왕께서 작용하지 않으면(不用) 본체를 스스로 보기 어렵습니다."

"만약 작용한다면 그 때 몇 곳에 나타납니까?"

"나타날 때엔 여덟 가지 길이 있습니다."

"그 여덟 가지 길을 나에게 말해주십시오."

바라제가 게송으로 대답했다.

재태위신(在胎爲身)　처세명인(處世名人)

재안왈견(在眼曰見)　재이왈문(在耳曰聞)

재비변향(在鼻辨香)　재구담론(在口談論)

재수집착(在手執捉)　재족운분(在足運奔)

편현구해사계(遍現俱該沙界)　수섭재일미진(收攝在一微塵)

식자지시불성(識者知是佛性)　불식환작정혼(不識喚作精魂)

태 속에선 몸이요 세상에 나와서는 사람이오

눈으로는 본다 하고 귀로는 듣는다 하고

코로는 냄새를 맡고 입으로는 말을 하고

손으로는 움켜잡고 발로는 몸을 옮기네.

두루 나타나서는 무수한 세계를 덮고

거두어들이면 한 티끌 속에도 들어가네

아는 이는 그것을 불성이라 하지만

알지 못하는 이는 정혼이라 부르네.

왕이 이 게송을 듣고 마음이 열리어 앞의 허물을 뉘우치고 불법에 깊이 귀의하였다. 이견왕이 다시 바라제에게 물었다.

"그대는 지혜롭고 변재가 있는데 누구의 제자시오?"

"저는 사라사(娑羅寺)에서 중이 되어 오사바삼장(烏娑婆三藏)에게 수학하였으나 출세(出世)의 스승은 대왕의 숙부이신 보리달마대사입니다."

왕은 대사의 이름을 듣자 깜짝 놀라 삿된 길에 들어선 것을 뉘우치고 사신을 시켜 달마대사를 청해 오게 하였다. 대사가 왕궁으로 와서 왕을 훈계하자 왕은 울면서 참회하고 또 종승을 본국으로 돌려보내라고 명령하였다.

대사는 이렇게 왕을 교화하고 인연이 익어서 중국에 법을 펼 때가 되었으므로 왕과 동학(同學)을 작별하였다. 왕은 큰 배를 마련하여 많은 보배를 싣고 몸소 신하들을 인솔하여 바닷가에 나와 달마대사를 전송하였다. 대사는 바다에 떠서 3년을 지나 남해에 다다르니 이는 양(梁)의 보통(普通) 8년 정미 9월21일이었다.

광주자사(廣州刺史) 소앙(簫昻)이 예를 갖추어 영접하고, 무제(武帝)에게 보고(表)를 올렸다. 무제는 보고를 받고 사자에게 조서(詔書)를 주어 맞아들이니 10월1일에 금릉(金陵)에 이르렀다. 무제가 대사에게 물었다.

"짐이 왕위에 오른 이래 절을 짓고 경을 쓰고 중을 기른 것이 셀 수 없는데 어떤 공덕이 있소."

"아무 공덕도 없습니다."

"어찌하여 공덕이 없소."

"이는 인간과 하늘의 작은 결과를 받는 유루의 원인일 뿐이니, 마치 그림자가 형상을 따르는 것과 같아서 있는 듯 하나 실체가 아닙니다."

"어떠한 것이 진실한 공덕이오."

"청정한 지혜는 묘하고 원만하여 본체가 원래 비고 고요하니 이러한 공덕은 세상 법으로 구하지 못합니다."

"어떤 것이 성제(聖諦)의 제일가는 이치요."

"전혀 거룩함이 없습니다."

"짐을 대하고 있는 이는 누구요?"

"모릅니다."

무제가 알아듣지 못하니 대사는 근기가 맞지 않음을 알았다. 대사는 가만히 강북(江北)을 돌아서 낙양에 이르렀다. 그는 숭산(嵩山) 소림사(小林寺)에 머물러 벽을 향해 하루 종일 잠자코 앉았으니 사람들은 그를 일러 벽을 바라보는 바라문(壁觀婆羅門)이라 하였다.

이때에 신광(神光)이라는 승려가 있었는데 활달한 사람이었다. 그는 오랫동안 낙양에 살면서 여러 서적을 많이 읽고 묘한 이치를 잘 이야기하였다. 그는 달마대사의 소문을 듣고 소림사로 가서 조석으로 섬기고 물었으나 아무런 가르침도 듣지 못했다. 마침내 그는 굳은 결심을 하고 그 해 12월 9일 밤에 대사의 방 밖에 꼼짝도 않고 섰는데 큰 눈이 내려 새벽에는 눈이 무릎이 지나도록 쌓였다. 대사가 민망히 생각하여 물었다.

"네가 눈 속에 오래 섰으니 무엇을 구하는가?"

신광이 슬피 울면서 사뢰었다.

"바라옵건대 화상께서 감로의 문을 여시어 여러 중생들을 널리 제도해 주소서."

"부처님들의 위없는 묘한 도는 여러 겁을 부지런히 정진하여 행하기 어려운 일을 행하고 참기 어려운 일을 참아야 하거늘 작은 공덕과 지혜, 경솔하고 교만한 마음으로 참법을 바라는가. 헛수고를 할 뿐이다. 저 흰 눈이 붉어지면 그대에게 설법하리라."

신광이 이 말을 듣고 슬며시 칼을 뽑아 왼쪽 팔을 끊어서 대사 앞에 놓으니 흰 눈이 붉어졌다. 대사는 그가 법기임을 알고 그의 이름을 혜가(慧可)라 고쳐 주니, 신광이 말했다.

"부처님들의 법인(法印)을 들려주십시오."

"법인은 남에게서 얻는 것이 아니니라."

"제 마음이 편안치 못하니 스님께서 편안케 해주소서."

"마음을 이리 가지고 오너라. 편안케 해주리라."

"마음을 찾아도 얻을 수 없습니다."

"그렇다면 내가 이미 네 마음을 편안케 했다."

뒤에 효명제(孝明帝)가 대사의 특이한 행적을 듣고 사자와 조서를 보내어 부르기를 세 차례나 하여도 그는 소림사를 떠나지 않았고, 황제가 마납(摩衲)가사, 금발우, 비단 등을 보냈으나 세 번이나 사양하다가 황제의 뜻이 강경함으로 마지못해 받았다.

그로부터 승속이 배나 더 믿고 귀의하였는데 9년이 차자 인도로 돌아갈 것을 생각하고 문인(門人)들에게 얻은 바를 말하도록 했다.

먼저 문인인 도부(道副)가 대답했다.

"제가 보기에는 문자를 집착하지 않고 문자를 여의지도 않음으로써 도를 삼는 것입니다."

"너는 나의 가죽을 얻었다."

총지(總持)비구니가 말했다.

"제가 알기에는 아난이 아촉불국을 보았을 때에 한 번 보고는 다시 보지 못한 것 같습니다."

"너는 나의 살을 얻었다."

"도육(道育)이 말했다.

"사대(四大)가 본래 공하고 오온(五蘊)이 있지 않으니, 제가 보기에는 한 법도 얻을 것이 없습니다."

"너는 나의 뼈를 얻었다."

마지막으로 혜가가 절을 하고, 제자리에 서니 대사가 말했다.

"너는 나의 골수를 얻었다."

그리고는 다시 혜가를 돌아보면서 말했다.

"여래께서 정법안장을 가섭에게 전한 이후 나에게까지 이르렀다. 내가 이제 그대에게 전하노니, 그대는 잘 지키라. 그리고 가사를 겸해 주어 법의 신표를 삼노니, 제각기 표시하는 바가 있음을 알라."

혜가가 더 자세히 설명해주기를 청하자 대사가 말했다.

"안으로 법을 전해서 마음을 깨쳤음을 증명하고, 겉으로 가사를 전해서 종지(宗旨)를 확정한다. 후세 사람들이 의심하여 환란이 생기거든 이 옷과 나의 게송을 내놓아 증명을 삼으면 교화하는데 지장이 없을 것이다. 내가 열반에 든지 이백 년 뒤에 옷은 그치고 전하지 않아도 법이 세상에 널리 두루할 것이다. 나의 계송을 들으라."

오본래차토(吾本來玆土)
전법구미정(傳法救迷情)
일화개오엽(一華開五葉)
결과자연성(結果自然成)

내가 본래 이 땅에 온 것은
법을 전해 어리석은 이를 제도하려는 것인데
꽃 한송이에서 다섯 꽃잎이 피게 될 것이니
열매는 자연히 맺어지리라.

대사는 다시 《능가경(楞伽經)》 네 권을 혜가에게 주면서 법을 전해준 뒤 무리들을 이끌고 우문(禹問)의 천성사(千聖寺)로 가서 사흘을 묵었다. 고을 태수 양현지(揚衒之)가 와서 전부터 불법을 사모했다면서 대사에게 물었다.
"서역 천축에서는 스승의 법을 전해 받고 조사라 한다는데 그 도가 어떠합니까?"
"부처님의 마음 자리를 밝히고 행과 지혜가 서로 응하는 것을 조사라 하오."
"제자가 삼보에 귀의한지도 몇 해가 되건만 지혜가 혼몽하여 아직도 진리를 미혹하고 있는데 스님께서 자비로써 종자를 보여주소서."
대사는 그의 정성이 간절함을 알고 계송으로 말했다.

역불도악이생혐(亦不覩惡而生嫌)
역불관선이근조((亦不觀善而勤措)
역불사지이근우(亦不捨智而近愚)
역불포미이취오(亦不抛迷而就悟)

악을 보고도 혐의치 않고
선을 보고도 부지런하지 않고
지혜를 버리고 어리석음에 가지도 않고
어리석음을 떠나 깨달음에 가지도 않는다.

달대도분우량(達大道盆過量)
통불심분출도(通佛心盆出度)
불여범성동전(不與凡聖同躔)
초연명지왈조(超然名之曰祖)

큰 도를 통달하니 한량을 지나고
불심을 통하니 법도에 지나고
범부와 성인 어느 곳에도 똑같이 얽매이지 않고
초연히 뛰어난 것을 조사라 한다.

양현지가 게송을 듣고 슬픔과 기쁨이 뒤섞여 말했다.
“바라옵건대 대사께서 세간에 오래 머무시어 많은 유정들을 교화해 주소서.”
“나는 가야 한다. 오래 머물 수 없다. 근기와 성품이 만 가지 차이가 있으므
로 많은 환란을 만날 것이다.”
“누구이옵니까? 제자가 스님을 위해서 제거해 드리겠습니다.”
“나는 부처님의 비밀을 전해서 어리석은 무리를 이롭게 할 뿐인데 남을 해치
고 내가 편안하고자 하는 것은 이치에 맞지 않는다.”
“만일 스님께서 말씀하지 않으면 어찌 스님의 신통변화와 관찰하는 힘을 표
시하겠습니까?”
대사는 부득이 하여 예언을 했다.

강차분옥랑(江槎分玉浪)
관거개금쇄(管炬開金鎖)

오구상공행(五口相共行)
구십무피아(九十無彼我)

강의 돛대가 옥같은 물결을 가르고
통속에 횃불을 비쳐 쇠고리를 연다.
五자와 口자와 같이 행하는 이가
九자와 十자에 분별하는 생각없다.

양현지가 이 말을 듣고, 그 까닭을 몰라 하면서도 잠자코 속에 기억한 채 물러갔다. 대사의 예언은 비록 당시에는 헤아리지 못하였으나 뒤에는 모두가 맞았다.

'옥 같은 물결을 가른다'함은 보리류지(菩提流支)를 말하고, '통속의 횃불을 비쳐 쇠고리를 연다'는 것은 광통(光統)을 가리키는 말이다. '五자와 口자'는 나(吾)라는 뜻이고, '九자와 十자'는 '끝끝내'라는 뜻이다.

그 때에 위씨(魏氏, 魏王族)가 불법을 받들어 고명한 스님네가 숲 같았는데 광통율사(光統律師)와 보리류지 삼장(菩提流支 三藏)을 승단 가운데 봉이며 난새로 대접하였다. 그러나 그들은 달마대사가 도를 연설할 때에 형상을 배척하고 바로 마음을 지적하는 것을 보고 매양 대사와 토론을 벌이어 시비를 일으켰다. 그들은 대사가 현묘한 덕화의 바람을 멀리 떨치는 것에 시기하는 마음으로 해치고자 자주 독약을 음식에 넣었다.

여섯 번째 이르러서는 교화할 인연도 다 하였고, 법 전할 사람도 만났으므로 스스로 독약으로부터 자신을 구하지 않고 대사는 단정히 앉아서 가니, 이는 곧 후위의 효명제 태화 19년(536) 병진 10월 5일이었다.

그 해 12월 28일, 웅이산(熊耳山)에 장사지내고 정림사(定林寺)에 탑을 세웠는데 그 뒤로 3년만에 위나라 송운(宋雲)이 서역에 사신을 갔다가 오는 길에 총령(葱嶺)에서 달마대사를 만났는데 손에 신 한 짝을 들고 혼자 가므로 송운이 물었다.

"스님 어디로 가십니까?"

"나는 서역으로 돌아가오. 그리고 그대의 군주가 이미 세상을 뜨셨소."

송운이 대사를 작별하고 동쪽으로 전진하여 복명하려 하니, 과연 명제(明帝)는 이미 승하하고, 효장제(孝莊帝)가 즉위하였다. 송운이 이러한 사실을 자세히 보고하므로 황제가 대사의 무덤을 열어 보게 하니, 빈 관속에 신 한 짝만이 남아있었다. 온 조정이 깜짝 놀랐고 황제의 명에 따라 남은 신을 소림사에 공양하였다.

대종(代宗 : 唐 8대왕, 763~779)이 원각대사(圓覺大師)라는 시호(諡號)를 내리고 탑을 공관(空觀)이라 불렀다. 대사가 위의 병진에 입적한 이래로 송(宋)의 경덕 원년(1004) 갑진까지는 467년이 된다.

과거 7불과 인도 28조의 법맥도를 간단히 그려보면 다음과 같다.

過去七佛과 印度 二十八祖의 法脈圖

過去七佛

1. 毘婆尸佛
2. 尸棄佛
3. 毘舍浮佛
4. 拘留孫佛
5. 拘那含牟尼佛
6. 迦葉佛
7. 釋迦牟尼佛

印度 二十八祖

1. 摩訶迦葉	15. 迦那提婆
2. 阿難陀	16. 羅候羅多
3. 尙那和修	17. 僧伽難提
4. 優婆麴多	18. 伽倻舍多
5. 提多迦	19. 鳩摩羅多
6. 彌遮迦	20. 闍夜多
7. 婆須蜜	21. 婆修盤頭
8. 佛陀難提	22. 摩拏羅
9. 伏馱密多	23. 鶴勒那
10. 脇尊者	24. 師子比丘
11. 富那夜奢	25. 婆舍斯多
12. 馬鳴大士	26. 不如密多
13. 迦毘摩羅	27. 般若多羅
14. 龍樹尊者	28. 菩提達摩

제2편 중국의 조사선

3. 조사선(祖師禪)의 체험자들

(1) 초조달마대사(初祖達摩大師)의 법문과 그 제자들

달마대사의 제자들에게는 양무제와 위무제, 양현지 등 중요 관리가 많았으나 스님의 제자로서는 혜가, 도부, 니총지, 도육 등 몇몇 제자가 있다.

a. 니총지(尼總持)와 도부(道副)

니총지는 비구니 총지였기 때문에 그 거처를 확실히 알 수 없고, 도부(464~524)는 남재(南齋) 사람으로 승부(僧副)라 부르기도 하였다. 속성은 왕(王)씨이고, 산서성 태원출신이다. 선정을 좋아하여 여러 곳을 따라 수행하다가 달마에게 시험(피부) 당한 뒤 종남산 정림사 앞에 가서 살았다. 양무제가 선풍을 경앙(敬仰)하여 금능 개선사에 청하여 머물게 한 뒤 뒤에 촉지(蜀地)로 보내 선법을 일으키다가 61세로 입적하시니 영흥공주가 왕혁위에게 명하여 비를 세우게 하였다.

〈전법정종기 5〉

도부는 수(隋)대 사람이니 생몰연대는 알 수 없고, 달마대사에게 공도리를 말하여 "달마의 법제자가 된 것"을 인증 받고 4방으로 다니며 포교하다가 열반에 들었다.

b. 도육(道育)과 혜가(慧可)

또 숭나의 제자로 혜만(慧滿)이 있는데, 하남성 영양 출신으로 성이 강씨다. 바늘 두 개로 걸식생활을 하다가 낙주, 상주, 융화사, 회선사에서 4권의 능가경으로 숭나스님과 함께 포교하다가 70여세에 낙양에서 입적하여 혜만이침(慧滿二針)이란 설화가 생겼다.

달마대사는 인도에서 능가경(楞伽經) 4권을 가져와 선의 기본서로 가르쳤으나 뒤에는 이입사행론(二入四行論)과 관심론(觀心論), 혈맥론(血脈論)으로서 후배들을 가르쳤다.

능가경은 구나발다라가 번역(433)한 4권본이 있고, 실차난타가 번역한 7권본(700~704), 보리유지가 번역한 10권본 입능가경이 있으나, 달마대사는 4권본을 가지고 왔다. 부처님께서 능가산에서 진망(眞妄) 인연과 사정(邪正) 인과, 5법(名・相・妄想・正智・如如), 3성(遍計所執・依他起性・圓成實性), 8식, 2무아(我無我・法無我), 법신상주사상을 밝혔다.

그래서 달마선을 후세 종파불교에서는 '능가종'이라고도 불렀다. 2입4행론의 2입은 이입(理入)과 사입(事入) 두 가지로 불법을 가르치는 것인데, 이입은 3장의 이치를 따라 진리를 파악하는 것이고, 사입은 사실대로 행을 하는 것이다.

사입 가운데 네 가지가 있으니 ①은 보원행(報怨行)이고, ②는 수연행(隨緣行)이며, ③은 무소구행(無所求行)이고, ④는 법대로 사는 칭법행(稱法行)이다.

그리고 관심론은 만법이 오직 한마음 속에서 만들어졌으니 그 마음을 관하여야 도를 깨달을 수 있다고 설명한 것이고, 혈맥론은 다른 것에 막히면 않되고 직지인심 견성성불 하여야 막힌 것이 모두 뚫어질 수 있다 설한 것이다.

혜가대사(487~593)는 무로(武牢) 사람이다. 성은 희(姬)씨이고, 아버지는 적(寂)이다. 오랫동안 아들이 없어 기도하니 하루 저녁에는 이상한 광채가 방으로 들어오는 것을 보고 어린 애를 낳았으므로 이름을 광(光)이라 하였다. 어릴 때부터 의지와 기상이 특이하고 시서(詩書)를 두루 보고 현묘한 이치에 밝았으며, 집안 살림을 좋아하지 않고 산천에 놀기를 좋아하였다.

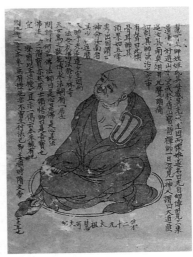

이조 혜가

뒤에 불서를 보다가 초연히 얻은 바가 있어 바로 낙양 용문산에 있는 향산사(香山寺) 보정(寶靜)선사에게 출가하여 구족계를 받고 영목사(永穆寺) 부유(浮游) 강사에게 대·소승의 모든 교법을 두루 배웠다. 32세가 되던 해 다시 향산으로 돌아와서 8년을 지내는데 어느 날 선정 가운데서 한 신인이 나타나 말했다.

"머지 않아 과위를 얻을 것인데 왜 여기에만 있는가. 큰 도는 먼 곳에 있지 않으니 그대는 남쪽으로 가라."

이로 인하여 그의 이름을 신광(神光)이라 고쳤다. 신의 도움이라 생각했기 때문이다. 그런데 그 이튿날부터 머리가 쑤시는 것 같이 아팠다. 그의 스승이 고치려 하니 공중에서 말하였다.

"이는 뼈를 바꾸는 것이다. 예사 아픔이 아니다" 하였다. 신광이 드디어 신이 말한 사실을 고백하기 전 그 스승이 정수리를 살피니, 과연 다섯 봉우리가 솟아나고 있었다. 스승께서 "네 상호가 길상하니 반드시 증득하는 바가 있겠다. 신인이 너를 남쪽으로 가라 한 것은 소림이니, 반드시 달마대사가 네 스승이리라."

신광이 분부를 받고 소림으로 가 앞에서와 같이 법을 받았다. 달마대사가 소림에서 교화를 부탁하고 서쪽으로 돌아간 뒤에 혜가대사가 계승하면서 후계자를 구해보는데 북제(550~577)의 천평년간에 40이 넘어 보이는 어떤 거사 한 사람이 자기의 성명도 밝히지 않고 불쑥 와서 절을 하고 물었다.

"제자는 풍병이 걸렸사오니 화상께서 죄를 참회케 하여 주소서."

"죄를 가지고 오너라. 참회시켜 주리라."

"죄를 찾아도 찾을 수 없습니다."

"그대의 죄는 다 참회되었다. 앞으로는 불·법·승에 의해서 생활하라."

"지금 화상을 뵈옵고 승보임은 알았으나 어떤 것을 불보·법보라 합니까."

"마음이 부처요, 마음이 법이다. 법과 부처는 둘이 아니요, 승보도 그러하다."

"오늘에야 비로소 죄의 성품이 안에도 밖에도 중간에도 있지 않음을 알았아오니 마음이 그러하듯이 불보와 법보가 둘이 아니옵니다."

대사가 매우 갸륵하게 여기어 곧 머리를 깎아주고 말했다.

"너는 나의 보배이다. 승찬(僧璨)이라 부르라."

그해 3월8일 복광사(福光寺)에서 구족계를 받으니 그로부터 병이 차츰 나아져서 2년 동안 시봉을 할 수 있었다. 어느 날 대사가 분부하였다.

"보리달마가 멀리 천축에서 와서 정법안장을 은근히 나에게 전하였는데 내가 이제 달마의 믿음의 옷과 함께 그대에게 주노니, 그대는 잘 지켜 끊이지 않게 하라."

고 하고 다음과 같은 게송을 읊었다.

본래연유지(本來緣有地)
인지종화생(因地種華生)
본래무유종(本來無有種)
화역불당생(華亦不當生)

본래부터 마음 땅이 있었기에
그 땅에 씨를 심어 꽃이 피나
본래 종자도 있는 것 아니며
꽃도 나는 것 아니다.

대사가 옷과 법을 전한 뒤에 다시 말했다.

"그대가 내 법을 받고는 깊은 산속에 들어앉아 얼른 교화에 나서지 말라. 머지 않아 국난이 있으리라."

"스승께서 미리 아시니 가르쳐 주소서."

"내가 아는 것이 아니다. 이는 달마대사께서 반야다라존자에게 예언하시되 '마음속은 길하나 겉모양이 흉하다'고 하였는데 내가 햇수를 따져보니, 요즈음에 해당된다. 그러니 세상의 재난에 걸리지 않게 하라. 그러나 나도 전생의 허물이 있으니 지금 갚게 될 것이다."

대사가 이렇게 법을 전한 뒤에 업도에서 형편에 따라 설법을 하니, 한 마디를 연설하면 사부대중이 모두 귀의하였다. 이와 같이 36년을 지낸 뒤에는 드디어 자취를 감추고 겉모양을 바꾸어 술집에도 들고, 푸줏간도 찾고, 거리의 잡담도 익히고 품팔이도 하니, 사람들이 이상하게 생각하여 "스님께서는 도인이신데 왜 이런 일을 하십니까?"라고 물으면 "나는 내 마음을 길들이는데 왜 그대들이 관계할까"라고 하였다.

또 대사가 완성현(莞城縣) 광구사(匡救寺)의 3문 밑에서 위없는 도를 연설하니, 듣는 이가 숲같이 많았다. 이때에 변화법사(辯和法師)가 그 절에서 ≪열반경≫ 강의를 하였는데 그의 학도들이 대사의 설법을 듣고 차츰차츰 끌려오니, 변화는 분함을 참지 못하여 고을 재상 적중간(翟仲侃)에게 무고하였다. 중간이 그 삿된 말에 속아서 대사에게 그릇된 법을 가하여 대사가 태연히 목숨을 마치니, 진실을 아는 이는 옛 빚을 갚았다고 하였다. 그 때의 나이는 107세요, 수의 문제 개황 13년(593) 계축 3월 16일이었다. 뒤에 자주(滋州) 부양현(釜陽縣) 동북쪽 70리에 장사지내니, 당 덕종이 대조선사(大祖禪師)라 시호를 내렸다.

(2) 이조혜가대사(二祖慧可大師)의 제자들

a. 승나선사(僧那禪師)와 향거사(向居士)

스님의 성은 마(馬)씨이다. 어릴 때부터 총명하여 많은 서적에 통달해서 나이 20세에 동해(東海)에서 예기와 주역을 강의하니, 듣는 이가 저자를 이루었다.

그가 남쪽으로 떠나려 할 때에 상부(相部)의 학인들이 따라 왔는데 때마침 2조의 설법을 만나 동지들 18인과 함께 2조에게 출가하였다. 그로부터 다시는 손에 붓을 잡지 않고, 세속의 경전을 영원히 떠나 옷 한 벌, 발우 하나로 한자리에 앉고 한 끼니만 먹는 두타행(頭陀行)을 하였다.

"조사의 심인은 고행에 있는 것이 아니라 도를 돕는 데 있을 뿐이다. 만일 본심에 계합하여 마음대로 하는 참 광명을 얻으면 고행은 흙을 뭉쳐서 금을 이루는 것 같거니와 고행만을 힘쓰고 본심을 밝히지 못하고 사랑과 얽매이면 고행은 그믐밤에 험한 길을 가는 것 같다. 네가 본심을 밝히고자 하거든 자세히 살피고 관찰하라. 색을 보고 소리를 들을 때에 마음이 어디로 가는가. 그것은 있는 것인가, 없는 것인가. 이미 있음에도 없음에도 속하는 것이 아니라면 마음 구슬이 분명히 밝아 항상 세간을 비치되 한 티끌만한 간격도 없고 잠깐 사이의 끊임도 이어짐도 없다. 그러므로 우리 초조께서 ≪능가경≫ 4권을 겸하여 전하면서 나의 스승인 2조에게 말씀하시기를 '내가 진단을 관찰하건대 이 경만 있으면 마음을 깨칠 수 있다. 그대가 의지하여 수행하면 세상을 제도하는 법을 자연히 얻으리라'고 하셨다. 또 2조께서 늘 설법을 마치시고는 말씀하시기를 '이 경이 4세 뒤에는 이름과 형상이 변하리라'[1]고 하셨으니, 참으로 슬픈 일이다. 내가 이제 그대에게 전하노니, 잘 간직하여서 그릇된 사람에게는 전하지 말라."

전해준 뒤에 대사는 교화를 떠났는데 그의 임종은 알 수 없다.

---

1) 과연 제4조부터는 소의 경전이 반야경(금강경)으로 바뀌었다.

향거사는 숲속에 살면서 나무부치를 먹고 시냇물로 목을 추겼다. 북제(北齋)의 천보(天保)년간에 2조의 교화가 번성하다는 소식들 듣고 다음과 같은 서신을 보냈다.

"그림자는 형상에 의하여 일어나고 메아리는 소리에 따라 일어나는데, 그림자를 버리고 형상을 쫓는 것은 형상이 그림자의 근본임을 모르기 때문이요, 소리를 내면서 메아리를 없애려 함은 소리가 메아리의 뿌리임을 모르기 때문이니, 번뇌를 제하고 열반에 나아가려는 것은 형상을 버리고 그림자를 찾는 것 같고, 중생을 떠나서 불과를 구하려는 것은 소리를 내지 않고 메아리를 찾는 것 같습니다. 그러므로 미혹함과 깨달음이 한 갈래요, 어리석음과 지혜로움이 다르지 않습니다. 이름이 없는데 이름을 지으면 이름에 의하여 시비가 생기고 이치가 없는데 이치를 지으면 이치에 의하여 논쟁이 일어납니다. 허환하고 참되지 않거늘 누가 옳고 누가 그르며 허망하고 진실이 없거늘 무엇이 있고 무엇이 없으리요. 얻어도 얻는 바가 없고 잃어도 잃은 바가 없음을 알고자 하나 나아가 뵈올 겨를이 없으므로 애오라지 이 글월을 올리오니 바라옵건대 회답해 주소서."

2조가 필생(筆生)에게 분부하여 이렇게 답장을 썼다.

"보내는 글의 뜻을 자세히 살펴보니, 모두가 여실하다. 참되고 그윽한 이치가 조금도 다르지 않다. 본래는 마니주를 잘못 알아 자갈이라 하였으나 활연히 깨고 보니 진주임에 틀림없다. 무명과 지혜가 차별 없이 같으니, 만법이 모두가 그러한 줄 알아라. 두 소견의 무리를 가엾이 여기어 부르는 말 쓰게 하여 이 글을 짓노니, 몸과 부처가 다르지 않음을 관찰하면 남음 없는 열반은 찾아서 무엇하랴."

거사가 2조의 게송을 받아, 절을 한 후 펴 보고 2조의 인가를 은밀히 받았다.

b. 혜만선사(慧滿禪師)

그의 성은 장(張)씨다. 처음 본사 융화사(隆化寺)에서 승찬선사의 가르침을 받은 뒤에 검약에다 뜻을 두어 바늘 두 개만을 가지고 다니면서 겨울에는 걸식과 누더기 깁기를 하다가 여름이 되어서야 버렸다.

그는 스스로 마음에는 두려움이 없고 몸에는 이(蝨)가 없고, 잘 때는 꿈을 꾸지 않고, 항상 걸식을 하고 한 자리에서 이틀 밤을 묵지 않고, 가는 절에서마다 장작을 패고 신을 삼았다.

정관 16년(642) 겨울 낙양 회선사(會善寺) 곁에 있는 옛 무덤 틈에서 자다가 큰 눈을 만났는데 새벽에 절로 들어가서 담광법사(曇壙法師)를 만나니, 광법사가 그의 온 곳을 괴이히 여기자 "법이 온 곳이 있겠는가"라고 하였다.

그 뒤에 괄록사(括錄寺)가 있다는 말이 들리니, 여러 스님이 모두 도망했지만 대사만은 발우를 들고 걸림 없이 마을을 돌아 다니면서 얻으면 얻은대로, 흩어 뜨리면 흩어뜨린 대로 항상 비고 한가로웠다. 어떤 이가 공양이나 숙소를 제공하면 "천하에 중이 없어야 내가 그런 청을 받으리라"고 하였다.

또 언젠가는 사람들에게 이런 법문을 하였다.

"부처님들이 마음을 말씀하신 것은 마음의 형상이 허망한 것임을 알게 하시기 위함인데 이제 마음의 형상을 더 보태니 부처님의 뜻을 매우 어기며, 또 논의를 더 보태니 자못 큰 치를 어긴 것이 된다. 그러므로 항상 ≪능가경≫ 네 권을 가지고 다니면서 마음의 길잡이로 삼고 말씀대로 행하라."

이는 대체로 지난 여러 대에서 법을 전하는 법칙에 따른 것이다. 뒤에 후배들을 교화하는 도중에 질병 없이 앉은 대로 입적하니 수명은 70세였다.

(3) 삼조승찬대사(三祖僧瓚大師)

그는 어떤 사람인지 모르나 처음에 속인의 몸으로 2조를 만났다. 중이 된 뒤에 법을 전해 받고는 서주(舒州)의 환공산(皖公山)에 숨어 있다가 나중에 후주의 무제의 파불사태(破佛沙汰)를 만났을 때에 대사는 태호현(太湖縣)의 사공산(司空山)에 왕래하면서 일정한 장소가 없이 10년을 지났다. 수의 개황(開皇) 12년(592) 임자에 이르러 도신이라는 사미가 나이 열네 살의 몸으로 와서 대사에게 절하면서 말했다.

삼조 승찬

"화상이시여, 자비를 베푸시어 해탈하는 법문을 일러주소서."

"누가 너를 묶었느냐."

"아무도 결박하지 않았습니다."

"그렇다면 무슨 해탈을 구하는가?"

도신이 그 말끝에 크게 깨달아 9년을 힘껏 모셨다. 뒤에 길주에서 계를 받고 시봉을 계속했는데 대사는 자주 현묘한 법으로써 그를 시험해 보다가 인연이 익었음을 알자 곧 옷과 법을 전해주었다.

화종수인지(華種雖因地)
종지종화생(從地種華生)
약무인하종(若無人下種)
화지화무생(華地畵無生)

꽃과 종자는 땅에서 나고

땅으로부터 종자와 꽃이 나지만
만일 종자를 뿌리는 사람이 없으면
꽃도 땅도 나지 않게 된다.

"옛날 혜가대사가 나에게 법을 전하신 뒤엔 바로 업도(鄴都)로 가서 30년 동안 교화하시다가 입적하셨는데 나는 이제 그대를 만나 법을 전했거늘 어찌 여기에 묵고 있으랴."

하고 곧 나부산(羅浮山)으로 가서 2년 동안 노닐다가 다시 옛터로 돌아와서 한 달이 지나니, 백성들이 모여와서 크게 공양을 베풀었다. 대사는 사부대중에게 심지법문(心地法門)을 널리 연설한 뒤에 법회하던 큰 나무 밑에서 합장하고 임종하니, 때는 곧 수나라 양제(煬帝) 2년(606) 병인 10월15일이었다. 당의 현종(玄宗)이 감지선사(鑑智禪師)라 시호하고, 탑호를 각조(覺照)라 하였다.

3조 스님은 무엇을 어떻게 믿고 어떻게 생활하여야 사로(邪路)에 빠지지 않고 바로 대도를 증득하여 무량중생을 제도할 것인가에 대해서 다음과 같은 글로 후배들을 양성하였다.

지도무난유혐간택(至道無難唯嫌揀擇) 단막증애통연명백(但莫憎愛洞然明白)
호리유차천지현격(豪釐有差天地懸隔) 욕득현전막존순역(欲得現前莫存順逆)
위순상쟁시위심병(違順相諍是爲心病) 불식현지도로념정(不識玄旨徒勞念淨)
원동태허무흠무여(圓同太虛無欠無餘) 양유취사소이불여(良由取捨所以不如)
막축유연물주공인(莫逐有緣勿住空忍) 일종평회민연자진(一種平懷泯然自盡)
지동귀지지경미동(止動歸止止更彌動) 유체양변녕지일종(唯滯兩邊寧知一種)
일종불통양처실공(一種不通兩處失功) 유유몰유종공배공(遺有沒有從空背空)
다언다려전불상응(多言多慮轉不相應) 절언절려무처불통(絕言絕慮無處不通)
귀근득지수조실종(歸根得旨隨照失宗) 수수반조승각전공(須臾返照勝却前空)
전공전변개유망견(前空轉變皆由妄見) 불용구진유수식견(不用求眞唯須息見)
이견불주신물추심(二見不住愼勿追尋) 재유시비분연실심(纔有是非紛然失心)
이유일유일역막수(二由一有一亦莫守) 일심불생만법무구(一心不生萬法無咎)

무구무법불생불심(無咎無法不生不心) 능수경멸경축능침(能隨境滅境逐能沈)

경유능경능유경능(境由能境能由境) 욕지양단원시일공(欲知兩段元是一空)

일공동양제함만상(一空同兩齋含萬像) 불견정추녕유편당(不見精麤寧有偏黨)

대도체관무이무난(大道體寬無易無難) 소견호의전급전지(小見狐疑轉急轉遲)

집지실도필입사로(執之失度必入邪路) 방지자연체무거주(放之自然體無去住)

임성합도소요절뇌(任性合道逍遙絕惱) 계념괴진혼침불호(繫念乖眞昏沈不好)

불호노신하용소친(不好勞神何用疏親) 욕취일승물오육진(欲取一乘勿惡六塵)

육진불오환동정각(六塵不惡還同正覺) 지자무위우인자박(智者無爲愚人自縛)

법무이법망자애착(法無異法妄自愛着) 장심용심개비대착(將心用心豈非大錯)

미생적난오무호오(迷生寂亂悟無好惡) 일체이변양유짐작(一切二邊良由斟酌)

몽환공화하로파착(夢幻空花何撈把捉) 득실시비일시방각(得失是非一時放却)

안약불수제몽자제(眼若不睡諸夢自除) 심약불이만법일여(心若不異萬法一如)

일여체현올이망연(一如體玄兀爾忘緣) 만법재관귀부자연(萬法齊觀歸復自然)

민기소이불가방비(泯其所以不可方比) 지동무동동지무지(止動無動動止無止)

양기불성일하유이(兩旣不成一何有爾) 구경궁극부존궤칙(究竟窮極不存軌則)

계심평등소작구식(契心平等所作俱息) 호의진정정신조직(狐疑盡淨正信調直)

일체불류무가기억(一切不留無可記憶) 허명자조불로심력(虛明自照不勞心力)

비사량처식정난측(非思量處識情難測) 진여법계무타무자(眞如法界無他無自)

요급상응유언불이(要急相應惟言不二) 불이개동무불포용(不二皆同無不包容)

시방지자개인차종(十方智者皆人此宗) 종비촉연일념만년(宗非促延一念萬年)

무재부재시방목전(無在不在十方目前) 극소동대망절경계(極小同大忘絕境界)

극대동소불견편표(極大同小不見遍表) 유즉시무무즉시유(有卽是無無卽是有)

약불여차필불수수(若不如此必不須守) 일즉일체일체즉일(一卽一切一切卽一)

단능여시하려불필(但能如是何慮不畢) 신심불이불이신심(信心不二不二信心)

언어도단비법래금(言語道斷非法來今)

지극한 도는 어려울 것 없다. 오직 꺼리는 것은 간택뿐이다.

다만 증애만 없으면 훤히 밝게 나타난다.

털끝만큼이라도 어긋나면 하늘 땅만큼 멀어지니
앞에 나타내고자 하면 순역(順逆)을 두지 말라.

순역을 다투는 것 이것이 마음의 병이다.
그윽한 이치를 알지 못하면 한갓 생각만 뇌롭다.
둥근 것이 태허공 같아 부족함도 없고 남음도 없다.
실로 취하고 버리는 까닭에 한결같지 못하다.

인연도 쫓지 말고 공인(空忍)에도 머물지 말라.
한 생각 평탄히 하면 저절로 잦아진다.
동(動)한 것을 억지로 그치게 하면 그친 것이 더욱 동한다.
양쪽에 치우치면 어떻게 한 가지를 알겠는가.

한 가지를 통치 못하면 두 곳의 공을 잃고
유(有)를 버리려 하면 오히려 유(有)에 빠지고
공(空)을 쫓으면 공리(空理)를 어긴다.
말 많고 생각 많으면 더욱더 멀어지고
말과 생각 끊어지면 통치 않는 곳 없다.

근본에 돌아가면 종지(宗旨)를 얻고
비춤을 따르면 종지를 잃는다.
잠시라도 돌이켜 비추면 전공(前空)보다 났다.
전공이 더욱 변하는 것은 모두 허망한 견해를 말미암는 것이니
참을 구해 애쓰지 말고 오직 소견만 쉬라.
두 견해에 머물지 말고 삼가 추심치 말라.
겨우 시비 있으면 어지러이 본심을 잃는다.
2는 1 때문에 있으니 1도 또한 지키지 말라.
한 마음이 나지 않으면 만법이 허물이 없다.

허물 없으면 법도 없고 나지 않으면 마음도 아니다.
나를 따라 경계를 멸하고 경계가 나를 쫓아 잠긴다.
경계는 나를 말미암고 나는 경계를 말미암나니
두 끝을 알고자 하는가. 원래 한 공이다.

한 공이 양변과 같으니 함께 만상을 머금었다.
정미롭고 거친 것을 보지 않으면 어찌 편당이 있겠는가.
대도의 체가 너그러워 쉽지도 않고 어렵지도 않다.
작은 견해로 의심하여 성급히 하면 더욱 느려진다.

집착하면 법도를 잃어 반드시 삿된 길에 들고
자연스럽게 놓아두면 체(體)에 거주가 없으리라.
성품에 맡겨 도에 합하면 유유자적, 고뇌가 끊어진다.
생각이 매이면 참을 어기게 되니 혼침을 좋아 말라.

좋지 않는 것은 정신만 괴롭히니 무엇 때문에 친소를 쓰겠는가.
1승을 취하려면 6진을 미워하지 말라.
6진을 미워하지 않으면 도리어 정각(正覺)과 같아진다.
지혜인은 하염없고 어리석은 사람이 스스로 얽는다.

법에 다른 법이 없는데 망령스레 스스로 애착하여
마음을 가지고 마음을 쓴다 하니 어찌 크게 틀린 것 아니랴.
어리석으면 적란(寂亂)이 없고 깨달으면 좋고 나쁜 것 없다.
일체 이변은 진실로 짐작에서 말미암는다.
몽환과 공화를 무엇 때문에 잡으려 애쓰겠는가.
득실시비를 한꺼번에 놓아버려라.
눈이 만일 졸지 않으면 모든 꿈이 스스로 없어지고
마음에 다른 생각 없으면 만법이 한결같다.

그윽한 체가 한결같으니 올연히 망연을 잊는다.
만법을 똑같이 보면 자연으로 돌아간다.
그 까닭이 잦아지면 가히 비유할 것 없다.
동을 그치려 해도 동이 없고 그침을 동하려 해도 그침이 없다.

둘이 이미 되지 아니하면 하나인들 있겠는가.
마침내 궁극은 궤칙을 두지 않는다.
마음이 평등한데 계합하면 지은 것이 모두 쉬게 된다.
의심이 다 깨끗해지면 바른 믿음이 바로 곧아진다.

일체를 두지 아니하면 거역하는 것도 없고
허명이 저절로 비치면 심력을 수고롭게 않는다.
생각으로 헤아릴 곳이 아니라 식정(識情)으로 헤아리기 어렵다.
진여법계는 나도 남이 없으니
급히 상응코자 하면 오직 둘이 아니다 말하라.
둘 아니면 모두 같아 포용치 않는 것 없는지라.
시방의 지혜인이 모두 이 종(宗)에 들어온다.

종을 느리고자 말라. 생각이 만 년이다.
있고 있지 않는 것이 없으니 시방이 눈 앞이다.
가장 적은 것이 큰 것과 같아 경계를 잊어 끊었고
가장 큰 것이 적은 것과 같으니 끝을 보지 못한다.
유가 곧 무이고 무가 곧 유이다.
만약 이렇지 못하면 반드시 지키지 못한다.
하나가 곧 일체이고 일체가 곧 하나다.
단지 능히 이렇다면 무엇 때문에 마치지 못한 것을 생각하겠는가.
믿음과 마음이 둘이 아니고 둘 아닌 것이 믿는 마음이다.
말길이 끊어져 과거 현재 미래가 아니다.

(4) 사조도신대사(四祖道信大師)와 그 제자들

사조 도신

스님의 성은 사마(司馬)씨이다. 대대로 하남지방에 살다가 기주(蘄州)의 광제현(廣濟縣)으로 이사했다. 대사는 날 때부터 특이하였고, 어릴 때부터 불법을 좋아했다. 조사의 가풍을 이어 받은 뒤에 마음을 걷어잡아 졸지 않고 겨드랑을 자리에 대지 않은 것이 60년이 가까웠다.

수의 대업(大業) 13년(617)에 무리들을 데리고 길주(吉州)로 가는 길에 도적 떼를 만났는데 성을 둘러싸고 79일을 풀지 않자, 대중이 모두 겁에 질렸다. 대사는 가엾게 생각하여 마하반야(摩訶般若)를 외우게 하니 갑자기 신병(神兵)들이 나타나 호위하자 도적들이 놀라 물러갔다.

당 무덕(武德) 갑신(624)에 다시 기주로 돌아와서 파두산(破頭山)에 머무르니, 배우는 무리들이 구름같이 모였다. 하루는 황매현(黃梅縣)으로 가는 길에 어린이 하나를 만났는데 골격이 수려하여 다른 아이들과는 아주 달랐다. 대사가 물었다.

"성이 무엇이냐?"

"성은 있으나 흔치 않습니다."

"어떤 성인가?"

"불성(佛性)입니다."

"네 성품은 없는가?"

"성품이 공하기 때문입니다."

대사는 그가 법기임을 짐작하고 시자를 시켜 그 집에 따라가서 그 부모에게 출가시키기를 요구하였다. 그 부모는 전생 인연 때문에 아무런 난색도 없이 아들을 놓아주어 스님이 되게 하니, 홍인(弘忍)이 바로 그이다. 그리하여 법을 전하고 옷을 준 뒤에 게송을 말했다.

화종유생성(華種有生性)
인지화생생(因地華生生)
대연여신합(大緣與信合)
당생생불생(當生生不生)

꽃과 종자는 나는 성품이 있나니
땅에 의하여 꽃은 나고 또 난다.
큰 인연과 믿음이 어울릴 때에
나지만, 이 남은 남이 없는 것이다.

그리하여 학도들을 맡기고, 하루는 대중에게 고했다.
"내가 무덕 때(618~626)에 여산에 노닐다가 산봉우리에 올라가서 파두산을 바라보니, 자주빛 구름이 일산같이 서리었고, 그 아래에 흰 기운이 가로 여섯 갈래로 뻗은 것을 보았는데 그대들을 알 수 있겠는가?"
대중이 모두 잠자코 있는데 홍인이 홀로 대답했다.
"화상께서 뒷날에 따로이 한 가닥의 불법을 내실 것이 아니겠습니까?"
"바로 알았다."
뒤에 정관(貞觀) 계묘(643)에 이르러 태종(太宗)이 대사의 도풍을 듣고, 풍채를 보고자 하여 조서로써 서울로 부르거늘 표를 올려 사양하였다. 이렇게 하기를 전 후 세 차례나 반복하니 넷째 번에는 사자에게 명령하되 "만일 일어나지 않거든 목을 베어오라"고 하였다. 사신이 드디어 산에 이르러 조서를 전하니, 대사는 목을 뽑아 칼 앞으로 가져가되 얼굴빛이 태연하였다. 사자가 이상히 여기어 그대로 돌아가서 장계(狀啓)를 올리니, 황제는 더욱 흠모하는 마음을 내어 진기한 비단을 하사하고, 그의 뜻을 이루게 해주었다.
고종(高宗) 영휘(永徽) 신해년(651) 9월 4일에 홀연히 문인들에게 훈계를 내렸다.

"온갖 법은 모두가 해탈이니, 너희들은 제각기 잘 보호해 지니어 미래의 유정들을 교화하라."

말을 마치자 편안히 앉아서 세상을 하직하니, 수명은 72세였다. 탑을 본산에 세웠는데 이듬해 4월 8일에 탑의 문이 까닭 없이 열리니, 시체가 산 것 같았다. 그로부터 문인들은 감히 닫지 못했다. 대종(代宗, 763~779)이 대의선사(大醫禪師) 자운지탑(慈雲之塔)이라 시호하였다.

a. 법융선사(法融禪師)와 지암선사(智岩禪師)

법융선사는 윤주(潤州) 연릉(延陵) 사람이다. 성은 장(章)씨이다. 19세에 경사(經史)를 두루 배우고, 대부반야(大部般若)를 열람하다가 진공(眞空)을 통달하고 개탄하였다.

"유도(儒道)의 경전은 지극한 법이 아니요, 반야의 바른 관법이라야 세상을 벗어나는 배이로다."

그는 드디어 모산(茅山)에 숨어들어 스승에 귀의하여 머리를 깎았다. 뒤에 우두산에 들어가서 유서사(幽棲寺) 북쪽에 있는 바위굴에 있으니 백 가지 새들이 꽃을 물어오는 상서가 있었다.

당(唐)의 정관 때(627~649)에 4조가 멀리서 기상을 관찰하고 그 산에 기이한 사람이 있음을 알고 몸소 찾아가서 그 절 스님에게 물었다.

"여기에 도인이 있느냐?"

"출가한 사람이 누가 도인이 아닌 이가 있겠습니까?"

"누가 도인인가?"

그 스님이 대답치 못했다. 그러니 다른 스님이 말했다.

"여기서 산 속으로 10리쯤 들어가면 게으름뱅이가 하나 있는데 사람을 보아도 일어나지 않고 합장도 하지 않는데 그가 도인이 아닌가 여깁니다."

조사가 산으로 들어가니 대사가 단정히 앉아서 태연자약하여 돌아보지도 않았다. 조사가 물었다.

"여기서 무엇을 하는가?"

"마음을 관찰합니다."

"관찰하는 자는 누구이며 마음은 어떤 물건인가?"

대사가 대답치 못하고 벌떡 일어나 절을 하고 말했다.

"대덕은 어디에 계시는 어른이시오?"

"빈도(貧道)는 일정하게 사는 곳이 없는 유행승이다."

"그러면 도신선사를 아십니까?"

"어째서 그를 묻는가?"

"오랫동안 덕음을 들었으므로 한 번 뵈옵기 소원입니다."

"도신이 바로 나다."

"어떻게 여기까지 강림하였습니까?"

"우정 방문하러 왔다. 이밖에 쉴만한 곳이 없는가?"

법융이 뒤쪽을 가리키면서

"따로 작은 암자가 하나 있습니다."

하고는 조사를 모시고 암자로 가니 암자 둘레에는 호랑이들만이 우글거렸다. 조사가 두 손을 들면서 겁내는 흉내를 하니 법융이 물었다.

"아직도 그런 것이 남았습니까?"

조사가 되물었다.

"지금 무엇을 보았는가."

대사가 대답치 못했다. 조금 있다가 조사가 돌 위에다 부처불(佛)자 하나를 쓰고 앉자 대사가 이를 보고 송구히 생각하니 조사가 물었다.

"아직도 그런 것이 남아 있는가?"

대사가 깨닫지 못하고 머리를 숙이고 참 법문을 말해주기를 청했다. 조사가 대답했다.

"백천 가지 법문이 모두가 마음으로 돌아가고 항하의 모래같이 많은 묘한 공덕이 모두가 마음 근원에 있다. 온갖 계율·선정·지혜·해탈의 법문과 신통변화가 모두 제대로 구족해서 그대의 마음을 여의지 않으며 온갖 번뇌와 업장이 본래 공적하며 온갖 인과가 모두가 꿈과 같다. 3계를 벗어날 것도 없고 보리를 구할 것도 없다. 사람과 사람 아님이 성품과 형상에 있어서 평등하고 대도는 비고 넓어서 생각과 걱정이 끊어졌다. 이러한 법을 지금 그대는 얻었다. 조금도 모자람이 없으니 부처와 무엇이 다르랴. 다시 딴 법이 없으니 그대는 그저 마음대로 자유로이 하라. 관과 행을 쌓지도 말고 마음을 맑히지도 말고 탐욕과 성냄을 일으키지도 말고 근심 걱정도 말라. 탕탕(蕩蕩)하게 걸림없이 마음대로 종횡(縱橫)하라. 선을 짓지도 말고 악을 짓지도 말라. 다니고 멈추고 앉고 누움에 보는 것, 만나는 일이 모두 부처의 묘한 작용으로서 쾌락하여 근심이 없나니 그러므로 부처라 한다."

"마음에 모두 구족하다면 어떤 것이 부처이며 어떤 것이 마음입니까?"

"마음이 아니면 부처를 물을 수 없고 부처를 물으면 마음이 아닐 수 없다."

"관과 행을 쌓지 말라 하시면 경계가 일어날 때엔 어떻게 대치하오리까?"

"경계인 인연은 좋고 나쁨이 없지만 좋고 나쁨이 마음에서 일어나니 마음이 억지로 이름을 짓지 않으면 망정(妄情)이 어떻게 일어나겠는가. 망정이 일어나지 않으면 진심(眞心)이 두루 알지니, 그대는 다만 마음에 맡기어 자유로이 하여 더 대치하려 하지 않으면 그것을 변함없는 상주법신(常住法身)이라 한다. 내가 승찬대사의 돈교법문(頓敎法門)을 받았다가 이제 그대에게 전하노니 그대는 지금 내 말을 잘 듣고 이 산에만 있으라. 이 뒤에 다섯 사람의 달자(達者)가 나타나서 그대의 현묘한 덕화를 계승하리라."

조사가 법을 전한 뒤에 다시 쌍봉산으로 돌아가서 생애를 마쳤다. 대사의 문하에는 그로부터 무리가 번성하였는데 당의 영휘 때(650~683)에 무리들의 양식이 떨어지니 대사는 몸소 단양(丹陽)에 가서 화주하여 산길 30리를 쌀 한섬 여덟 말을 지고 아침에 갔다가 저녁에 돌아와 3백명의 두 때 공양을 빠뜨리지 않기를 3년을 계속했다.

이때에 읍재(邑宰) 소원선(蕭元善)이 건초사(建初寺)에 청하여 ≪대반야경≫을 강하게 하니 듣는 이가 구름같이 모였다. 멸정품(滅靜品)에 이르렀을 때엔 땅이 진동하니 그만 두고 산으로 돌아갔다.

박릉왕(博陵王)이 대사께 물었다.

"경계가 색(色)을 반연하여 일어날 때에 색을 반연한다고 말하지 않거늘 어떻게 인연임을 알아서 그들이 일어남을 쉽게 합니까?"

"경계와 색이 처음 일어날 때에 경계와 물질 두 가지 성품이 공하니 본래 인연을 아는 이가 없다."

"눈을 감으면 물질이 보이지 않고 경계를 생각함은 더욱 많지만, 물질에 관심치 않는다면 경계가 어디에서 일어납니까?"

"눈을 감으면 물질이 보이지 않으나 안을 움직이는 생각이 많아서 요술 같은 의식이 거짓으로 작용하는 듯하니, 이름이 일어나도 허물이 안된다. 마치 새가 허공을 날아간 자취와 같기 때문이다."

"경계가 일어남은 장소가 없고 인연을 깨달음은 분명히 아는 데서 납니다. 경계가 사라져도 깨달음은 여전히 움직이고 깨달음은 경계로 변합니다. 만일 마음으로 마음을 이끌면 도리어 깨달을 바를 깨닫는 것이니 그를 따르면 따라서 생멸의 경지를 여의지 못합니다."

"물질과 마음의 앞과 뒤에 중간에 진실로 연기가 없으니 한 생각이 저절로 가라앉아 잊은 듯하면 누가 움직임과 고요함을 계교하랴."

"흡흡(恰恰 : 끊임이 없게)히 마음을 쓸 때에 어떻게 안정해야 좋습니까?"

"없는 마음을 흡흡히 씀은 항상 흡흡히 없음을 쓰는 것이니 이제 마음 없음을 말하는 것이 마음 있음과 다르지 않다."

"지혜로운 이가 묘한 말은 인용함에 마음과 서로 맞으나 말은 마음길과 다르니 합한다면 만 겁이나 어긋납니다."

"방편으로 묘한 말을 하면 병을 깨뜨리는 길이기는 하나 본 성품과는 관계없는 일이다. 산골짜기의 메아리가 있기는 하나 거울 속의 그림자가 돌아볼 수 있으랴."

"행자가 경계 있음을 체득하면 깨달음으로써 경계가 없어짐을 아나니 앞의 깨달음과 뒤의 깨달음과 경계를 합하여 세 마음이 됩니까?"

"경계의 작용은 체달해서 깨달을 것이 아니요, 깨닫고 나면 생각하지 말아야 한다. 깨달음을 인하여 경계가 없어짐을 알지만 깨달을 때엔 경계가 일어나지 않는다. 앞의 깨달음과 뒤의 깨달음과 경계가 합쳐서 세 가지 더딤(遲)이 있다."

"선정에 머물러서 도무지 움직이지 않음을 올바른 삼매라 하노니 모든 업이 이끌지 못하나 미세한 무명이 그 뒤를 밟는 줄 알지 못합니다."

"바람이 불면 파도가 일어나는 법이니 고요히 하려면 물이 안정되어야 한다."

"첫째는 마음 자리의 마음을 관찰하고, 둘째는 지혜 가운데 지혜를 추구하고, 셋째는 추구하는 이를 관조하고, 넷째는 무기(無記)를 통달하고, 다섯째는 이름과 물질을 해탈하고, 여섯째는 참과 거짓에 평등하고 일곱째는 법의 근본을 알고, 여덟째는 자비가 하염없고, 아홉째는 허공을 두루 그늘지게 하고, 열째는 구름과 비를 두루 뿌린다. 끝까지 다하여 깨달음이 없으면 무명에서 본래의 지혜가 나게 된다."

"따로 한 종류의 사람들은 '공'과 형상 없음을 잘 알아서 선정과 산란이 동일하다 하며, 또는 '있음과 중간이 없다'고 하니, 동일하게 증득하면 작용함이 항상 적멸하고, 깨달으면 적멸 함이 항상 작용합니다. 마음을 써서 진리를 이해하고, 나중에는 작용은 작용을 해도 없다고 합니다. 지혜가 방편이 많으면 말이 이치와 합합니다. 여여한 이치는 본래 여여(如如)하여 식심(識心)에 말미암아 아는 것이 아니니 마음으로 아는 것이 그른 줄 알면 마음과 마음이 모두 없어집니다. 이와 같이 알기 어려운 법은 영원한 겁에도 알기 어려우니 이와 동일하게 마음을 쓰는 이는 법으로 교화하지 못하리이다."

"영원한 겁에 깊은 의식 속에 머물러서 형상이 아닌 줄 도무지 모르니 광명을 놓아 땅을 움직인들 그런 이에겐 무엇이 도움 되랴."

"앞에서 말한 바 마음을 관찰하는 이에게도 엷은 비단의 두께와 같은 어려움이 있습니까?"

"마음을 관찰하는 이에게 비단의 두께와 같은 것이 있다하니 요술같은 마음을 어찌 관찰하리요. 하물며 요술 같은 마음이 없으니 조심스레 입을 대기 어렵다."

"오래도록 큰 기본을 가지고 있었는데 마음의 길이 어긋나서 간격이 났으니 미세한 장애를 깨달으면 즉시에 진리를 통달하거니와 매우 방편스러운 이가 아니면 이 이치를 결단하지 못하리니 바라옵건대 대사께서 저에게 비밀한 법문을 보여 주시와 마음 닦는 이들을 인도해서 바른 길을 잃지 않게 하소서."

"법성이 본래의 근본인데 꿈 경계에서 어긋남이 이루어지니 실상의 미세한 몸은 물질이나 마음으론 항상 깨닫지 못한다."

현경(顯慶) 원년(656)에 읍재 소원선이 산에서 내려와 건초사에 살기를 거듭 청하니 사양하다가 마지못하여 마침내 상수제자인 지엄(智嚴)을 방에 들라 분부하고 법인(法印)을 전한 뒤에 차례로 전해주도록 당부하고 산을 떠나려 하면서 대중에게 말했다.

"내가 다시는 이 산을 밟지 않을 것이다."

이때에 새·짐승들이 슬피 울기를 달이 넘도록 그치지 않았고 절 앞에 큰 오동나무 네 그루가 있었는데 한 여름이건만 홀연히 말라죽었다. 그 이듬해 정사(657) 윤정월 23일 건초사에서 임종하니 수명은 64요 법랍은 41세였다. 그달 27일 계룡산에 무덤을 만드니 전송하는 이가 만여 인이나 되었다. 그 우두산의 옛터에 금원(金源)·호포천(虎泡泉)·석장천(錫杖泉)·금구지(金龜池) 등의 물과 조용히 앉았던 석실이 지금도 모두 남아 있다.

지암스님은 아곡(阿曲) 사람이다. 성은 화(華)씨였다. 지혜와 용맹이 보통사람을 지났고 키가 일곱 자 여섯 치나 되었다. 수의 대업 때(605~617)에 낭장(郎將)이 되어서 항상 활 끝에다 물 거르는 주머니를 하나를 달고 다니며 물을 떠 먹었고 자주 자주 대장을 따라 토벌을 나가서 공을 세웠다.

당고조 무덕 때(618~626)에 나이 40세가 되어 마침내는 출가를 원하여 서주(舒州) 환공산(皖公山)에 들어가니 보월선사(寶月禪師)가 득도시켰다. 그 뒤 어느 날 좌선을 하는데 키가 열 자가 넘는 이상한 스님이 보였는데 모습이 훤칠하고 말소리가 깔끔하였다. 그가 대사께 말했다.

"그대는 10생 80에 중이 되었으니 부지런히 정진하라."

말을 마치자 이내 사라졌다. 일찍이 산골에서 선정에 들었는데 갑자기 산골 물이 넘쳤으나 대사가 태연히 요동치 않으니 물이 저절로 물러갔다. 이때에 어떤 사냥꾼이 지나다가 이를 보고 허물을 고쳐 착한 일을 하였다.

또 옛날에 같이 군사에 종사하던 두 친구가 있었는데 대사가 숨었다는 말을 듣고 같이 산으로 들어와서 말했다.

"낭장은 미쳤는가. 왜 여기에 있는가?"

"나는 광증을 쉬려 하는데 그대들은 광증이 바야흐로 일어났구나. 대저 색을 좋아하고 소리를 탐하고 영화회를 탐하고 은총을 바라는 것은 생사에 헤매일 뿐이니 어찌 생사를 벗어나리요."

두 사람이 깊이 감동하고 탄식하고 물러갔다. 대사는 정관 17년(643)에 건업으로 돌아가 우두산에 들어가 우두 법용선사를 뵙고 큰 일을 밝혔다. 선사가 대사에게 말했다.

"내가 도신대사(道信大師)의 참 비결을 받아 얻은 바가 모두 없어졌다. 설사 어떤 법이 열반보다 수승한 것이 있다고 하여도 나는 꿈과 요술이라 말하노라. 대저 한 티끌이 날아와 허공을 가리고 한 겨자씨가 떨어져서 땅을 덮는다 하더라도 그대는 지금 이런 소견을 초과했으니 내가 더 무엇을 하랴. 산문을 인도한 일을 그대에게 맡긴다."

대사는 분부를 받고 제2세가 되었다. 뒤에 다시 정법을 혜방선사(慧方禪師)에게 전하고 백마사(白馬寺)와 서현사(棲玄寺)에 머물렀는데 다시 석두성(石頭城)으로 옮겨서 살다가 의봉(儀鳳) 2년(677) 정월 10일에 입멸하였다. 그런데 얼굴빛이 변하지 않고 몸매의 굴신(屈伸)함이 살았을 때 같고 방안에 이상한 향기가 가득하여 열흘이 지나도 가시지 않았다. 유언에 따라 수장(水葬)을 지내니, 세상 수명은 78세, 법랍은 39세였다.

b. 혜방선사(慧方禪師)와 법지선사(法持禪師)

혜방스님은 윤주(潤州) 연릉(延陵) 사람이다. 성은 복(濮)씨였다. 개선사(開善寺)로 출가하여 구족계를 받을 무렵에는 경·율·논을 환하게 밝혔다. 뒤에 우두산에 들어가서 지암선사(知岩禪師)를 뵈오니 지암은 그가 법기임을 알고, 심인을 보여주자, 대사가 활연히 깨달았다. 그로부터 숲 밖을 나가지 않기 10년이 넘으니, 사방의 학자가 구름같이 모였다.

대사가 하루는 대중에게 "나는 다른 곳으로 가서 근기에 따라 중생을 제도할 생각이니 너희들도 잘 있으라" 하고 정법안장을 법지선사(法持禪師)에게 전한다고 하고 모산(茅山)으로 돌아간 지 몇 해 만에 열반에 들려하는데 보니, 5백명 쯤 되는 사람이 머리칼을 뒤로 드리워 보살같이 꾸미고, 제각기 번을 들고 와서 강의를 청하고 또 산신이 큰 구렁이로 변하여 뜰 앞에 울며 이별하는 형용을 하였다. 이때에 대사는 시자 홍도(洪道)에게 떠날 것을 알리자 문인들이 달려와서 보니 대사는 벌써 열반에 들어 있었다. 때는 곧 당의 천책(天冊) 원년(695) 8월 1일이었다. 산이 흰빛으로 변하고 개울은 8일 동안 흐르지 않았으며 도인과 속인이 슬피 우니 산골이 진동하였다. 수명은 67세요, 법랍은 40세였다.

법지스님은 윤주(潤州) 강령(江寧) 사람이다. 성은 장씨였다. 어릴 때에 출가하여 30세가 되자 황매산의 홍인대사가 있는 곳에 갔다. 법을 듣고 마음이 트였다. 뒤에 다시 혜방선사를 만나 인가를 받고 그의 산문을 계승하여 우두의 종조가 되었다. 그러므로 황매(弘忍大師)가 세상을 하직할 때에 그의 제자인 현책(玄冊)에게 말하기를 나의 법을 전할 이가 "열 사람쯤 되리니 금릉의 법지도 그 중의 하나이니라"라 하였던 것이다.

뒤에 법인을 지위(智威)에게 전하고 당의 장안 2년(702) 9월5일에 금릉 연조사(延祚寺) 무상원(無常院)에서 임종하면서 유언하기를 "사체는 소나무 밑에 드러내 놓아 새와 짐승들이 먹게 하라"고 하였다. 해가 솟는 아침 하늘에 신기로운 번(幡)이 나타나 서쪽에서 옮겨와 산을 몇 차례 돌았고 그가 살던 집의 대숲은 7일 동안 흰빛으로 변했다. 수명은 68세요, 법랍은 41세였다.

c. 지위선사(知威禪師)와 혜충선사(慧忠禪師)

지위선사는 강령(江寧) 사람이다. 성은 진(陳)씨였다. 영청산(迎靑山)에서 살았다. 열살 먹었을 때의 어느 날 홀연히 집을 나가서 어디를 갔는지 알 수가 없었다. 부모가 찾아가서 만났을 때엔 이미 천보사(天寶寺)의 통법사(統法師)에 의하여 출가한 뒤였다.

스무 살에 구족계를 받은 뒤에 법지선사가 세상에 나셨다는 말을 듣고 찾아가 뵈옵고 정법을 전해 받았다. 그로부터 강좌(江左)의 학자들이 대사의 문하로 모여왔는데 그 중에 혜충(慧忠)이라는 이가 법기로 지목되고 있었다. 대사는 그에게 게송을 제시해 주었다.

막계념념(莫繫念念)
성생사하(成生死河)
윤회육취해(輪廻六趣海)
무견출장파(無見出長波)

생각 생각에 얽매이지 말라
생사의 강물을 이루게 되면
여섯 길의 바다에 헤매이면서
끝없는 파도를 벗어나지 못한다.

혜충이 이에 화답하였다.

염상유래환(念想由來幻)
성자무종시(性自無終始)
약득차중의(若得此中意)
장파당자지(長波當自止)

생각이라는 것은 본래가 허망하니
성품은 본래부터 시종이 없다.
만일에 이러한 뜻을 안다면
생사의 긴 물결 저절로 쉬리라.

대사가 또 게송으로 보여 주었다.

여본성허무(余本性虛無)
연망생인아(緣妄生人我)
여하식망정(如何息妄情)
환귀공처좌(幻歸空處坐)

나라는 것 본래가 허무하지만
허망함을 인하여 너와 '나'를 내거늘
어찌 해야 망정을 쉬어 버리고
공한 곳에 돌아가 앉게 되는가

혜충이 또 게송으로 대답했다.

허무시실체(虛無是實體)
인아하소재(人我何所在)
망정불수식(妄情不須息)
즉범반야선(卽汎般若船)
허무함이 실체이거늘
너와 '나'가 어떻게 존재하리요
망정을 쉬려고 하지 않으면
그것이 반야선을 타는 것일세

대사는 그가 깨달음을 짐작하고 곧 산문을 물려준 뒤에 인연을 따라 교화하는 길을 떠났다. 당의 개원 17년(729) 2월18일에 연조사(延祚寺)에서 열반에 들었는데 열반에 들려할 때에 제자들에게 이르기를 "시체를 갔다가 숲 속에 놓아 새 짐승에게 보시하라" 하니 세속의 수명은 77세였다.

혜충스님은 윤주(潤州) 상원(上元) 사람이다. 성은 왕씨였다. 나이 22세에 장엄사(壯嚴寺)에서 업을 닦다가 지위선사(智威禪師)가 세상에 나셨다는 말을 들고 가서 뵈오니 지위가 잠깐 보고 "산 주인이 왔다"고 하였다.

대사가 이 말에 미묘한 이치를 깨닫고 좌우에서 모시다가 나중에는 그 곁을 하직하고 여러 곳으로 순례를 떠났다. 지위의 구계원(具戒院) 앞에 능소등(凌霄藤)이 있었는데 여름에 시들으므로 사람들이 베어버리려 하니 "베지 말아라. 혜충이 돌아올 때엔 이 등칡이 다시 살아나리라" 하였다.

대사가 돌아오니 말과 같이 되었다. 지위는 산문을 맡기고 자기는 연조사에 나아가서 살았다. 대사는 평생에 옷 한 벌로서 바꾸지 않았고 그릇은 냄비 하나만을 사용했다. 언젠가는 누가 대중에게 공양미 두 창고를 올렸는데 도적이 넘실거리니 호랑이가 파수를 보아주었다. 이때에 태수 장손(長遜)이 산에까지 왔다가 대사를 뵙고 물었다.

"제자가 몇이나 되십니까?"

"서넛 되오."

"좀 볼 수 있겠습니까?"

대사가 선상(禪床)을 탁탁 치니 호랑이 세 마리가 으르렁거리면서 나오니 장손이 겁이 나서 달아났다. 뒤에 대중이 청해서 성안의 옛 장엄사에 살게 하였다. 대사는 그 동쪽 곁에 따로이 법당 하나를 짓고자 하였는데 거기에 먼저 있는 고목 위에 까치가 집을 짓고 있었다. 목수들이 나무를 찍으려 할 때에 대사가 까치들에게 말하기를 "여기는 내가 법당을 지으려 하는데 너희들은 왜 물러나지 않느냐" 하니 까치들은 곧 다른 나무로 집을 옮겨지었다.

처음 기초를 쌓을 때에 두 신인이 와서 네 귀를 정해 주었고 또 밤에 와서 역사를 도우므로 역사는 짧은 시일에 끝났다. 이 까닭에 4방의 학도가 구름같이 모여 왔는데 법을 얻은 이만도 34명으로서 제각기 한 지방에서 많은 대중을 교화하였다. 대사가 일찍이 이런 안심게(安心偈)를 지어서 대중에게 보였다.

인법쌍정(人法雙淨)

선악양망(善惡兩忘)

진심진실(眞心眞實)

보리도량(菩提道場)

사람과 법이 다 깨끗해져
선과 악을 모두 잊었다.
참 마음이 진실하면
이것이 보리의 도량이다.

당의 대력(大歷) 3년(768)에 석실 앞에다 냄비를 걸고 나무에다 옷을 거니 능서등은 여름인데 말라죽었다. 대력 4년(769) 6월 15일 스님들을 모아 포살(布薩)하고 시자에게 명하여 머리를 감기고 몸을 씻기게 하였는데 그날 밤에 상서로운 구름이 그 절을 덮고 공중에서 하늘 음악 소리가 들리더니 새벽이 되자 태연히 열반에 들었다. 그 때에 갑자기 풍우가 일어나서 숲의 나무가 부러지고 또 흰 무지개가 바위구덩이를 꿰뚫었다. 5년 봄에 다비를 거행하여 셀 수 없이 많은 사리를 얻었다. 수명은 87세였다.

d. 담최선사(曇璀禪師)와 현정선사(玄挺禪師)

담최선사는 법융선사의 3세손이다. 오군(吳郡) 사람으로 성은 고(顧)씨였다. 처음에 우두법융(牛頭法融)을 뵈오니 대사가 첫 눈에 보고 기특하게 여기어 일러주었다.
"색과 소리는 생함이 없는 독주(毒酒 : 鴆毒)이고, 느낌과 생각은 더없는 사람의 함정이다. 그대는 알겠는가."
담최가 잠자코 살피어 깊은 뜻을 크게 깨닫고, 이어 종산(鍾山)에 자취를 감춘지 여러 해 동안 띠집과 질항아리로 일생을 마쳤으니, 당의 천수(天授) 3년(692) 2월6일에 태연히 선정에 든지 7일만에 열반에 들었다. 세상 수명은 62세였다.

현정스님은 어떤 사람인지 알 수 없다. 다만 지위(智威)선사의 제3세손으로 어느 날 장안에서 ≪화엄경≫을 강의하던 중에 5조(智威)에게 와서 물었다고 한다.

"진성연기(眞性緣起)라는 말이 있는데 그 이치가 어떠합니까?"

5조가 잠자코 있으니 시자가 대답하였다.

"대덕께서 한 생각 일으켜서 물을 때가 바로 참 성품의 연기입니다."

이 말 끝에 그는 크게 깨달았다. 또 어떤 이가 스님께 물었다.

"남종(南宗) 달마의 선법은 어디서 세워졌는가?"

"마음의 종파는 남북이 아니다."

e. 현소선사(玄巢禪師)와 숭혜선사(崇慧禪師)

현소선사는 윤주(潤州) 연능(延陵) 사람이다. 성은 마(馬)씨였다. 당의 여의(如意) 때에 강령 장수사에서 업을 닦다가 늦게야 지위선사에게 물어서 참된 종지를 깨달았다. 뒤에 경구(京口)의 학림사에 있는데 어떤 백정이 와서 뵈옵고 자기 집에 와서 공양을 받으라 했다. 대사가 쾌히 승낙하고 가니, 대중이 모두 의아해했다. 대사는 그들에게 말했다.

"불성은 평등하여 어진 이와 어리석은 이가 같다. 제도할 수 있는 이라면 무슨 차별을 두겠는가."

"어떤 것이 서쪽에서 온 뜻입니까?"

"아는 것이 모르는 것이요, 의심하는 것이 의심 없는 것이다."

또 어떤 스님이 와서 문을 두드렸더니 스님이 물었다.

"누구요?"

"스님입니다."

"스님 뿐이 아니라 부처가 온다 해도 어쩔 수 없다."

"부처가 와도 어쩔 수 없다 함은 무슨 뜻입니까?"

"그대가 머무를 곳이 없다."

천보(天寶) 11년(752) 11월 11일 밤중에 병 없이 열반에 드니 세상 수명은 85세였다. 황학산(黃鶴山)에 탑을 세우니 대진선사 대화보항지탑(大津禪師大和寶航之塔)이라 시호를 내렸다.

승혜스님은 팽주(彭州) 사람이다. 성은 진(陳)씨였다. 당의 건원(乾元) 초에 서주 천주산에 가서 절을 창건하니 천주사라는 호를 내렸다.

어떤 스님이 물었다.

"어떤 것이 천주의 경계입니까?"

"주부산(土簿山)이 높으니 해가 보이지 않고 옥경봉(玉鏡峯) 앞에서는 사람을 알아보기 쉽다."

"달마가 이 땅에 오기 전에도 불법이 있었습니까?"

"오기 전은 고사하고 지금은 어떤가?"

"저는 알지 못하니 스님께서 말씀해 주십시오."

"만고에 끝없는 하늘이 하루 아침의 풍월(風月)이다."

조금 있다가 다시 말했다.

"사리(상대방을 가리키는 말)여, 알겠는가. 자기의 일 어쩌려고 달마가 왔는가 안 왔는가를 간섭해서 무엇하리오. 그가 온 것은 마치 점쟁이 같아서 그대가 눈치채지 못하는 것을 기화로 그대를 위해 괘를 뽑아 보고 길하다 흉하다를 말하는데 모두가 그대의 분수에 매어 있으니 스스로가 살피어 보라."

"어떤 것이 점을 풀이하는 사람입니까?"

"그대가 문을 나설 때 입 밖에 낼 때에 벌써 맞지 않았다."

"어떤 것이 천주의 가풍(家風)입니까?"

"때때로 흰구름이 와서 문을 막을 뿐 별달리 풍월이 4방 산천에 흐르는 것이 아니다."

"죽은 스님이 어디로 갔습니까?"

"심악봉이 높아서 항상 푸르르고 서강(舒江)의 밝은 달은 광채가 새롭다."

"어떤 것이 대통지승불(大通智勝佛)입니까?"

"광대한 겁 동안 잠시도 막히지 않으면 대통지승불이 아니고 무엇이랴."

"어찌하여 불법이 나타나지 않았습니까?"

"다만 그대가 알지 못하기 때문이다."

"어떤 것이 도입니까?"

"백운이 청산을 덮었고 벌과 새가 뜰의 꽃 위를 걷는다."

"옛부터의 성인들이 어떤 말씀을 하였습니까?"

"그대는 지금 내가 무슨 말을 한다고 여기는가."

"종문(宗門 : 祖師의 家門)의 도리에 대하여 말씀해 주십시오."

"돌소가 길게 우니 진공(眞空) 밖이요, 큰말이 울 때에 달은 산 너머로 숨었다."

"어떤 것이 화상께서 남을 이롭게 하시는 경지입니까?"

"한 줄기의 빗발이 두루 뿌리니 일천 봉우리의 산은 빛이 수려하다.

"어떤 것이 천주산 안의 사람입니까?"

"홀로 천 봉우리의 정수리를 거닐며 구비구비(九曲) 시냇물에 노니느니라."

"어떤 것이 서쪽에서 온 뜻입니까?"

"흰 원숭이가 새끼를 안고 푸른 봉우리에 오고 벌과 나비는 초록빛 꽃술 속에서 꽃을 물어온다."

대사가 산에 살면서 도를 연설한지 22년 대력 14년(779) 7월 22일에 열반에 드니 절 북쪽에다 탑을 세웠는데 진신(시체)이 아직도 존재한다.

f. 도흠선사(道欽禪師)와 도림선사(道林禪師)

도흠스님은 소주(蘇州) 사람이다. 성은 주(朱)씨다. 스님은 윤주 학림사 현소(玄素)의 법손이다. 처음에는 유교를 따르다가 28세에 현소선사가 찾아와서 큰 법기 될 것을 예언하니 감동된 바 있어 바로 제자가 되었다.

현소가 말하였다.

"그대는 물을 따라 내려가다가 경(徑)이란 곳을 만나거든 멈추라."

대사는 곧 남을 향해 떠나 임안(臨安)으로 가다가 동북쪽으로 어느 산을 보고 나뭇꾼을 찾아가 물으니 경산(徑山)이라 하기에 거기에 석장을 걸어 두었다. 어떤 스님이 대사께 물었다.

"어떤 것이 도입니까?"

"산꼭대기에 잉어가 있고 물 속에 먼지가 있다."

마조(馬祖)가 사람을 시켜 편지를 보냈는데 편지에는 원상(○) 하나를 그렸었다. 대사는 편지를 받고 개봉한 뒤에 원상 안에다 한 획을 긋고 다시 봉해서 돌려보냈다.

"어떤 것이 조사께서 서쪽으로 오신 뜻입니까?"

"그대의 물음이 마땅치 않다."

"어찌하여야 마땅하겠습니까?"

"……."

마조가 문인인 지장(智藏)을 보내서 물었다.

"12시 가운데 무엇으로써 경계를 삼습니까?"

"그대가 돌아갈 때에 전갈을 하겠다."

지장이 말했다.

"지금 돌아가겠습니다."

"조계(曹溪)에게 물어보라고 말을 전하라."

당의 대력 3년(768)에 대종이 조칙으로써 궐하(闕下)로 불러 친히 예를 갖추어서 뵈었다. 어느 날 대사가 대궐 안 뜰에 있다가 황제를 보고 일어나니 황제가 물었다.

"대사는 왜 일어나시오."

"단월께서는 어찌 4위의 가운데서 빈도를 보셨습니까?"

황제가 기뻐하여 혜충국사에게 말했다.

"도흠대사에게 이름 하나를 하사하려 하오."

충국사가 흔연히 조칙을 받고 물러 나와 국일(國一)이라 지어 바치니 하사하였다. 뒤에 궁궐을 하직하고 본산에 돌아왔다가 정원 8년(792) 12월에 병환에 걸린 모습을 보이고 설법하다가 떠나니 수명은 79세요, 시호는 대각선사(大覺禪師)였다.

도림선사는 경산 도흠선사의 법손이다. 스님은 본조 부양(富陽) 사람이다. 성은 반(潘)씨였다. 어머니 주(朱)씨의 꿈에 해가 입으로 들어오는 꿈을 꾸고 태기가 있었다. 탄생할 때엔 이상한 향기가 방에 가득하였으므로 향광(香光)이라 이름하였다.

9세에 출가하여 22세에는 형주(刑州)의 과원사(果願寺)에서 구족계를 받았고 나중에 장안 서명사(西明寺)에 있는 복례(復禮)법사에게 가서 ≪화엄경≫과 ≪기신론≫을 배웠다. 이때에 복례가 진망송(眞妄頌)을 보이면서 선을 닦으라 하니 대사가 물었다.

"처음에 어떻게 관찰하며 어떻게 마음을 쓰리까?"

복례가 오래도록 대답이 없으므로 대사는 세 번 절하고 물러가니 때마침 당의 대종이 경산 국일선사(徑山國一禪師)를 대궐로 초청했었는데 가서 뵙고 정법을 전해 받았다. 그리고는 남쪽으로 돌아왔는데 이보다 앞서 고산(孤山)의 영복사(永福寺)에 벽지불의 탑이 있어서 도승들이 모여 법회를 하고 있었다. 대사가 석장을 흔들면서 들어가니 영은사(靈隱寺)의 도광법사(韜光法師)가 말했다.

"여기는 법회를 하는 곳인데 어찌하여 소리를 내는가?"

"소리가 없으면 누가 이 법회를 알겠는가."

뒤에 진망산(秦望山)을 바라보니 낙락장송이 가지와 잎이 무성하여 일산 같은 것이 있어서 그 위에 자리를 잡고 살았으므로 당시 사람들이 오과(烏窠)선사라 하였다. 또 까치가 그 곁에 둥지를 치고 있어 자연히 길들었으므로 작소(鵲巢)화상이라고도 하였다.

회통(會通)이라는 시자가 있었는데 하루는 떠나려고 하직을 하니 대사가 물었다.

"어디로 가려하는가?"

"회통은 법을 알기 위해 출가하였는데 화상께서 가르쳐 주시지 않으므로 이제 여러 곳으로 다니면서 불법을 배우고자 합니다."

"불법쯤이라면 나에게도 약간은 있다."

"어떤 것이 화상의 불법입니까?"

대사가 즉시에 몸에서 실올(布毛) 하나 뽑아서 불어 날리니 회통이 현묘한 이치를 깨달았다.

원화(元和) 때(806~820)에 백거이(白居易)가 이 고을의 군수로 와서 이 산에 들렀던 길에 대사를 뵙고 물었다.

"선사께서 계신 곳이 몹시 위태합니다."

태수의 위험은 더욱 심하오."

"제자는 직위가 이 강산을 진압하고 있는데 무슨 위험이 있겠습니까?"

"장작과 불이 서로 사귀는 것 같이 의식의 성품이 잠시도 머물지 않으니 위험치 않겠는가."

"어떤 것이 불법의 대의입니까?"

"모든 악을 짓지 않고 뭇 선을 받들어 행하는 것이다."

"세 살짜리 아이도 그런 것쯤은 알겠습니다."

"세 살 아이도 알 수 있으나 80노인도 행하기는 어렵다."

백거이가 드디어 절을 하였다. 장경(長慶) 4년(804) 2월10일에 시자에게 말했다.

"나는 이제 이 과보가 끝났다."

이 말을 마치자 앉은 채로 열반에 드니 수명은 84세요 법랍은 63세였다.

g. 회통선사(會通禪師)와 유칙선사(惟則禪師)

회통선사는 오과스님의 법손이다. 스님은 항주 사람으로서 성은 오(吳)씨다. 본래의 이름은 원경(元卿)으로 얼굴이 단정 준엄하고 어릴 때부터 총명하였다. 당의 덕종 때(780~804)에 6궁사(六宮史)가 되니 왕족들이 모두 좋아하였다. 봄이 되어 소양궁(昭陽宮) 뜰에서 꽃들이 번성한 것을 보고 오래 오래 구경하는데 홀연히 공중에서 이런 소리가 들렸다.

"허망한 형상이 피었다 떨어졌다 끝이 없으면서 선근(善根)을 파괴하거늘 그대는 어찌 그것을 즐기는가."

"대사가 자세히 생각하노라니 예쁜 아가씨가 아무리 단장을 하고 있어도 몹시 더럽게 보였다. 하루는 황제가 궁전에 노닐다가 대사께 물었다.

"경은 왜 우울하오."

"신은 어릴 때부터 누린 것을 먹지 않으면서 스님이 되기를 소원하였습니다."

"짐은 경을 보기를 형제와 같이 하니 다만 부귀가 남보다 뛰어나고자 한다면 경의 뜻을 어기지 않겠지만 출가만은 옳지 못하오."

어느덧 열흘이 되어 황제는 그의 얼굴이 초췌함을 보고 왕빈(王賓)을 불러 상을 보게 하니 이렇게 아뢰었다.

"이 사람은 삼보를 계승하겠습니다."

황제가 대사께 말했다.

"경의 소원대로 하겠으니 마음대로 날을 받아서 곧 알려주오."

대사가 황제의 승낙을 받고 감사를 드리니 이어 고향에서 어머니가 병환이 났다는 소식이 들어왔다. 곧 집으로 돌아가기를 청원하니 황제는 줄 것을 후하게 주고 유사에게 분부하여 길을 안내케 하여 집으로 보냈다. 집에 온지 얼마 되지 않아 도광법사(道光法師)의 권선으로 오과도림선사를 만나 그의 단월이 되어 암자와 절을 지어 주었다. 절이 낙성되는 날 이렇게 사뢰었다.

"제자는 7세 때부터 채식을 하였고 11세에 5계를 받았고 지금 22세에 중이 되기 위하여 관직을 그만두었으니 화상께서는 중을 만들어 주십시오."

도림이 대답했다.

"요사이 중이 되는 사람은 정성껏 고행하는 이가 드물어서 그 행리가 대체로 머트럽다."

"본래의 맑음은 탁마해서 이룸이 아니오, 원래 밝음은 비침으로써 밝은 것이 아닙니다."

"만일 그대가 맑은 지혜가 묘하게 둥글고 본체는 본래 공적한 것임을 안다면 그것이 곧 출가이거니 어찌 겉모양을 가장하리요. 그대는 집에 있는 보살이 되어 보시와 계율을 갖추고 닦아서 사령운(謝靈運)의 무리 같이 되라."

"그러하오나 이치만이 그러할 뿐이요 현실에는 무슨 이익이 있겠습니까. 만일 자비를 드리워서 거두어 주시면 맹세코 스승의 가르침을 따르겠습니다."

이와 같이 세 번 청했으나 모두 허락치 않았다. 이때에 도광법사도 강력히 오과스님께 사뢰었다.

"궁사(宮使)가 장가를 들지도 않았고 시녀도 두지 않았는데 선사께서 거두어 주시지 않으면 누가 제도하겠습니까?”

　오과는 곧 머리를 깎고 구족계를 주었다. 대사는 항상 묘재(卯齋)를 지키고 주야에 정진하였으며 대승경전을 읽고 안반삼매(安般三昧 : 수식관)를 익히라는 지시를 받았다. 이어 굳이 사양하고 딴 곳으로 가려는데 오과가 실올을 불어 보임으로써 현묘한 이치를 깨달아 포모시자(布毛侍者)라는 별명이 있었다. 오과 선사가 열반에 든지 22년만에 무종(武宗, 841~846)이 절을 파괴하는 법난을 만났는데 대사는 대중을 이끌고 탑에 하직하는 절을 하고 떠나서 그의 남은 생애는 알 수 없다.

　유칙선사는 혜충선사의 법손이다. 그는 서울(京兆) 사람이니 성은 장손(長孫) 씨였다. 처음에 우두 충선사(忠禪師)를 만나서 현묘한 이치를 크게 깨닫고 뒤에 천태폭포의 서쪽바위 밑에 숨었다. 당의 원화 때에 법석이 차츰 차츰 번창하였는데 이때부터 이 바위를 불굴(佛窟)이라 하였다. 하루는 대중에게 이런 법문을 하였다.

　“천지도 없는 물건이요, ‘나’도 없는 물건이다. 그러나 잠시도 물건이 없지는 않다. 이는 곧 성인은 그림자 같고 백 년은 꿈 같음이니 누가 주인이 되리요, 지극한 사람이 이것으로써 홀로 빛나게 하면 능히 만물의 주인이 되리니 나는 그것을 안다. 그대들도 아는가.”

　어떤 스님이 물었다.

　“어떤 것이 나라연(金剛)의 화살입니까?”

　“과녁에 맞았다.”

　하루는 홀연히 문인들에게 말했다.

　“그대들 스스로가 잘 힘쓰라. 내가 무슨 말을 하겠는가.”

　그 이튿날 밤에 단정히 앉아서 열반에 드니 수명은 80세요, 법랍은 58세였다.

(5) 오조홍인대사(五祖弘忍大師)와 그 제자들

스님은 형주(荊州) 황매현(黃梅縣) 사람이다. 성은 주(周)씨로 어려서 길에서 노란가 한 지자(智者)를 만났는데 탄복하기를,

"이 아기는 일곱 가지 상호가 모자라서 여래에 미치지 못한다."

오조 홍인

하였다. 뒤에 도신대사(道信大師)를 만나 법을 받고서 파두산에서 교화를 펴는데, 함형(咸亨) 연간에 려능(廬能)이라는 한 거사가 기주로부터 찾아 와서 대사께 절하였다. 대사가 물었다.

"그대는 어디서 왔는가?"

"영남에서 왔습니다."

"무엇을 구하는가?"

"부처가 되고 싶어 왔습니다."

"영남 사람은 불성이 없는데 어찌 부처가 되겠는가?"

"사람은 남북이 있지만 불성이야 어찌 그렇겠습니까?"

대사가 특이한 사람임을 알고도 버럭 소리를 질러 꾸짖고, 방앗간에 가서 방아나 찧으라."

하니 노능이 발 앞에 절하고 물러가서 방앗간으로 들어가 밤낮으로 쉬지 않고 여덟 달 동안 방아를 찧었다.

대사는 법을 전해 줄 때가 된 것을 알고 대중에게 고했다.

"바른 법은 알기 어려우니, 나의 말이나 기억해 가지는 것으로써 할 일을 했다고 여기지 말라. 그대들은 각각 소견대로 게송 하나씩을 지으라. 만일 나의 뜻에 부합되면 법의와 법을 모두 전해 주리라."

그때 모임에 있던 7백 대중의 상좌인 신수(神秀)가 안팎의 학문을 통달하여

무리의 추앙을 받고 있었기 때문에 모두가 말하기를,

"신수존자가 아니면 누가 감당하리오."

하였는데 신구가 이 같이 대중이 모두 자기를 칭찬하는 것을 듣고 아무런 생각도 없이 게송 하나를 지어 복도 벽에다 써 놓았다.

身是菩提樹   몸은 깨달은 나무요
心如明鏡台   마음은 밝은 거울과 같으니
時時勤拂拭   때때로 부지런히 닦아서
勿使惹塵埃   티끌이 끼지 않도록 하세

대사가 경행을 하다가 보시고 찬탄하였다.

"후대 사람들이 이에 의해 수행하면 그들도 훌륭한 과위를 얻으리라."

그 벽은 본래 노진(盧珍)이라는 거사로 하여금 능가경변상(凌駕經變相)을 그리려 하였는데, 게송이 있는 것을 보자 그림 그리기를 그만두고, 모두가 그르르 외우라 하였다. 노능이 방앗간에서 일을 하다가 게송 외우는 소리를 듣고, 동학(同學)에게 이것이 무슨 글이냐고 물으니 그들이 대답했다.

"화상께서 법제자를 구하시기 위해 모두 마음을 표현하는 게송을 지으라 하셨는데, 이는 신수상좌께서 지으신 것으로서 화상께서 척 칭찬하셨소. 아마도 그에게 법과 옷을 전하실 것이오."

"그 게송을 자세히 말해 주오."

동학들이 자세히 읽어주니, 노능이 잠시 잠자코 있다가 말하였다.

"좋기는 좋으나 깨닫지는 못했소."

"못난이가 무엇을 아는가. 미친 소리 하지 말라."

"그대들은 내 말을 믿지 않는가. 내가 게송 하나로 화답하겠소."

동학들은 답도 않고 빙글빙글 웃으면서 달아났다. 노능은 밤이 되매 한 동자를 데리고 복도로 가서 노능 자신이 촛불을 잡고 서서 동자에게 신수의 게송 옆에다 다음 같은 게송을 쓰게 하였다.

菩提本無樹   깨닫고 보면 본래 나무가 없고,
明鏡亦非臺   명경은 본래 대가 아니다.
本來無一物   본래 한 물건도 없거늘
何處惹塵埃   어느 곳에 먼지 앉고 티끌 앉으랴.

대사가 뒤에 이 게송을 보고 물었다.
"이건 누가 지은 것인가. 아직도 불성을 보지 못했다."
대중이 대사의 말을 듣고 아무도 다시는 돌아보지도 않았다. 밤이 되자 남몰래 사람을 방앗간에 보내서 노행자를 불러오게 하고는 말했다.
"부처님이 세상에 나오심은 하나의 큰 일을 위함이니 근기의 크고 작음에 따라 인도하시므로 3승과 돈연(頓然)의 교리가 생겼다. 그러나 위 없고 비밀하고 미묘하고 원명하고 진실한 정법안장은 상수제자인 가섭 존자에게 전하였다. 차례대로 28대를 지나 달마대사에 이르러서는 중국으로 와서 혜가대사에게 전하신 것이 나에게까지 전해 왔다. 이제 나는 전해 받은 법본과 가사를 그대에게 전하노니 잘 보호해서 끊이지 않게 하라. 나의 게송을 들으라.

有情來下種   정이 있는 곳에 씨를 뿌리면
因地果遠生   마음땅을 인해서 씨가 나지만
無情旣無種   정이 없으면 종자 없나니
無性亦無生   성품도 없고 남도 없다.

노능거사가 꿇어앉아서 옷과 게송을 받고 사뢰었다.
"법은 받았는데 옷은 누구에게 전하오리까?"
"옛날에 달마가 처음 왔을 때에 사람들이 아무도 믿지 않음으로 옷을 전해서 법 얻은 사실을 증명했지만 이제는 신심이 이미 익었으니 옷은 다툼의 동기가 될 것이므로 그대에게서 그치고 더 전하지는 말라. 또 멀리서 숨었다가 때를 기다려서 교화하라."
이른바 옷을 받은 사람이 목숨이 실낱 같다는 예언이 이것이다.

"어디 가서 숨으리까?"

"懷(회)를 만나서 그치고 會(회)를 만나면 숨으라."

노능이 발앞에 절을 하고 옷을 받들고 물러가서 그날 밤으로 남쪽을 향해 떠났으나 대중이 아무도 알지 못했다.

홍인대사는 이로부터 다시는 법당에 오르지 않았다. 3일만에 대중이 의심이 나서 물으니 조사가 대답했다.

"나의 도는 떠났다. 물을 필요가 없다."

"법의는 누구에게 전하셨습니까?"

"능(能)이라는 이가 얻었다."

이때에 대중은 노행자의 이름이 능임을 생각해내고 찾아 보았으나 그는 이미 없었다. 그가 법의를 받은 것이 분명한 줄로 알고 모두가 뒤를 쫓았다.

홍인대사가 옷과 법을 전한 뒤 다시 4년을 지나, 상원(上元) 2년 을해에 이르러 홀연히 대중에게 고하기를 나는 할 일을 마쳤으니 떠나야겠다 하고 방에 들어가서 단정히 앉아 떠나니, 수명은 74세였다. 황매현 동쪽 산에 탑을 세우니 대종(代宗)이 대만선사법우지탑(大滿禪師法雨之塔)이라는 시호를 내렸다.

그 제자들을 간추려 정리하면 다음과 같다.

a. 지선사(知禪師)와 신수선사(神秀禪師)

지선사는 화엄원(華嚴院)의 스님이다. 계종(繼宗)이 물었다.

"성품을 보면 부처를 이룬다는 이치가 어떠합니까?"

"청정한 성품은 본래부터 담연하여 동요가 없다. 유무·장단·예정·취사에 속하지 않고 본체가 항상 뚜렷하다. 이와 같이 분명히 보면 성품을 보았다 하나니 성품이 곧 부처요, 부처가 곧 성품이므로 성품을 보면 부처를 이룬다고 한다."

"성품이 청정하여 유무에 속하지 않는다면 무엇을 인하여 보는 일이 있습니까?"

"보지만 보는 것이 아니니라."

"보지만 보는 것이 아니라면 무엇을 인하여 다시 보는 일이 있습니까?"

"보는 곳 또한 없느니라."

"이렇게 볼 때에 누가 봅니까?"

"보는 이가 없느니라."

"끝끝내 그 이치가 어떠합니까?"

"허망하게 계교하여 있다고 하면 있는 것이 된다. 그러나 능(能)과 소(所)가 있으면 미혹하다."

"이 성품이 온갖 곳에 두루하였습니까?"

"두루하지 않은 곳이 없다."

"범부에게도 갖추어 있습니까?"

"위에서 말하기를 두루하지 않은 곳이 없다 하였거늘 어찌 범부엔들 갖추지 않았겠는가?"

"어찌하여 부처님과 보살들은 생사에 구속되지 않고 범부들만이 이 고통에 얽매입니까. 그러니 어찌 두루했다 하겠습니까?"

"범부들은 청정한 성품 가운데서 능소가 있다고 계교함으로 생사에 떨어지거니와 부처님과 보살들은 청정한 성품은 유무에 속하지 않음을 잘 알아서 능과 소를 세우지 않느니라."

"그렇다면 깨친 이와 깨치지 못한 사람이 있겠습니다."

"깨달음이라는 것도 얻을 수 없거늘 깨달은 사람을 얻을 수 있겠는가."

"지극한 이치는 어떠합니까?"

"청정한 성품에는 범성도 없고, 깨달은 이와 깨닫지 못한 사람이 없다. 범부와 성인, 두 가지는 모두가 이름인데 이름을 따라 소견을 내면 생사에 빠지고 거짓 이름이 진실치 않음을 알면 이름을 지을 대상도 없다. 이는 가장 궁극적인 경지이니 만일 내가 안다고 하면 그는 큰 병이다. 또 범부와 성인이 모두 없다는 소견을 내면 그것은 인과를 무시하는 것이요, 청정한 성품에 의지하리라 하여도 큰 병이요, 머물지 않으리라 하여도 큰 병이다. 그러나 청정한 성품에 요동은 없지만 무너지지 않는 방편을 갖추어 응용하고 자비와 지혜를 일으키느니라. 이와 같이 자비와 지혜를 일으키는 곳에 청정한 성품을 보전하나니 이것이 성품을 보고 부처를 이룬다고 하느니라.”

계종이 듣고 뛸 듯이 기뻐하면서 절하고 물러갔다.

신수스님은 제32대 홍인대사의 제1세 법제이다. 스님은 개봉위씨(開封威氏)이다. 어릴 때에 유업(儒業)을 가까이 하여 널리 섭렵해서 아는 것이 많더니 조금 있다가 출가하여 스승을 찾고 도를 찾았다. 근주 쌍봉에 있는 동산사(東山寺)에 가서 오조 홍인대사를 만나 좌선으로 업을 삼다가 탄복하되 “참으로 나의 스승이다” 하고 고행하기를 마음에 맹서하여 나무하기와 물 깃기를 자기의 임무로 알고 도를 구하였다. 홍인이 남몰래 그를 알고 더욱 소중히 여기면서 말했다. “내가 제도한 사람이 많으나 깨달음에 그를 미칠 이가 없다.”

홍인이 열반에 든 뒤에 신수가 강릉의 당양사(當陽寺)에 머물렀는데 당의 측천무후(則天武后)가 듣고 서울로 불러서 궁내의 도량에서 공양하고 더욱 공경스런 예를 베풀었다. 그리고는 여산에 도문사(度門寺)를 두도록 명령하여 그의 공덕을 기리었다.

이때에 왕공사서(王公士庶)가 모두 그가 있는 곳을 향하여 배례하였고 중종(中宗)이 즉위하자(705) 더욱 정중히 여겼다. 대신이 제자의 예로써 법요를 물으니 대사가 게송으로 대답했다.

일체불법(一切佛法)
자심본유(自心本有)
장심외구(將心外求)
사부도주(捨父逃走)

온갖 법은
제 마음에 갖추었거늘
마음을 가지고 밖으로 구하면
아버지를 버리고 도망가는 격이다.

신룡 2년(705)에 동도 천공사에서 열반에 드니 대통선사(大通禪師)라 시호를 내리고 우의(羽儀)를 갖추어 용문에 빈소를 차리게 하였는데 황제는 다리에까지 전송하였고 왕공서사는 모두 장지에까지 참석하였다. 장열과 징사(徵士)인 노홍일(盧鴻一)이 제각기 비에 제사하였고 문인인 보적(普寂)과 의복(義福) 등은 모두가 조야(朝野)의 존경을 받았다.

북점선(北漸禪)의 태수인 신수스님은 약 150년간 성세를 이루어 왔으나 뒤에 남돈선(南頓禪)에 흡수되어 거기서 끝인 것같이 되어 있으나 그 성세가 대단했기 때문에 제자들의 명단(선학사전 p865 도록)을 여기 소개한다.

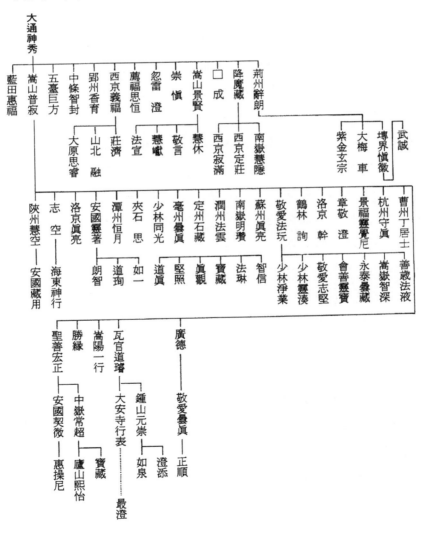

b. 혜안국사(慧安國師)와 도명선사(道明禪師)

혜안국사는 형주(荊州)의 지강(枝江) 사람으로 성은 위(衛)씨였다. 수 문제(文帝)의 개황 17년(597)만에 천하에 널린 사도승(私度僧)을 총괄하여 심사하게 하였는데 대사는 "나는 자격이 없다" 하고 산골에 숨었다. 대업 때에 장정을 많이 뽑아 운하를 티움으로써 주려 죽은 시체가 즐비하게 되니, 대사는 걸식을 해서 구제하였다.

양제가 대사를 불러도 나아가지 않고 태화산에 들어가 숨었는데 황제가 강도(江都)에 행차함으로써 천하가 소란해지니, 주장자를 떨치고 떠나 형악사(衡嶽寺)에 가서 두타행(頭陀行)을 하였다. 당의 정관 때(627~649)에 황매에 가서 홍인대사를 뵈옵고 마음의 법요를 전해 받고 인덕(麟德) 원년(664)에 종남산 석벽(石壁)을 지나다가 거기서 눌러 살았다.

고종이 또 대사를 불러도 가지 않고 명소를 두루 다니다가 숭산의 소림에 이르러서 "여기가 내 생명을 마칠 곳이다" 하였다. 그로부터 참선하는 이가 많이 모였는데 탄연(坦然)과 회양(懷讓) 두 사람이 와서 물었다.

"어떤 것이 조사께서 서쪽으로 오신 뜻입니까?"

"어찌하여 자기의 뜻은 묻지 않는가."

"어떤 것이 자기의 뜻입니까?"

"비밀한 작용을 관찰하라."

"어떤 것이 비밀한 작용입니까?"

대사가 눈을 떴다 감았다 하여서 보이니 탄연이 그 말끝에 깨달아 다시는 다른 곳으로 가지 않았으나 회양은 인연이 맞지 않아서 하직하고 조계로 갔다. 측천무후가 연(輦) 밑으로 불러들여 스승의 예로써 대우하고, 신수선사와 같이 존중히 여겼다. 무후가 일찍이 대사의 나이를 물으니, 모르겠다고 대답했다. 무후가 다시 물었다.

"어찌하여 기억하지 못하시오."

"생사윤회는 마치 고리와 같고, 고리는 시작도 끝도 없거늘 기억해서 무엇하겠습니까. 하물며 이 마음이 흘러 쏠리는 중간은 틈이 없거늘 거품이 일어났다 꺼졌다 함을 보는 것은 망상일 뿐입니다. 처음의 의식으로부터 움직이는 형상에 이르고, 사라질 때에도 다만 이러할 뿐입니다.”

무후가 듣고 이마를 조아려 신봉하였다. 이윽고 신룡 2년(706)에 중종이 자색 가사를 하사하고 제자 27인을 출가시켰으며, 이어 궁중으로 맞이하여 3년 동안 공양하였다.

또 마랍가사 한 벌을 하사하니, 대사는 사양하고 숭악으로 돌아갔다. 그해 3월3일에 문인에게 유촉하기를 “내가 죽거든 시체를 숲속에 놓아두어 들불에 타도록 하라”고 하였다. 얼마 되지 않아 만회공(萬廻公)이 대사께 와서 뵈이니, 미친 듯이 손을 잡고 이야기를 하는데 곁에 뫼신 이가 귀를 기울이고 자세히 들어도 무슨 소리인지 도무지 알 수 없었다. 8일이 되매 문을 닫고 누워서 입적하니 춘추가 82세였다. 문인들이 유언에 따라 시체를 메어다 숲 속에 놓으니, 과연 들불이 나서 자연히 화장을 하여 80개의 사리를 얻었다. 그 중에 다섯 개는 빛이 분홍 자주였는데 궁중에 남겨 두고 선천(先天) 2년이 되어 문인들이 부도를 세웠다.

도명스님은 반양 사람으로 진(陳)나라 선제(宣帝)의 후손이다. 나라가 망함으로써 평민이 되었는데 왕손인 까닭에 일찍이 직위(署)를 받았으므로 장군이라는 칭호가 있었다. 어릴 때에 영창사(永昌寺)에서 중이 되었는데 도를 사모함이 지극히 간절하였으므로 5조의 법회에 가서 극진한 뜻으로 연구하였다. 처음에는 아무것도 깨달은 것이 없더니, 5조가 노행자에게 비밀히 옷과 발우를 전했다는 말을 듣고 동자들 수십명을 거느리고 뒤를 쫓아 대유령에 이르러서 가장 먼저 보았다. 노행자는 대사가 오는 것을 보고 의발(衣鉢)을 반석 위에다 놓으면서 말했다.

“이 옷은 믿음을 표시하는 것이거늘 힘으로 다투겠는가. 마음대로 가져가라.”

대사가 들려 했으나 산과 같이 꼼짝도 않으니, 망설이다가 겁이 나서 말했다.

“제가 온 것은 법을 구하기 위한 것이요, 옷을 위한 것이 아니니, 바라건대 행자께서는 저에게 일러주십시오.”

"선도 생각치 말고 악도 생각치 말라. 이런 때엔 어떤 것이 상좌의 본래의 면목인가?"

대사가 당장에 크게 깨달아 온 몸에 땀을 흘리면서 몇 차례 절하고 물었다.

"위에서 보이신 비밀한 말과 뜻 이 외에 다른 뜻이 있습니까?"

"내가 이제 그대에게 말한 것은 비밀이 아니다. 그대가 자기의 본래면목을 반조하면 비밀함은 도리어 그대에게 있다."

"제가 비록 황매산에서 대중을 따랐으나 실제에는 자기의 면목을 밝히지 못했는데 이제 들어갈 곳을 가르쳐 주심을 받으니, 사람이 물을 마심에 차고 더운 것을 스스로 아는 것 같습니다. 그러므로 행자께서는 저의 스승이십니다."

"그대가 그렇다는 것은 좋다. 그러나 나는 그대와 함께 황매를 스승으로 섬기었으니, 잘 보호해 지니라."

"저는 이후에 어디로 가오리까."

"원(袁)을 만나면 멈추고, 몽(夢)을 만나면 살아라."

대사가 절하고 하직한 뒤에 급히 고개 밑으로 가서 다른 동지들에게 말했다.

"앞산이 까마득하여 아무리 바라보아도 아득할 뿐 종적이 없다. 딴 길로 찾아보자."

모두가 그럴싸하게 여겼다.

대사는 돌아온 뒤에 홀로 여산의 포수대(布水臺)에서 3년을 살다가 나중에 곤주의 몽산으로 가서 현묘한 교화를 크게 퍼뜨렸다. 처음은 혜명(慧明)이라 하였으나 6조의 이름자를 피하기 위하여 도명(道明)이라 하였다. 제자들은 모두 남쪽으로 보내서 6조께 참문하게 하였다.

c. 거현선사(巨玄禪師)와 지봉선사(智封禪師)

거현은 홍인의 제2세 후손으로 신수의 제자다. 그는 안륙(安陸) 사람이니 성은 조(曹)씨였다. 어릴 때에 명복원(明福院) 낭선사(朗禪師)에게 수학하였는데 처음에는 경론을 강하다가 나중에는 신회(神會)에 참석하였다. 그리하여 북종을 찾아갔을 때에 신수가 물었다.

"백운이 흩어진 곳이 어떠한가?"

"매혹하지 않습니다."

"여기에 이르른 뒤엔 어떠한가?"

"한 가지에서 다섯 잎이 핀 것을 똑바로 보았습니다."

신수가 잠자코 허락하므로 방에 들어가 뫼시고 앉으니 전혀 어긋남이 없었다. 이에 상당(上黨)의 한령(寒嶺)에 가서 사니 몇해 사이에 수천 명의 무리가 모였다. 뒤에 오대산에서 교화를 시작하여 20여년 만에 열반에 드니 나이는 81세였다. 당의 개원 15년(727) 9월3일에 전신을 그대로 탑에 모셨다.

지봉스님의 성은 오(吳)씨이다. 처음에 《유식론》을 강하다가 이름과 형상이 막힘으로써 선지식의 꾸지람을 받고 격분하여 강을 그치고 길을 떠났다. 무당산(武當山)에 올라선 수선사를 보고 의심이 모두 풀리었으나 정신을 수양코자 하여 포진(浦津) 안봉산(安峰山)에 가서 10년 동안을 산에서 내려오지 않고 나무 열매와 개울 물을 마시고 살았다.

때마침 구수 위문승(衛文昇)이 성안으로 들어오기를 청하여 신안국원(新安國院)을 지어주므로 살기 시작하니 승속이 끊임없이 귀의하였다. 사군(使君)이 물었다.

"제가 오늘 이후에 어찌 되겠습니까?"

"해가 떠서 나무를 비치니 전혀 그림자가 없었다."

군수가 처음에 깨닫지 못하다가 조금 있다가 터득하고 기뻐했다. 대사가 중조산에 왕래하기 20년 동안에 도를 얻은 이가 헤아릴 수 없었다. 입멸한 뒤에 문인들이 고을 북쪽에다 탑을 세웠다.

d. 장선사(藏禪師)와 도수선사(道樹禪師)

장선사는 조군(趙郡) 사람이다. 성은 왕씨였고 아버지는 고을의 아전이었다. 7세에 출가하였는데 당시는 들에 요귀가 많아서 사람들을 홀렸다. 대사는 단신으로 가서 그들을 항복시키고 조금도 두려워하는 기색이 없었으므로 항마(降魔)라는 이름을 얻었다. 그리하여 바로 광복원(廣福院)의 명제선사(明濟禪師)에 의해 출가해서 부지런히 시봉하였다.

법을 받은 뒤에는 북종(神秀의 宗派)이 성대히 교화하는 계제를 만나 섬기기를 맹서하니 신수가 물었다.

"네 이름이 항마이나 여기에는 산정(山精)도 목괴(木怪)도 없으니 네가 마가 되겠느냐?"

"부처가 있으니 마도 있소."

"네가 만일 마라면 반드시 불가사의한 경계에 머물렀을 것이다."

"그 부처라는 것도 공했거늘 무슨 경계가 있겠습니까?"

"너는 소호(少皞 : 神話時代 皇帝의 이름)의 터에 인연이 있다."

대사가 태산(泰山)에 찾아 들어가니 몇해 사이에 학자가 구름같이 모였다. 하루는 문인들에게 말하기를 "나는 늙었다 물건이 썩으면 돌아가는 법이다"고 하고 입적하니 수명은 91세였다.

도수스님은 당주(唐州) 사람이다. 성은 문(聞)씨였다. 어릴 때부터 뭇 경서를 탐독하다가 나이 50세가 되자 어떤 노승의 권유로 출가하기를 맹서하고 본부 명월선에 있는 혜문(慧文)께 절하고 스승으로 모셨다.

대사는 나이 많아서 도를 구하니 퍽 더딘 것을 부끄럽게 생각하여 정신을 가다듬어 제방으로 다니어서 가지 않은 곳이 없었다. 나중에 동락으로 돌아와서 신수선사를 만나고서야 말끝에 미묘한 이치를 깨닫고 만년에 법기를 이루었다.

그리하여 수주(壽州)의 3봉산을 택하여 초가를 짓고 살았다. 항상 촌사람 하나가 복색은 소박하고 말씨는 이상한데 말하고 웃는 때 이외에는 부처님·보살·아라한·하늘·선인 따위 형상을 나타내거나 혹은 신기한 광명을 놓거나 혹은 소리를 내었다. 대사의 제자들은 이를 보고 아무도 헤아리지 못했다. 이렇게 하기를 9년을 지나더니 적적히 자취를 감추었다. 대사가 대중에게 말했다.

"촌사람이 갖가지 재주를 부리어 사람들을 속이나 다만 노승은 듣지 않고 보지 않는 힘만을 소모하였다. 그의 재주는 다함이 있지만 나의 보지 않고 듣지 않는 힘은 다함이 없다."

당의 보력(寶歷) 원년에 병이 나서 입적하니 수명은 92세였다. 이듬해 정월 에 탑을 세웠다.

e. 전식선사(全植禪師)와 인검선사(仁儉禪師)

전식선사는 광주 사람이다. 성은 예(芮)씨였다. 처음에 암자 하나를 지어서 살았는데 태수인 위문경(衛文卿)이 본주의 장수사에 살기를 청하며 법문을 열 어 무리를 모았다. 문경이 물었다.

"장래 불법의 운수는 어떠하겠습니까?"

"참으로 보배스런 물건은 옛도 이제도 없고 궤도도 없지만 유위의 법은 네가 지 형상으로 변천한다. 법이 장차 위태로우리니 그대가 기다리면 알게 되리라."

대사는 93세로써 일생을 마치었고 당의 회창 4년(844) 갑자 9월7일에 탑에 넣었다.

인검스님은 숭산에서 도를 깨침으로부터 들과 장터로 걸림없이 다니니 당시 사람들이 등등화상(騰騰和尙)이라 하였다. 당의 천책만세 때(695)에 측천무후가 불러서 대궐에 들었는데 측천무후를 우러러보고 한참 있다가 입을 열었다.

"아시겠습니까?"

"모르겠소."

"노승은 말하지 않는 계를 지키오."

이렇게 말하고는 곧 물러갔다. 이튿날 단가(短歌) 19수를 지어 바치니 측천 무후가 받아 보고 가상히 여기어 두터이 상을 주었으나 모두 받지 않았다.

또 가사를 써서 천하에 퍼트리게 하였으나 모두가 진리를 연설하고 시속을 경책하는 것이었는데 요원가(了元歌) 1수 만이 세상에 성대히 유행하였다.

f. 파조타화상(破竈墮和尙)과 원규선사(元珪禪師)

조타스님의 성명은 밝혀지지 않았으나 말과 행리는 헤아릴 수 있었다. 숭악에 숨어살 때에 산 중턱에 매우 영검하다는 제당(廟) 하나가 있었는데 그 안에는 조왕신 하나만을 모셔 놓고 사방 사람들이 끊임없이 제사하여 산목숨을 심히 많이 죽였다. 대사가 하루는 시봉하는 중을 데리고 제당에 들어가서 주장으로 조왕신의 머리를 세 번 때리고 말했다.

"애닯다. 조왕신아, 진흙덩이가 합쳐서 이루어졌거늘 거룩함은 어디서 왔으며 영검함은 어디서 왔기에 이렇듯 이 산목숨을 삶아 죽이는가."

그리고는 다시 세 번을 치니 조왕신은 넘어지면서 깨졌다. 조금 있다가 어떤 사람이 푸른 옷과 관을 쓰고 홀연히 대사께 절을 하니 대사가 물었다.

"그대는 누구인가?"

"저는 본래 이 제당의 조왕신이었는데 오랫동안 업보를 받다가 오늘에야 화상께서 무생법문(無生法門)을 일러주시는 것을 듣고 여기를 벗어나서 하늘에 태어나게 되었습니다. 그러므로 일부러 사례하러 왔습니다."

"이는 그대가 본래 가지고 있는 성품을 지적했을 뿐이요, 내가 억지로 말한 것은 아니다."

그는 다시 절하고 이내 사라졌다. 조금 있다가 시봉하는 중들이 물었다.

"저희들은 오랫동안 스님의 곁에서 뫼시고 있었지만 아직도 스님께서 애써서 저희들에게 일러주시는 말씀을 듣지 못하였는데 조왕신은 어떤 지름길을 얻었기에 하늘에 태어났습니까?"

"나는 다만 그에게 말하기를 '진흙덩어리가 합친 것이라' 했을 뿐 별다른 도리를 말한 일이 없다."

뫼셨던 중들이 잠자코 섰으니 대사가 다시 말했다.

"알겠는가."

주사(主事 : 직책의 이름)가 대답했다.

"모르겠습니다."

"본래 가지고 있는 성품인데 어찌하여 알지 못하는가."

뫼시는 중들이 절을 하였는데 대사가 말했다.

"떨어졌다. 깨졌다."

나중에 의풍선사(義豊禪師)라는 이가 있다가 안국사(安國師)에게 사뢰니 안국사가 탄복하였다.

"이 사람이 물질과 사람이 동일한 이치를 몽땅 알아 버렸으니 가히 밝은 달이 허공에 돋으니 보지 못하는 사람이 없는 것 같도다."

의풍선사가 머리를 숙이고 합장하고 물었다.

"어떤 사람이 그의 법맥을 만나겠습니까?"

"알지 못하는 일이다."

또 어떤 스님이 물었다.

"물건들이 형상이 없을 때는 어떠합니까?"

"절을 하면 그대일 뿐이요 '나'가 아니며, 절을 하지 않으면 '나'일 뿐이요 그대가 아니다."

그 중이 절을 하고 사죄하니 대사가 말했다.

"본래 있는 물건은 물건이 아니다. 그러므로 마음이 물건을 운용하면 부처와 같다고 하였다."

"어떤 것이 착한 행을 닦는 사람입니까?"

"창을 들고 갑옷을 입은 사람이니라."

"어떤 것이 악을 행하는 사람입니까?"

"선(禪)을 닦아 정(定)에 든 사람이니라."

"저는 근기가 얕으니 스님께서 잘 가르쳐 주소서."

"그대가 나에게 악을 물으나 악이 선을 쫓지 않고 그대가 나에게 선을 물으니 선이 악을 쫓지 않는다. 알겠는가?"

"모르겠습니다."

"악한 사람은 착한 생각이 없고 착한 사람은 악한 생각이 없다. 그러므로 말하기를 선과 악은 모두가 뜬구름과 같아서 모두가 일어나고 꺼지는 곳이 없다

하노라."

그 스님이 이 말 끝에 크게 깨달았다.

또 어떤 스님이 오자 대사가 물었다.

"어느 회상에서 오는가?"

그 스님이 가까이 와서 합장하고 대사를 한 번 돈 뒤에 나가니 대사가 말했다.

"우두의 회상에는 이런 사람이 없을 것이다."

스님이 대사를 돌다가 윗쪽에서 합장하고 섰으니 대사가 말했다.

"과연 그렇도다."

스님이 불쑥 물었다.

"물건이 응할 때에 그를 말미암지 않는 시절이 어떠합니까?"

"어떻게 그를 말미암지 않을 수 있겠는가?"

"그렇다면 정도를 쫓아 근원에 돌아가는 것이겠습니다."

"근원에 돌아간다지만 무엇을 쫓겠는가?"

"화상의 지시가 아니었다면 허물에 떨어질뻔 하였습니다."

"아직도 사조 때의 도리는 보지 못했으니 본 뒤에 다시 소식을 통해 오라."

그 스님이 대사를 한 번 돌고 나가니 대사가 말했다.

"정도를 쫓고 근원에 돌아가는 이치는 예나 이제나 환하다."

그 중이 절을 하였다.

또 어떤 스님이 뫼시고 섰는데 오랜만에 대사는 천천히 입을 열었다.

"조사와 부처들은 오직 사람에 맞추어 본 성품과 본심을 말했을 뿐이다. 별도리가 없으니 알아차리라."

그 스님이 절하고 물러가려 하니 대사가 불자(拂子)로 때리면서 말했다.

"한 곳이 이러하니 천 곳이 모두 그러하겠구나."

그 중이 가까이 와서 합장하고 외마디 소리를 지르니 대사가 말했다.

"다시는 믿지 않겠다."

그 스님이 물었다.

"어떤 것이 1천제의 무리입니까?"

"예배하고 존중하는 자이다."

"어떤 것이 정진하는 사람입니까?"

"욕하고 성내는 것이다."

그 뒤에 어찌 되었는지 그의 행적은 알 수가 없다.

원규스님은 이궐(伊闕) 사람이다. 성은 이(李)씨이다. 어릴 때에 출가하여 당의 영순(永淳) 2년에 구족계를 받고 한거사(閑居寺)에서 계율을 배우기를 게을리 하지 않았다. 나중에 혜안국사(慧安國師)를 뵈이니 진종(眞宗)으로 써 보여주니 현묘한 이치를 몽땅 깨닫고 숭악의 방오(龐塢)에다 터를 잡고 살았다. 하루는 이상한 사람이 아관관(峨冠官 : 職名) 차림의 허리에 두르는 옷과 아래 두르는 옷을 입고 나타났는데 뒤를 따른 이가 매우 많고 걸음을 점잖게 걸으면서 대사에게 문안을 드렸다.

대사가 그의 외형을 보니 특이함이 예삿 사람이 아니므로 말하였다.

"어디서 무슨 일로 오셨소."

"스님께서 저를 어찌 아시겠습니까."

"나는 부처와 중생을 동등하게 본다. 나는 한 눈으로 보거늘 어찌 분별하겠는가."

"나는 이 숭악산의 산신으로서 능히 사람들을 나고 죽게 하거늘 대사께서 어찌 동일하게 보십니까?"

"나는 본래 나지도 않았거늘 어찌 죽게 하겠는가. 나는 몸과 허공이 동등한 것으로 보고 나와 그대가 동등한 것으로 본다. 그대는 능히 허공과 그대를 무너뜨릴 수 있는가. 아무리 허공을 무너뜨리고 그대 자신을 무너뜨린다 하여도 나는 나지도 않고 죽지도 않는다. 그대는 이와 같이 하지도 못하고 어찌 나를 나고 죽게 하겠는가."

산신이 머리를 조아리고 말했다.

"나도 다른 신보다는 총명하고 정직하다고 여겼는데 어찌 스님같이 광대한 지혜와 변재를 가진 이가 있을 줄이야 알았겠습니까. 바라건대 바른 계를 주시어 나로 하여금 이 세상을 건너게 해주십시오."

"그대가 계를 달라는 것이 곧 계이다."

"그런 이치는 제가 들어도 삭막할 뿐이니 오직 스님의 계를 구할 뿐입니다."

대사는 곧 그를 위해 자리를 펴고 향로를 잡고 책상을 반듯이 놓고 말했다.

"그대에게 5계를 주겠으니 잘 지키겠으면 '능히 지키겠소' 하고 대답하라. 만일 지키지 못하겠으면 '못하겠소' 하고 대답하라."

"삼가 가르침을 받겠습니다."

"그대는 음행을 하지 않겠는가."

"장가는 들어야겠습니다."

"그것을 말한 것이 아니다. 색욕을 부리지 않음을 말한다."

"그것은 능히 지키겠습니다."

"그대는 도적질을 않겠는가?"

"내가 무엇이 부족해서 도적질을 하겠습니까?"

"그것을 말한 것이 아니다. '먹이면 복을 준다' 하고 '공양치 않으면 재앙을 준다'는 것을 말한다."

"그것은 능히 지키겠습니다."

"그대는 살생치 않겠는가?"

"실제로 그 권리를 잡고 있거늘 어찌 죽이지 않는다 하겠습니까."

"그것을 말하는 것이 아니다. 잘못 알고서 죽이는 것을 말한다."

"그것은 능히 지키겠습니다."

"그대는 거짓말을 하지 않겠는가?"

"나는 정직하거늘 어찌 거짓말을 하겠습니까?"

"그것을 말하는 것이 아니다. 앞과 뒤가 천심에 맞지 않는 것을 말한다."

"그것은 능히 지키겠습니다."

"그대는 능히 술로 인한 낭패를 당하지 않겠는가?"

"그것은 능히 지키겠습니다."

"위에서 말한 것이 부처님의 계이다. 또 있음의 마음을 받들어 지녀도 구속되는 마음이 없고 있음의 마음을 남을 위해도 나와 남이란 생각이 없어야 하나니 능히 이와 같이 하면 천지보다 앞서 났어도 정령이 아니오, 천지보다 뒤에 죽어도 늙음이 아니다. 종일토록 변화하여도 요동이 아니고 끝끝내 적묵하여도 멈춤이 아니다. 이 이치를 깨달으면 비록 장가를 들어도 아내가 아니오, 비록 음식을 받아도 취하는 것이 아니오, 비록 권리를 잡아도 권세가 아니오, 비록 작용함이 있어도 고의가 아니오, 비록 취해도 혼몽함이 아니다. 만일 만물에 대하여 무심할 수 있다면 색욕을 부려도 음행이 아니오, 복을 주고 재앙을 주어도 도적질이 아니오, 착오와 의심으로 죽여도 살생이 아니오, 앞 뒤가 천리에 어겨도 거짓말이 아니오, 혼몽하여 뒤바뀌어도 취함이 아니다. 이것을 무심이라 한다. 무심이 되면 계가 없고 계가 없으면 또 무심이어서 부처도 중생도 너도 나도 없으니 너가 없으면 누가 계를 지키는가."

"저의 신통이 부처님의 다음은 되리라 여깁니다."

"그대의 신통은 열 구절에서 다섯 가지는 능하지 못하고 부처님은 열 구절에서 세 가지가 능하지 못하다."

산신이 깜짝 놀라 자리를 고쳐 앉으면서 물었다.

"그 사실을 알려 주십시오."

"그대가 상제(上帝)를 거역하고 동쪽 하늘로 가면서 서쪽으로 일곱 가지 광채를 비치겠는가?"

"못합니다."

"그대가 지기(地祇)를 억박지르고 5악을 뭉개고 4해를 동결시키겠는가?"

"못합니다."

"그것이 다섯 가지 능하지 못한 것이다. 부처님은 온갖 형상을 공하게 하여 만법의 지혜를 이루셨으나 결정된 업은 없애지 못하고 부처님은 뭇 중생의 성품을 다 아시고 억만 겁의 일을 기억하시나 인연 없는 중생을 제도하지는 못하고 부처님의 한량없는 유정을 제도하시나 중생세계를 다하게 하지는 못하나니, 이것이 세 가지 능하지 못함이다. 결정된 업은 견고한 것은 아니오, 인연이 없다 함도 일시적인 것이 아니오, 중생세계도 본래 증감이 없는 것이어서 어떠한 사람의 유위의 법에 집착될 만한 것이 없다. 유의의 법에 집착하지 않으면 그것을 무위의 법이라 하고 무위의 법을 집착하지 않으면 그것을 무심이라 한다. 내가 부처님의 말씀을 알기에는 신통이라 할 것도 없다. 그러나 무심으로써 온갖 법을 통달했을 뿐이다."

"저는 진실로 어리석어서 '공'의 이치를 들은 적이 없었아오나 이제 대사께서 주신 계를 잘 받들어 행하겠습니다. 이제 인자하신 덕화에 보답하기 위하여 저의 능력을 다하겠습니다."

"내가 몸을 관찰하건대 물질이 아니고 법을 관찰하건대 무상하다고 여기거늘 공연히 다시 무슨 욕망이 있겠는가."

"대사께서 꼭 저에게 세간 일을 하도록 분부해 주시면 저의 조그만한 신통을 부려서 세간의 발심한 이와 처음으로 발심한 이와 아직 발심치 않은 이와 신심이 없는 이와 신심이 굳은 이들이 다섯 무리가 저의 신통의 자취를 보고는 부처와 귀신의 능함과 능하지 못함과 자연과 자연이 아님을 두루 알게 하겠습니다."

"그러지 말라. 그러지 말라."

"부처님께서도 신장에게 불법을 옹호하게 하셨는데 스님께서는 어찌 부처님의 말씀을 어기십니까. 바라건대 잘 가르쳐 주십시오."

"동암사(東岩寺) 둘레에는 나무가 없고 북수(北岫)에는 숲이 있지만 의지가 되지 않는다. 그대가 북수의 그 나무를 옮겨다 동암에 심어 주겠는가."

그리고는 곧 절을 하고 물러갔다. 대사가 문까지 전송하고서 보니 그 위의의 성대함이 왕과도 같았다. 바람·안개·연기·노을이 어지러히 뒤섞이고 당기와 번기와 고리와 패물이 하늘을 찌를 듯이 넘실거렸다. 그날 밤에 과연 폭풍이 우짖고 구름과 번개가 설치고 집이 흔들리고 자는 새들이 놀라서 울었다.

대사가 대중에 일렀다.

"놀라지 말라. 산신이 나에게 약속한 일이 있다."

이튿날 아침에 보니 북수의 솔밭이 몽땅 동암 곁으로 옮겨졌는데 첩첩이 줄지어 심어져 있었다. 대사가 대중에게 말했다.

"나 죽은 뒤에라도 행여 입밖에 내지 말라. 만일 말을 좋아하는 이가 있으면 반드시 나를 요망하다 하리라."

개원 4년(716) 병진에 문인들에게 유언을 했다.

"내가 처음엔 절 동쪽의 마루턱에 살았는데 내가 죽거든 거기에다 뼈를 묻어라."

이 말을 마치고는 태연히 몸을 바꾸니 수명은 73세였고 문인들이 탑을 세웠다.

g. 유정선사(惟政禪師)와 무주선사(無住禪師)

유정선사는 숭산보적의 후손으로 홍인대사의 제3세 손이다. 스님은 평원 사람이다. 성은 주(周)씨였다. 처음에는 고향에서 공부를 하다가 숭산 보적선사에게 법을 받았다. 참 이치를 깨친 뒤에 태일산(太一山)에 들어가서 사니 학자들이 방에 가득하였다.

당의 태화(太和) 때(827)에 문종이 조개를 좋아하여 해안의 관리들이 앞을 다투어 진상함으로써 백성들도 피로하였다. 하루는 수라상에 껍질이 벗겨지지 않은 것이 있었다. 임금이 이상하게 여기어 향을 피우고 기도 하니 잠깐만에 보살의 형상으로 변했는데 범상(梵相)이 구족하였다.

즉시 금속단으로 된 향합에 넣고 아름다운 이불로 덮어서 홍선사(興善寺)에 하사하여 스님들에게 섬기게 하였다. 그리고는 여러 신하들에게 그것이 무슨 상서냐고 물었다. 그들 가운데 누군가가 말하기를 태일산에 유정선사라는 이가 있는데 불법을 잘 알고 지식이 한이 없다고 하였다. 황제는 곧 그를 불러서 이 사실을 물으니 대사가 대답했다.

"신이 듣건대 사물은 공연히 나타나는 일이 없다하는데 이는 폐하의 신심을 열어 주시려는 것인가 합니다. 그러므로 경에 말씀하시기를 '이러이러한 몸으로 제도할 이에게는 곧 이러이러한 몸을 나타내어 제도한다' 하였습니다."

"보살께서 몸을 나타내셨지만 설법은 듣지 못했소."

"폐하께서는 이 일을 보시고 예사 일이라 여기십니까 아니면 예삿 일이 아니라 여기십니까. 믿으십니까, 믿지 않으십니까?"

"희기한 일이어서 짐은 깊이 믿소."

"그러면 폐하께서는 이미 설법을 들으셨습니다."

"그 때에 황제는 기쁨을 이기지 못하여 천하의 사원에 명령해서 관음상(觀音像)을 뫼시게 함으로써 특수한 조짐에 보답하고 인하여 대사를 내도량(內道場)에 머무르게 하였다. 그러나 자주 사양하여 다시 산으로 돌아가니 다시 조서를 내리어 성수사(聖壽寺)에 머무르게 하였는데 무종(武宗)이 즉위(841)하니 홀연히 종남산으로 들어와 숨었다. 사람들이 그 까닭을 물으니 대답하기를 '나는 원수를 피해서 왔다' 하였다."

그 뒤에 산간 초막에서 임종하니 나이는 87세요 화장을 한 뒤에 사리 49개를 얻었는데 회창 4년에 탑에 모시었다.

무주법사는 홍인의 제4세 손으로 익주 무상선사의 법손이다. 그는 처음에 무상대사에게 법을 얻은 뒤에 남양 백애산에서 참선하기 여러 해를 쌓으니 학자들이 차츰 모여 와서 간곡히 청하기를 마지않았다. 이로부터 지도를 시작하였는데 아무리 법문을 많이 하여도 오직 무념으로써 조종을 삼았다.

당의 정승(相國) 두홍점(杜鴻漸)이 이 지방의 안무사가 되어 한 번 뵙기를 바라더니 대력 원년(766) 9월 사자를 산으로 보내어 청했다. 이때에 절도사 최녕(崔寧)도 여러 절의 스님들에게 명령하여 나와서 마중하게 하였다. 그리하여 10월1일에 공혜사(空慧寺)에 이르렀다.

그 때 두공 홍점과 융수(戎帥 : 최녕)이 3학태두를 모아놓고 절한 뒤에 두공에게 물었다.

"전에 듣건대 대사께서 여기에 머무신다 했는데 그 뒤에 어디로 가셨었습니까?"

"머무는 곳이 없습니다. 성품이 거칠고 머트러워서 산간에 있기를 좋아합니다. 하란(賀蘭)과 5대(五臺)를 비롯하여 수승한 경계로 돌아다니다가 상공이 관내에 있는 대자사(大慈寺)에서 나의 스승께서 최상승의 법을 연설하신다는 말씀을 듣고 일부러 멀리 와서 뵈옵고 외람되이 법을 받은 뒤엔 백애산에 머무른지 여러 해가 지났습니다. 이제 상공께서 부르시니 감히 따르지 않을 수 있습니까?"

상공이 말했다.

"제자가 듣건대 김스님(대사의 성인 金氏)께서는 '기억하지 말라. 생각하지 말라. 허망하지 말라'는 세 구절 법을 연설하신다는데 사실입니까?"

"그렇습니다."

"이 세 구절은 하나입니까, 셋입니까?"

"한 생각 나지 않으면 계와 선정과 지혜를 갖추는 것이요, 하나도 셋도 아닙니다."

"마지막 구절의 허망이라는 망(妄)자는 잊을 망(忘)자가 아니겠습니까?"

"아닙니다. 계집 녀 변에 쓴 허망할 망 자입니다."

"전고가 있습니까?"

"≪법구경≫에 '정진한다는 생각을 일으키면 그는 허망이요, 정진이 아니다. 만일 마음이 허망치 않으면 그 정진은 한량이 없다'고 하였습니다."

상공이 듣고 의심이 활짝 풀리어 다시 물었다.

"대사께서는 앞으로도 세 구절의 법문으로 사람들을 제도하시겠습니까?"

"초심학인에게는 망념을 쉬어 의식의 물결을 멈추게 하지만 물이 맑아져서 그림자가 나타나 망념의 본체가 없음을 깨달아 적멸이 드러나면 무념이란 것도 세울 필요가 없습니다."

이때에 뜰 앞의 나무 위에서 까마귀가 울었는데 상공이 물었다.

"들으십니까?"

"들었소."

조금 있다가 까마귀가 날아갔는데 상공이 다시 물었다.

"들으십니까?"

"듣고 있습니다."

"까마귀가 날아가서 소리가 나지 않거늘 어찌하여 듣는다 하십니까?"

이때에 대사는 대중을 향해 고하였다.

"부처님의 세상은 만나기 어렵고 바른 법을 만나기 어려우니 모두 자세히 들으라. 들을 것이 없어도 들음이 있는 것은 듣는 성품에 관계치 않는다. 본래 나지 않거니 어찌 멸함이 있겠는가. 소리가 있을 때는 소리인 티끌이 스스로 나고 소리가 사라질 때는 소리인 티끌이 저절로 멸한다. 그러나 이 들음의 성품은 소리를 따라서 나지 않고 소리를 따라서 멸하지 않는다. 이 들음의 성품을 깨달으면 소리의 티끌에 끄달리지 않는다. 그러니 들음은 생멸이 없고 들음은 거래가 없음을 알아야 한다."

상공과 그 동료와 대중이 모두 머리를 조아리고는 또 물었다.
"무엇이 제1의제이며 제1의제에는 어떤 차례로 들어갑니까?"
"제1의제는 차례가 없고 출입도 없소. 세속제(世俗諦)에는 온갖 것이 있지만 제1의제에는 없소. 모든 법의 성품 없는 성품을 제1의제라 하오. 부처님께서 말씀하시기를 '유위의 법은 세속이요, 무위의 성품은 제1의제라' 하셨습니다."
"스님께서 보여주신 바는 실로 불가사의합니다."
"제자는 성품이 천박하지만 지난날에 공무의 틈을 타서 ≪기신론장소(起信論章疏)≫ 2권을 읽었는데 불법에 맞는 것입니까?"
"장소를 짓는 이는 모두가 식심(識心)을 움직여서 유위와 작용을 사량분별한 것입니다. 온갖 법은 본래부터 언어의 형상을 여의고 이름의 형상을 여의었고 마음으로 반연할 형상을 여의어서 끝끝내 평등하여 변함이 없고 오직 일심만이 있으므로 진심이라 한다고 하였습니다. 이제 상공은 언어에 집착되고 이름의 형상에 집착되고 마음으로 반연할 형상에 집착되고 갖가지 형상에 집착되고 갖가지 형상에 집착되었거늘 어찌 불법에 맞는다 하리요."

상공이 일어나서 절을 하고 말했다.
"제가 일찍이 여러 공봉대덕(共奉大德)들에게도 이 일을 물었더니 모두가 제자를 칭찬하되 불가사의하다고 하였는데, 그들은 모두가 인정에 끌리었고 대사는 지금 이치에 맞추어 설명해 주심으로써 심지(心地)의 법에 합하여 진실로 진리이어서 불가사의 함을 알았습니다. 이제 한 가지 더 묻겠습니다. 어떤 것이 남이며 어떤 것이 멸함입니까. 그리고 어떻게 하여야 생멸을 벗어나겠습니까."
"경계를 보고 마음을 일으키지 않으면 나지 않는다 하고 나지 않으면 멸하지 않나니 나지 않고 멸하지 않으면 앞 경계에 속박되지 않고 바로 그 자리에서 해탈을 얻습니다."

"무엇을 마음을 알고 성품을 본다고 합니까?"

"온갖 수도인이 생사에 헤매는 것은 참 마음을 알지 못하기 때문입니다. 참 마음이라 함은 망념이 날 때에도 따라나지 않고 망념이 멸할 때에도 따라 고요 해지지 않나니 가지 않고 오지 않으며 안정치 않고 어지럽지 않으며 취하지 않고 버리지 않으며 들뜨지 않고 침체하지 않으며 함이 없고 형상도 없어서 팔팔하게 살았고 평상대로 자재합니다. 이 마음의 본체는 끝내 얻을 수 없어서 깨달아 알 수 없으며 눈에 닿는 것이 모두가 진여이어서 견성(見性) 아닌 것이 없습니다."

상공과 대중이 절을 하고 찬탄과 기쁨을 표시하면서 물러갔다. 나중에 보당사(保唐寺)에 살다가 임종했다.

(6) 육조혜능대사(六祖惠能大師)와 그 제자들

혜능대사의 속성은 노(盧)씨이고 그의 선조는 범양(范陽) 사람이다. 아버지 행도가 무덕(武德) 때(618~626)에 남해의 신주(新州)로 귀양을 와서 살게 되었다. 3살 때에 아버지를 잃고, 어머니가 수절을 하면서 길렀는데 그가 자람에 따라 집안이 어려워서 대사가 나무를 팔아서 살아갔다. 하루는 나무를 지고 시장에 갔다가 어떤 이가 ≪금강경≫ 읽는 소리를 듣고 깨달아 나그네에게 물었다.

육조 혜능

"그게 무슨 법이며, 누구에게서 얻었소."

"이 경은 ≪금강경≫이라는 것인데 황매(黃梅)의 홍인대사께 얻었소."

대사는 급히 어머니에게 스승을 찾아갈 뜻을 아뢰고 바로 소주(韶州)로 가다가 유지략(劉志略)거사를 만나 사귀게 되었는데 그의 고모인 무진장(無盡藏)비구니가 항상 ≪열반경(涅槃經)≫을 읽고 있었다. 대사가 잠시 듣고서 그 이치를 해석해 주니, 비구니는 드디어 책을 들고 와서 글자를 물었다. 대사가 말했다.

"나는 글자는 모르니 이치나 물으라."

"글자도 모르면서 어찌 뜻을 아시오."

"부처님의 묘한 이치는 문자에 구애되지 않는다."

비구니가 깜짝 놀라 마을 사람들에게 말했다.

"혜능은 도가 있는 사람이니, 청해다가 공양하시오."

이때에 마을 사람들이 앞을 다투어 와서 절하고 공경하였다. 그 근처에 보림사(寶林寺) 옛터가 있는데 무리가 의논하기를 집을 지어서 대사를 살게 하자 하니, 사방에서 무리가 구름같이 모여 잠깐 사이에 좋은 집이 이루어졌다.

하루는 생각하기를 "내가 큰 법을 구하러 나왔는데 어찌 중도에서 그치겠는가" 하고, 이튿날 길을 떠나 창락현(昌樂縣) 서산에 있는 석실(石室)에 이르러서 지원선사(智遠禪師)를 만났다.

대사가 법을 물으니, 지원이 대답했다.

"그대의 신기를 살피건대 예사 사람이 아니다. 내가 들으니 서역에서 온 보리달마가 황매에게 마음법을 전했다 하니 그대는 거기에 가서 의심을 풀라."

대사는 곧 하직하고 떠나서 바로 황매의 동선(東禪)에 이르르니, 당의 함형(咸亨) 2년(670)이었다. 홍인대사가 첫 눈에 보고 알아보더니, 뒤에 의발을 전해주고 회(懷)·집(集)이 맞닿는 지역에 숨어 있게 하였다.

의봉(儀鳳) 원년(676) 병자 정월 8일 남해로 가서 인종법사(印宗法師)를 만나 법성사(法性寺)에서 ≪열반경≫을 강했다. 대사가 낭무(廊無)에 있는데 그날 밤에 바람이 불어서 깃대 위의 번기가 나부끼었다. 때마침 두 스님이 다투는데 하나는 기가 흔들린다 하고 하나는 바람이 움직인다고 하였으므로 대사가 말했다.

"점잖은 토론에 속된 무리가 참례해도 좋겠는가. 그는 바람과 기가 움직이는 것이 아니오, 그대들 마음이 움직인 것이다."

인종이 이 말을 몰래 듣고 모골이 오싹해지면서 이상히 생각했다. 이튿날 대사를 방으로 불러들여 바람과 번기의 이치를 묻자, 대사가 앞 뒤 이치를 밝히어 말하니 인종이 얼른 일어나서 물었다.

"행자는 예사 사람이 아닌 것 같은데 스승이 누구시오."

대사는 하나도 숨기지 않고 법을 얻은 동기를 자세히 말하니 인종이 제자의 예를 갖추어 선법을 묻고, 이어 4중에게 고했다.

"인종은 구족한 범부로서 이제 육신보살(肉身菩薩)을 만났다."

하고는 전해 받은 법의를 보여 달라 해서 모두가 절하고 공경케 하였다. 정월 15일에 여러 대덕들을 모아 머리를 깎았고, 2월 8일에 법성사(法性寺)에 가서 지광율사(智光律師)에게 구족계를 받으니, 그 계단(戒壇)은 송의 구나발다라삼장(求那跋陀羅三藏)이 설치한 것이었다.

구나발다라는 "뒤에 육신보살이 이 계단에서 계를 받으리라" 예언하고 또 양(梁)의 진제삼장(眞諦三藏)계단 옆에다 보리수 두 포기를 심으면서 말하기를, "이후 12년 뒤에는 큰 보살이 나와서 이 나무 밑에서 위없는 법을 연설하여 한량없는 무리를 제도하리라" 하였는데 과연 대사가 계를 갖춘 뒤에 이 나무 밑에서 동산법문(東山法門)을 개설하니, 완전히 옛 예언이 맞은 것이다.

이듬해 2월8일에 홀연히 대중에게 말하기를 "나는 여기에 살고 싶지 않아 옛 집으로 돌아가겠다" 하니, 인종법사와 승속 천여 인이 대사를 전송하여 보림사로 돌아가게 하였다.

소주자사(韶州刺史) 위거(韋據)가 청하여 대범사(大梵寺)에서 법륜을 굴리게 하였고, 아울러 자기도 무상심지계(無相心地戒)를 받았는데 문인이 기록해서 단경(壇經)이라는 이름으로 세상에 전한다. 그리고는 다시 조계로 돌아와서 큰 법비를 뿌리니, 언제나 학자들이 천 명 이하에 내리지 않았다.

중종(中宗)이 신룡(神龍) 원년(705)에 조칙을 내리어

"짐이 혜안(慧安)과 신수(神秀), 두 대사를 궁중으로 청해서 공양하고, 틈틈이 일승의 이치를 강구하였는데 두 대사가 늘 사양하기를 '남방에 있는 혜능선사가 홍인대사의 법을 비밀히 받았으니, 그에게 물으라 하였소. 이제 내시(內侍) 설간(薛簡)을 모내서 대사를 부르는 터이니, 대사는 자비를 베풀어 속히 서울로 오오' 하였다."

대사는 병을 핑계로 하고 사표를 내고 숲속에서 일생을 마치겠다고 하였다. 설간이 물었다.

"서울에 있는 선덕(禪德)들이 모두 말하기를 '도를 알고자 하면 반드시 좌선을 하여 선정을 익혀 해탈을 얻어라' 하는데 스님께서는 어떤 법을 말씀하십니까?"

"도는 마음을 인하여 깨닫는다. 어찌 앉는데 있으랴. 경에 말씀하시기를 '만일 여래가 앉거나 다닌다고 보면 그는 삿된 도를 행하는 사람이니, 무슨 까닭이겠는가. 오는 곳도 없고 가는 곳도 없기 때문이다'고 하셨다. 만일 생멸이 없으면 그것이 여래의 청정한 선정이오, 모든 법이 공적하면 그것이 여래의 청정

한 앉음이다. 끝끝내 증득할 것이 없거늘 하물며 앉을 것이 있겠는가."

"제자가 돌아가면 반드시 주상(主上)께서 물으실 것이니 바라옵건대 화상께서 자비로 지시해 주소서."

"도는 밝음도 어두움도 없다. 밝음과 어두움은 서로 바뀌는 뜻인데 밝음과 밝음이 끝없다 하여도 다함이 없다."

"밝음은 지혜에 비유하고 어두움은 번뇌에 비유하는데 수도하는 사람이 지혜로써 번뇌를 비추어 깨뜨리지 않으면 비롯함이 없는 생사를 어찌 벗어나겠습니까?"

"지혜로써 번뇌를 비추어 깨뜨리는 것은 2승의 근기이다. 높은 지혜의 큰 근기는 모두 그렇지 않다. 밝고 어두운 것이 둘이 아니다. 둘이 아닌 성품이 곧 진실한 성품이니, 진실한 성품이란 범부에 있어서도 줄지 않고, 성현에 있어서도 늘지 않고, 번뇌에 있어서도 어지럽지 않고, 선정에 있어서도 고요함이 아니다. 끊이지 않고 항상치 않으며, 가지 않고 오지 않으며, 중간이나 안팎에 있지도 않으며, 나지 않고 멸하지도 않아 성품과 형상이 여여하여 항상 머물러 변천하지 않음을 도라 한다."

"대사께서 불생불멸을 말씀하시니, 어찌 외도와 다르겠습니까?"

"외도가 말하는 불생불멸은 멸함으로써 남을 그치고 남으로써 멸함을 드러내니, 멸함도 멸함이 아니고 남도 남이 없다 하거니와 내가 불생불멸을 말하는 것은 본래 남이 없고 지금도 멸하지 않는다. 그 까닭에 외도와 같지 않다. 그대가 만일 마음의 요점을 알고자 한다면 온갖 선악을 생각치 아니하면 자연히 청정한 마음의 본체에 깨달아 들어가서 당연히 항상 고요하고, 묘한 작용이 항하사 모래같이 많으리라."

설간이 가르침을 받고 활연히 크게 깨달아 절하고 물러가서 궁궐로 돌아가 대사의 말대로 아뢰니, 조칙을 내리어 대사께 사례하고 아울러 마납가사 한 벌과 비단 백 필과 발우 한 벌을 하사했다.

12월19일에 조서를 내리어 보림사를 고쳐 중흥사(中興寺)라 이름하고, 3년 11월18일에 다시 소주자사에게 조서를 내리어 더욱 융성한 대접을 하사하고 법천사(法泉寺)라는 편액을 하사했다.

신주의 옛 절, 국은사(國恩寺)에서 어느 날 대중에게 말했다.

"여러 선지식이여, 그대들은 제각기 마음을 맑히어 내 말을 잘 들으라. 그대들의 마음이 곧 부처이다. 다시 망설이지 말라. 그밖에 어떤 법도 건립할 것이 없다. 모두가 본 마음에서 갖가지 법이 난다. 그러므로 경에 말씀하시기를 '마음이 나면 갖가지 법이 나고 마음이 멸하면 갖가지 법이 멸한다' 하였다. 만일 종지(種智)를 이루고자 하면 일상삼매(一相三昧)와 일행삼매(一行三昧)를 통달하라. 만일 온갖 곳에서 형상에 머무르지 않고 그 형상에 대하여 믿다 곱다 하는 생각을 내지 않으며, 취하고 버리는 생각도 않고 한가히 고요히 담박히 하면 이것이 일상삼매요, 온갖 곳에서 다니고 멈추고 앉고 누움에 순일하고 곧은 마음으로 도량을 움직이지 않으면 참으로 정토를 이루나니, 이를 일행삼매라 한다. 어떤 사람이 두 가지 삼매를 갖추면 땅에 있는 종자가 자라서 열매를 맺을 힘을 갈무리한 것 같나니, 일상삼매와 일행삼매도 그러하다. 나의 설법은 마치 때에 맞춘 비가 온 누리를 널리 적시는 것 같고, 그대들의 불성은 종자에다 비유할 수 있으니, 이 비를 맞으면 모두가 싹이 틀 것이요, 나의 가르침을 받드는 이는 결정코 보리를 얻을 것이요, 나를 의지해서 행하는 이는 반드시 묘한 과위를 얻을 것이다."

선천(先天) 원년(712)에 무리들에게 말했다.

"내가 외람되이 홍인대사의 의발을 전해 받았는데 이제 그대들에게 설법만을 하고, 법의는 전하지 않노니, 그대들의 믿음이 순수하게 익어서 큰 일을 감당할 것이 의심이 없기 때문이다. 나의 게송을 들으라.

심지함제종(心地含諸種)
보우실개생(普雨悉皆生)
돈오화정기(頓悟華情己)
보리과자성(菩提果自性)

마음 땅에 여러 종자 머금었으니

두루 내린 단비에 모두가 싹튼다.
꽃의 심정 모두를 깨닫고 나면
보리의 종자가 자연히 이루어진다.

대사가 게송을 마치고 다시 말했다.

"이 법은 둘이 없고, 마음도 그렇다. 이 도는 청정하고 형상도 없다. 그대들은 행여 깨끗함을 관찰하거나 마음을 비우려 하지 말라. 이 마음은 본래 청정하여 취하거나 버릴 것이 없으니, 제각기 노력해서 인연 따라 떠나라."

대사가 이렇게 설법하기 40년이 되는 해 7월6일에 제자에게 명하여 신주 국은사에 가서 보은탑(報恩塔)을 세우게 하고, 이어 공사를 다른 것 보다 "곱이나 잘 하라"고 하였다. 이때에 촉승(蜀僧) 방변(方辯)이 와서 인사를 하는데 조각(彫刻)에 능하다 하니 대사가 반듯이 앉으면서 말했다.

"내 형상을 조각해 보라."

방변이 그 뜻을 알지 못하고 대사의 진영을 조각하니 높이가 일곱 치 가량 되었는데 교묘한 재주를 다하였다. 대사가 이를 보고 말했다.

"그대가 형상은 잘 조각하나 불성에는 능숙하지 못하구나."

그리고는 옷과 물건으로 삯을 주니, 그 스님이 받아 절하고 물러갔다.

선천 2년(현종 원년 713) 7월1일에 문인들에게 말했다.

"나는 신주로 가려 하니, 그대들은 속히 배를 손질하라."

이때에 대중이 슬피 울면서 좀 더 머무시기를 청했으나 대사가 대답했다.

"부처님들이 세상에 나타나신 것은 열반을 나타내시기 위함이니, 왔으면 가는 것이 당연한 일이다. 나의 이 몸도 반드시 가야 한다."

대중이 말했다.

"스님께서 지금 가시면 언제 돌아오시겠습니까?"

"잎사귀가 떨어져 뿌리로 돌아가니, 다시 올 날을 말할 수 없다."

"스님의 법인은 누구에게 전하십니까?"

"도 있는 이는 얻고, 마음 없는 이는 통달한다."

"뒤에 환난이 없겠습니까?"

"내가 죽은지 5,6년에 어떤 사람이 와서 내 머리를 끊어가리라. 나의 예언을 들으라."

하고 다음과 같이 시를 읊었다.

두상양친(頭上養親)
구이수찬(口裏須餐)
우만지난(遇滿之難)
양유위관(楊柳爲官)

머리 위에 어버이를 기르고
입속에선 밥을 찾는다.
만(滿)의 환란을 만나면
양유(楊柳)가 관리가 된다.

"내가 간지 70년에 두 보살이 동쪽에서 오리니, 하나는 집에 있는 이요, 하나는 출가한 이로서 동서에 교화를 펴서 나의 종지를 붙들어 세우되 절을 잘 꾸미고 법손이 번창하리라."

말을 마치자 신주의 국은사로 가서 목욕한 뒤에 가부좌를 맺고 천화하니, 이상한 향기가 집에 가득하고, 흰 무지개가 땅에서 뻗었다. 이는 곧 그해 8월 3일이었다.

이때에 소주와 신주의 두 자사가 각각 탑을 세우니, 승속이 갈팡질팡하였는데 두 고을의 자사가 같이 향을 피워 축원하기를 "향 연기가 뻗히는 쪽이 대사께서 돌아가시려는 곳이다" 하였다. 이때에 향로가 하늘로 곧게 솟아올라 조계로 날아가니 11월 13일에 탑에 넣었다. 수명은 76세였다.

소주자사 위거가 비문을 찬술하였고, 문인들이 먼저 말한 예언을 기억해서 먼저 철엽포(鐵葉布)로써 대사의 목을 견고히 보호하였다. 탑에는 달마가 전한 법의를 넣었고 중종이 하사한 마납가사와 보배 발우 및 방변이 조각한 동상과 도구들은 탑을 관리하는 시자가 맡았다.

개원(開元) 10년(722) 임술 8월3일 밤중에 갑자기 탑에서 쇠사슬이 끊어지는 소리가 들렸다. 스님들이 놀라서 일어나 보니 어떤 행자가 탑에서 달아나고 있었다. 이내 살펴보니, 대사의 목에 상처가 있었다. 도적이 생긴 사실을 자세히 고을에 알리니, 군수 양간(楊侃)과 자사 유무첨(柳無忝)이 보고를 받자 애써 잡으려 하다가 5일만에 석각촌(石角村)에서 도적을 붙들었다. 소주로 불러서 국문하니, 장정만(張淨滿)이란 자로서 여주의 양현 사람이었다. 홍주의 개원사에서 신라의 스님 김대비(金大悲)가 돈 2천냥을 주고 6조의 머리를 끊어 해동(海東)으로 가지고 가서 공양하려 했음을 알았다.

유자사는 바로 형을 내리지 않고 몸소 조계에 가서 대사의 상족(上足 : 맏제자)인 영도(令韜)에게 물었다.

"어떻게 처단하리까."

"만일 국법으로 따진다면 마땅히 죽여야 하지만 불교의 자비로는 원수와 친한 이가 평등합니다. 하물며 그는 가져다가 공양하려던 것이니, 그 죄를 용서해주시기 바랍니다."

유자사가 탄복하고 놓아주었다.

상원 원년(760)에 숙종(肅宗)이 사자를 보내 대사의 의발을 내도량으로 모셔다가 공양하겠다 하였더니, 영태(永泰) 원년 5월5일에 이르러 대종의 꿈에 6조대사가 자기의 의발을 달라 함으로 7일에 자사 양함(楊咸)에게 조서를 내리었다.

"짐이 혜능선사께서 법을 전해 받은 가사를 다시 조계로 돌려보내 줄 것을 요청하는 꿈을 꾸었기에 이젠 진국대장군(鎭國大將軍) 유숭경(劉崇景)을 시켜 받들어 모시고 가게 하노라. 짐은 이를 나라의 보배라 하노니, 경들은 본사에다 법다이 봉안하여 여러 스님들 가운데 종지를 잘 받드는 이로 하여금 엄숙히 수호하여 실수함이 없게 하라."

나중에 혹 도적을 맞더라도 모두 멀리 가기 전에 붙들렸는데 이렇게 하기를 네 차례나 거듭하였다. 헌종(憲宗)이 대감선사(大鑑禪師)라 시호하고, 탑은 원화 영조(元和靈照)라 하였다.

송나라 개보(開寶) 때에 왕사(王師)가 남해를 평정할 때에 유(劉)씨의 패잔병이 장난하여 대사의 탑과 절이 쓰러지고 불탔으나 대사의 유해는 탑을 지키는 스님들에 의해 하나도 손상함이 없었다. 이어 다시 짓는 일이 시작되었는데 공사가 끝나기 전에 대종(大宗)이 즉위하여 선문(禪門)에 마음을 기울여서 훨씬 더 장엄스럽게 꾸몄다.

대사가 당의 개원(開元) 1년(713) 계축에 입멸하신 이래 지금의 경덕(景德) 원년(1004) 갑진에 이르기까지는 무릇 292년이요, 법을 받은 이는 인종법사 등 33인이 한 지방에서 교화하여 정통으로 알려졌고, 그밖에도 이름과 자취를 감춘 이는 헤아릴 수 없는데 이제 제방의 전기에는 간략히 열 아홉 사람만을 기록하고 결 가지라 하였다.

a. 굽다삼장(堀多三藏)과 법해선사(法海禪師)

굽다삼장은 천축 사람이었다. 동으로 소양(韶陽)까지 왔다가 6조를 만나 첫마디 법문에 깨달았다. 뒤에 오대산을 돌아보고 다시 정양현(定襄縣)으로 가는 도중에 마을을 지나다가 어떤 스님이 띠로 암자를 꾸미고 앉아 있는 것을 보고 물었다.

"그대 혼자 앉아서 무엇을 하는가?"

"조용함을 관찰합니다."

"관찰하는 이는 누구이며, 고요하다 함은 어떤 물건인가?"

그 스님이 새삼 절을 하고서 물었다.

"그게 모슨 도리입니까?"

"그대는 어찌하여 스스로의 조용함을 돌이켜 관찰하지 않는가?"

그 스님이 멍청해서 어쩔 줄을 모르니, 삼장이 다시 말했다.

"그대는 누구의 제자인가?"

"신수대사의 제자입니다."

"나는 서역 한 외도로서 가장 낮은 근기의 사람이건만 그런 소견에 빠지지는 않았다. 혼자 오똑히 앉아 있은들 도에 무슨 관계가 있으랴."

"누구를 스승으로 섬기셨습니까?"

"나의 스승은 6조대사이다. 그대는 어찌하여 빨리 조계로 가서 의심을 결단하지 않는가?"

그 스님이 바로 6조를 찾아 뵙고, 앞의 일을 자세히 사뢰니 가르침을 주는데 삼장의 말과 꼭 맞으므로 깊이 믿게 되었다. 그 뒤에 삼장은 어찌 되었는지 모른다.

법해스님은 곡강(曲江) 사람이다. 처음에 6조를 보고 물었다.

"마음이 곧 부처라 하니, 자세히 설명해 주십시오."

"앞생각이 나지 않으면 마음이요, 뒷생각이 멸하지 않으면 부처님이며, 온갖 형상을 이루면 마음이요, 온갖 형상을 여의면 부처이다. 내가 구족히 말하자면 몇 겁이 지나도 다하지 못한다. 나의 게송을 들으라."

즉심명혜(卽心名慧)
즉불내정(卽佛乃定)
정혜등지(定慧等持)
의중청정(意中淸淨)

마음 그대로가 지혜요
부처 그대로가 선정이니
선정과 지혜를 균등히 하면
마음속이 청정해진다.

오차법문(悟此法門)
유여습성(由汝習性)

용본무생(用本無生)
쌍수시정(雙修是正)

이 법문을 깨닫는 것은
그대의 습성에 의하나니
본래 생멸없음으로써
겸하여 닦는 것이 옳다.

법해(法海)가 믿음으로써 받아들이고 다시 게송으로 찬탄하였다.

즉심원시불(卽心元是佛)
불오이자굴(不悟而自屈)
아지정혜인(我知定慧因)
쌍수리제물(雙修離諸物)

마음 그대로가 원래 부처이거늘
깨닫지 못해서 못난 짓 했구나.
선정과 지혜의 참된 원인은
겸해 닦아서 모든 것을 떠나야 하겠느니라.

b. 지성선사(志誠禪師)와 효료선사(曉了禪師)

지성스님은 길주의 태화(太和) 사람이다. 어릴 때에 형남(刑南)의 당양산(當陽山) 옥천사(玉泉寺)에서 신수선사를 섬기었는데 나중에 두 종파가 성대히 교화를 펴게 됨에 따라 신수의 무리들이 왕왕히 남종(南宗)을 비방하기 시작했다.
"혜능대사(慧能大師)는 글자 하나도 모르거늘 무슨 장점이 있겠는가."
신수가 타일렀다.
"그는 스승이 없이도 깨닫는 지혜를 얻어서 최상승의 도리를 깊이 깨달았으

니 나의 따를 바가 아니다. 또 나의 스승인 5조께서 친히 법의와 법을 전해 주
셨으니 어찌 예사로운 일이겠는가. 다만 한스러운 일은 멀리 찾아가서 자주 뵈
옵지 못하고, 헛되이 국가의 은혜를 받는 일이 부끄럽다. 그대들은 여기에 막
혀 있지 말고 빨리 조계로 가서 의심을 풀라. 그리하여 돌아오거든 다시 나에
게 그의 설법을 옮겨 말해주기 바란다."

대사(志誠)가 이 말을 듣고, 절하고 물러가서 소양에 가서 대주의 청해 묻는
뒤를 따라 들어가서 자기의 성명을 대지 않고 있었다. 이때에 6조가 말했다.
"그대의 스승은 어떻게 대중을 가르치는가?"
"마음을 머물러 고요함을 관찰하고 오래 앉아서 눕지 말라 하십니다."
"마음을 머물러 고요함을 관찰하는 것은 선정이 아니며, 오래 앉아 눕지 않
고 몸을 구속하는 것은 진리에 무슨 도움이 되겠는가. 나의 게송을 들으라."

생래생불와(生來生不臥)
사거와불좌(死去臥不坐)
원시취골두(元是臭骨頭)
하위입공과(何爲立功過)

생전 앉아서 눕지 않고
죽으면 누어서 앉지 못하나
원래가 냄새 나는 뼈무더기로
어떻게 공로와 허물을 세우랴.

"대사께서는 어떤 법으로 사람을 가르치시나이까?"
"내가 어떤 법을 남에게 준다 하면 이는 그대를 속이는 것이니, 다만 방소를
따라 결박을 푸는 것을 거짓으로 삼매라 한다. 나의 게송을 들으라."

일체무심자성계(一切無心自性戒)

일체무애자성혜(一切無碍自性慧)
부증불퇴자금강(不增不退自金剛)
신거신래본삼매(身去身來本三昧)

온갖 일에 무심함이 자성의 계요
온갖 일에 걸림없음이 자성의 혜요
더하지도 물러나지도 않음이 자성의 금강이요
몸이 가건 오건 그대로가 삼매다.

대사가 게송을 듣고 곧 뉘우쳐 감사하면서 한 게송을 바쳤다.

오온환신(五蘊幻身)
환하구경(幻何究竟)
회취진여(廻趣眞如)
법환부정(法還不淨)

오온은 거짓 몸이니
거짓이 어찌 끝이 있으리오
돌이켜 진여에로 향하면
그 법이 도리어 부정하도다.

조사가 그렇다고 여기면서 바로 옥천사로 돌아갔다.

법해스님은 전기는 전하지 않으나 오직 북종(北宗)의 문인인 홀뇌징(忽雷澄)이 지은 비명(碑銘)만이 세상에 성대히 유행되고 있으니, 대략 간추려보면 다음과 같다.

"대사는 변첨산에 살았으니, 호는 효료이며, 6조의 맏제자이다. 대사는 마음 없는 마음을 얻었고 형상없는 형상을 깨달았으니, 형상 없음이라 함은 삼라만상이 눈에 어지러움이요, 마음없음으로 함은 분별이 불꽃같이 번거로움이다. 한 마디의 말이나 한 메아리도 없어서, 메아리를 전할 수 없거늘 전해서 행했고, 말로 궁구할 수 없으므로 궁구하면 그르다. 대사는 스스로가 없음이 없는 없음을 없앴으나 없음을 없애지는 않고, 나는 이제 있음이 있는 있음으로 있음을 있게 하려 하지 않는다. 있지 않는 있음은 가고 옴에는 더하지 않고, 없음이 아닌 없음은 열반에 줄지 않는다. 아, 대사께서 세상에 계시니, 조계가 밝았고, 대사께서 열반에 드시니, 법의 나룻배가 기울었다. 대사께서 말없는 설법을 하시니 천지에 가득했고, 대사께서 미혹한 무리에게 길을 가리키시니 요의(了義)의 대승이로다. 변첨산 빛은 여전히 옛 빛을 드리우는데 빈 골짜기에 효료의 이름만이 남았네."

c. 지황선사(知隍禪師)와 법달선사(法達禪師)

지황선사는 처음에 5조의 법석에 참석했었는데 일찍이 의심을 물어 결단했으나 여전히 점수의 점행(漸行)에서 맴돌고 있더니, 나중에 하북(河北)에 가서 암자를 짓고 20년 동안이나 계속 앉았으나 잠시도 게을리 하는 기색이 없었다.

그러다가 6조의 문인인 책선사(策禪師)가 그 지방을 지나다가 부지런히 법요(法要)를 구하라고 격려해 줌을 만나 암자를 버리고 6조께 가서 뵈웠다.

6조는 그가 멀리왔음을 가엾이 여겨 선뜻 깨우쳐주니, 대사는 그 말 끝에 활연히 깨달아 20년 동안 얻은 마음이 도무지 자취도 없이 되었다. 그날 밤에 하북의 단월인 여러 거사들은 갑자기 공중에서 이런 소리가 나는 것을 들었다.

"황선사가 오늘 도를 얻었다."

나중에 하북으로 돌아가서 4중을 교화했다.

법달스님은 7세에 출가하여 ≪법화경≫을 읽었다. 구족계를 받은 뒤에 조사(6조)께 와서 절을 하는데 머리가 땅에 닿지 않으니, 조사가 꾸짖었다.

"땅에 닿지 않게 절을 하려면 절을 하지 않는 것과 다른 것이 무엇이냐. 그대의 마음 속에 반드시 어떤 물건이 쌓였으리니, 그것이 무엇이냐?"

"≪법화경≫을 읽기 시작하여 이미 3천 부에 이르렀습니다."

"그대가 만 부를 읽어서 경의 뜻을 알았더라도 수승하게 여기지 않게 된다면 나와 같이 행할 수 없다. 그대는 지금 이 사업을 짊어지고 있으면서도 전혀 허물이 되는 줄을 모르고 있구나. 나의 게송을 들으라."

예본절만번(禮本折慢幡)
두해불지지(頭奚不至地)
유아라즉생(有我罪卽生)
망공복무비(亡功福無比)

절은 본래 아만을 꺾자는 것
어찌하여 머리가 땅에 닿지 않는가.
'나'라는 생각 두면 죄가 생기고
공명심이 없으면 공덕이 한량없다.

조사가 또 말했다.
"그대의 이름이 무엇인가?"
"법달(法達)입니다."
"그대의 이름이 법달, 즉 법을 깨쳤다면 무슨 법을 통달했는가. 다시 게송을 들으라."

여금명법달(汝今名法達)
근송미휴헐(勤誦未休歇)
공송단순성(空誦但循聲)
명심호보살(明心號菩薩)

그대의 이름이 법달이건만
부지런히 읽기를 쉬지 않구나.

공연히 외우면 소리만을 내는 것
마음을 밝혀야 보살이라 한다네.

여금유연고(汝今有緣故)
오금위여설(吾今爲汝說)
단신불무언(但信佛無言)
연화종구발(蓮華從口發)

그대와는 인연이 있기 때문에
그대에게 분명히 말해주노니
부처님의 말씀이 없었음을 믿으면
연꽃이 입에서 솟아나리라.

대사가 게송을 듣고 허물을 뉘우치면서 말했다.
"지금부터는 온갖 일에 겸양하고 공손하겠으니, 바라건대 화상께서 자비를
베푸시어 경에서 주장한 이치를 말씀해 주십시오."
"그대가 이 경을 읽었다 하니 무엇으로 종취(宗趣)를 삼는가?"
"학인이 어리석어서 원래 글자만을 읽었으니, 어찌 종취를 알겠습니까."
"그렇다면 내 앞에서 한 번 외워보라. 내가 설명해 주리라."
대사가 곧 큰소리로 외워서 방편품(方便品)까지 이르렀을 때에 조사가 말했다.
"그만 두라. 이 경은 원래 어떤 인연을 위하여 세상에 나타나심으로써 종취
를 삼는다. 아무리 갖가지 비유를 많이 말했다 하여도 이에서 벗어나지 않는
다. 무엇이 인연인가. 오직 하나의 큰 일이다. 하나의 큰 일이라 함은 곧 부처
의 지견(知見)이니, 그대는 행여라도 경의 뜻을 잘못 알지 말라. 경에 열어 보
이고 깨닫고 듣게하는 것은 부처의 지견이다."
"그렇다면 이치만을 알고, 경을 읽을 필요가 없을까요."
"경에 무슨 허물이 있기에 그대의 생각에 장애를 주리요. 다만 미혹과 깨달
음은 사람에게 있고 손해와 이익은 그대에 의할 뿐이다. 나의 게송을 들으라."

심미법화경(心迷法華輕)
심오전법화(心悟轉法華)
송구불명기(誦久不明己)
여의작수가(與義作讐家)

마음이 미혹하면 법화가 나를 읽고
마음을 깨달으면 내가 법화를 읽네
오래 읽어도 마음을 밝히지 못하면
이치와는 영원히 원수가 된다.

무념념즉정(無念念卽正)
유념념성사(有念念成邪)
유무구불계(有無俱不計)
장어백우거(長御白牛車)

생각이 없어지면 생각은 바르고
생각이 남았으면 삿됨을 이루나니
있음 없음을 계교치 않으면
영원히 백우거(白牛車)를 타리라.

대사가 게송을 듣고 다시 물었다.

"경에 말씀하시기를 '여러 성문들과 내지 보살들이 모두 생각하고 따져도 부처의 지혜를 헤아리지 못한다' 하였는데, 이제 범부들로 하여금 스스로의 마음만 깨닫기만 하면 부처의 지견이라 하시니, 상근(上根)의 무리가 아니면 의심과 비방을 면치 못하겠습니다. 또 경에서 세 수레를 말씀하셨는데 큰 소 수레와 흰 소 수레가 어떻게 다릅니까?"

"3승 사람들이 부처님의 지혜를 헤아리지 못하는 까닭은 헤아리고 따지기 때문이다. 경문에 분명히 말씀하시기를 '둘도 없고 셋도 없다' 하였거늘 그대는

어찌하여 살피지 않는가. 세 수레는 거짓이니, 지난 날을 위한 까닭이요, 1승
은 실제이니, 지금을 위한 까닭이다. 다만 그대로 하여금 거짓을 버리고 실제
에 나아가게 하기 위할 뿐이니, 실제에 돌아간 뒤에는 이름조차도 없다. 거기
에 있는 진기한 재물은 모두가 그대의 것이요, 모두가 그대들이 수용할 것이
다. 다시는 아버지라는 생각도 말고 아들이라는 생각도 말고 생각하려고도 말
라. 이것이 법화경을 바르게 가지는 것이다."
　　대사는 조사의 일깨워줌을 받고 뛸 듯이 기뻐하면서 게송으로 찬탄했다.

　　　경송삼천부(經誦三千部)
　　　조계일구지(曹溪一句之)
　　　미명출세지(未明出世旨)
　　　녕헐루생광(寧歇累生狂)

　　　3천번이나 외운 경론을
　　　조계의 일구에 다 얻었네
　　　출세의 뜻을 밝히지 못하면
　　　진실로 미친 삶을 살리라.

　　　양록우권설(羊鹿牛權說)
　　　초중후선양(初中後善揚)
　　　수지화실내(誰知火室內)
　　　원시법중왕(元是法中王)

　　　양과 사슴과 소를 거짓 베풀어
　　　처음과 중간과 나중의 선을 말하나
　　　불난 집 안에 여러 아이가
　　　원래부터 법왕임을 누가 알았으랴.

조사가 말했다.
"그대는 지금부터 경문을 외우는 스님이라 부르라."
대사는 이로부터 현묘한 이치를 깨닫고 또 경 외우기를 쉬지 않았다.

d. 지통선사(智通禪師)와 지철선사(志徹禪師)

지통스님은 수주(壽州)의 안풍(安豊) 사람이다. 처음에 ≪능가경(楞伽經)≫을
3천번이나 읽었으나 3신(身)·4지(智)의 이치를 알지 못하여 조사께 물었다.
"삼신이라 함은 청정법신(淸淨法身)은 그대의 성품이요, 원만보신(圓滿報身)은
그대의 지혜요, 천백억화신(千百億化身)은 그대의 행이다. 만일에 본 성품을 떠
나서 따로이 3신을 말한다면 몸은 있으나 지혜가 없다 하는 것이요, 3신이 제
성품이 없음을 깨달으면 4지의 보리라 한다. 나의 게송을 들으라."

자성구삼신(自性具三身)
발명성사지(發明成四智)
불리견문연(不離見聞緣)
초연발불지(超然發佛地)

제 성품에 3신이 갖추어졌고
발명하면 4지를 성취하나니
듣고 보는 인연을 여의지 않고
초연히 부처 지위에 오르다.

오금위여설(吾今爲汝說)
제신영무미(諦信永無迷)
막학치구자(莫學馳求者)
종일설보리(終日說菩提)

내가 이제 그대에게 말하노니
자세히 믿으면 영원히 미혹 없다.
이리 저리 구하는 이를 배우지 말라.
종일토록 보리를 말할 뿐이다.

대사가 물었다.
"4지의 이치를 들려주십시오."
"3신을 알면 4지는 자연히 밝아진다. 어찌 다시 물을 필요가 있으랴. 만일에 3신을 떠나서 4신을 말한다면 이는 지혜는 있으나 몸이 없다는 것이고, 이 지혜 없음에 의하여 도리어 지혜 없음을 이루어야 한다. 다시 게송을 들으라."

대원경지성처정(大圓鏡智性清淨)
평등성지심무병(平等性智無病)
묘관찰지견비공(妙觀察智見非功)
성소작지동원경(成所作智同圓鏡)

대원경지는 성품이 청정하고
평등성지는 마음에 병이 없고
묘관찰지는 보지만 공덕이 아니요
성소작지는 큰 둥근 거울과 같다.

오팔육칠과인전(五八六七果因轉)
단용명자무실성(但用名者無實性)
약어전처불등정(若於轉處不等情)
번흥영처나가정(繁興永處那伽定)

5·8·6·7이 결과와 원인에서 움직이나
이름과 말만이 있을뿐 진실한 성품은 없다.

만일 움직이는 자리에 감정을 두지 않으면
번거로이 일으켜도 영원히 나가정에 든다.

대사가 게송으로 대답했다.

삼신원아체(三身元我體)
사지본심명(四智本心明)
신지체무애(身智體無碍)
응물임수형(應物任隨形)

3신이 원래 나의 본체요
4지가 본래 마음의 광명이니
몸과 지혜가 원융하여 무애하면
중생을 교화하되 마음대로 나타나네.

기제개망동(起諸皆妄動)
수주광진정(守住匡眞精)
묘언인사효(妙言因師曉)
종망오염명(終亡汚染名)

일으키고 닦는 것 모두가 망동이요
지키고 머무는 것 참된 정진 아니니
묘한 말씀 스승께 깨닫고 나니
끝끝내 더러운 이름은 없어졌네.

지철선사는 강서 사람이다. 성은 장(張)씨이고, 이름은 행창(行昌)이다. 어릴 때에 협객이라는 남북의 종(宗)이 갈린 뒤로 시비가 분분하자 북종의 문인들이 제멋대로 신수대사를 6조로 삼고, 혜능대사를 시기하였다. 그러나 조사(慧能)는 보살이어서 미리 그런 일을 알고 돈 20냥을 방장(方丈)에 놓고 있었다.

이때에 행창이 북종 문인들의 촉탁을 받고 칼을 품고 조실에 들어가서 해치려 했다. 조사가 목을 늘여 칼 앞에 대자 행창이 세 번이나 쳤으나 도무지 다치지를 않았다. 조사가 타일렀다.

"바른 칼은 삿되지 않고, 삿된 칼은 바르지 않다. 다만 너에게 돈을 빚졌을지언정 목숨을 빚진 일은 없다."

행창이 놀라 까무라쳤다가 오랜만에 깨어나 사과하고 곧 출가할 뜻을 말하니 조사는 곧 돈을 주면서 말했다.

"속히 떠나라. 악당들이 다시 너를 해칠까 걱정이다. 다음 날 형상을 바꾸어 가지고 오라. 그 때에는 너를 받아주리라."

행창이 분부를 받고 밤중에 도망을 하여 끝내는 어떤 스님의 제자가 되어 계를 받고 부지런히 정진하였다. 하루는 조사의 말을 기억하고 멀리 와서 절하고 뵈오니, 조사가 말했다.

"내가 오랫동안 그대를 생각했거늘 그대는 어찌하여 늦게 왔는가."

"전에 화상께서 용서해 주심을 받고, 이제 출가하여 고행하였으나 끝내 깊은 은혜를 보답하기 어렵거늘 하물며 법을 전해 중생을 제도하는 일이겠습니까. 제자가 일찍이 ≪열반경≫을 보았는데 항상함과 무상함의 이치를 알지 못하겠으니, 바라옵건대 화상께서 자비를 베푸시어 설명해 주십시오."

"무상함이란 불성이요, 항상함이란 착하고 악한 온갖 법을 분별하는 마음이니라."

"화상께서 말씀하신 바는 경문과 크게 어긋납니다."

"나는 부처님의 정법을 전해 받았거늘 어찌 부처님의 말씀을 어기리요."

"경에서는 늘 '불성은 항상하다' 했거늘 화상께서는 도리어 '무상하다' 하셨고, 선하거나 악한 온갖 법과 내지 보리의 마음은 모두가 무상하다 하였거늘 화상께서는 도리어 '항상하다' 하시니, 이것이 어기는 바가 아닙니까?"

"그대가 알겠는가. 불성이 항상하다면 어찌 다시 착하거나 악한 법들을 말하겠는가. 이 겁이 다하더라도 한 사람도 보리의 마음을 낼 리가 없으리라. 그

러므로 내가 말하기를 무심이라 하노니, 이것이 진정코 부처님이 말씀하신 참
으로 항상함의 도리이다. 또 온갖 선악의 법이 무상하다면 물건마다 모두가
생사를 받아들일 제 성품이 있고, 참으로 항상한 성품이 두루하지 않은 곳이
있어야 하다. 그러므로 내가 항상하다고 말한 것은 바로 부처님이 말씀하신
참으로 무상함의 도리이다. 부처님은 범부나 외도들이 삿된 항상함에 집착된
이와 2승들이 항상함을 무상하다고 계교함으로써 모두 여덟 가지 뒤바뀜을 이
루기 때문에 ≪열반경≫의 요의(了義) 법문에서 그러한 치우친 소견을 무찌르
고 참으로 항상함과 '나'와 깨끗함을 드러내어 말씀하셨는데 그대는 지금 말에
따라 이치를 등져서 아주 없어짐의 무상과 확정된 죽음이 항상함으로써 부처
님의 원묘한 마지막 말씀을 해석하려 하니, 설사 천 번을 읽는다 한들 무슨
이익이 있으랴."

행창이 술에서 깨어난 듯 하면서 게송을 말했다.

인수무상심(因守無常心)
불연유상임(佛演有常任)
부지방편자(不知方便者)
유춘지집력(猶春池執礫)

무상한 마음을 지키는 끝에
부처님은 항상하다 주장하니
방편을 알지 못하는 이는
봄 못에서 기왓쪽을 줍는 것 같네.

아금불시공(我今不施功)
불성면견전(佛性面見前)
비사상수여(非師相授與)
아역무소득(我亦無所得)

나는 이제 애를 쓰지 않고도
불성이 눈 앞에 버젓이 나타났으니
스승께서 주신 바도 아니요
나도 얻은 바가 없다네.

조사가 말하기를 너는 이제 철저히 알았으니, 지철이라 부르라 하니 절하고 물러갔다.

e. 지상선사(智常禪師)와 지도선사(志道禪師)

지상선사는 신주의 귀계(貴谿) 사람이다. 더벅머리 시절에 스님이 되어 견성(見性)하기를 목표로 삼다가 하루는 6조를 뵈러 가니, 조사가 물었다.

"어디서 왔으며, 무엇을 구하는가?"

학인은 요사이 홍주 건창현 백봉산(白峯山)에 살면서 대통화상(大通和尙 : 신수)에게 뵈었더니, 견성성불하는 이치를 보여주었는데 아직도 의심을 해결치 못했습니다. 길주(吉州)로 가는 길에 사람을 만났는데 미혹함을 지적하고, 화상께 귀의하라 하였습니다. 바라건대 자비로써 거두어 주십시오."

"그가 무어라 하든가. 내 앞에서 말해보라. 그대에게 증명해주리라."

"처음 거기에 간 지 석 달 동안은 아무런 지시도 받지 못했는데 법을 위하는 마음이 간절했으므로 밤중에 홀로 방장에 들어가 절하고 간절히 청하니, 대통이 그제야 말하기를 '너는 허공을 보았느냐' 하여 '보았다' 하니 '그 허공에 형상과 모양이 있음을 보았느냐' 다시 물었습니다. 제가 대답하기를 '허공은 형상도 없거늘 무슨 모양이 있겠습니까' 하니 '너의 본 성품이 마치 허공과 같다. 제 성품을 돌이켜 관찰하면 한 물건도 보일 것이 없나니, 이것을 바르게 본다 하고 한 물건도 알 것이 없으니, 이것을 참으로 안다 하느니라. 푸르고 누르고 길고 짧음이 없고 다만 근본이 청정하고 각의 본체가 청정함을 보게 되리니, 이것이 곧 견성성불이며 또는 극락세계라 하며 또는 여래의 지견(知見)이라 한다' 하였습니다."

"그 대사의 말은 아직도 소견과 알음알이가 남아 있으므로 그대로 하여금 깨닫게 해주지 못한다. 내가 이제 한 게송을 일러주리니 들으라."

　불견일법존무견(不見一法存無見)
　대사부운차일면(大似浮雲遮日面)
　부지불법수공지(不知不法守空知)
　환여태허화섬전(還如太虛火閃電)

　한 법도 보지 않는다는 생각이 있으면
　마치 뜬구름이 해를 가린 것 같고
　한 법도 알지 못해도 아는 것 없다는 생각이 있으면
　이는 허공에 번개가 번득이는 것 같네.

　차지지견별연흥(此之知見瞥然興)
　착인하증해방편(錯認何曾解方便)
　여당일념자지비(汝當一念自知非)
　자기령광상현견(自己靈光尙顯見)

　이러한 소견이 깜짝 사이에 일면
　잘못 알았거늘 어떻게 방편을 알랴
　그대가 한 생각에 허물을 안다면
　스스로의 영광(靈光)이 항상 비치리

대사가 게송을 듣고 마음이 홀연해져서 다음과 같이 게송을 읊었다.

　무단기지해(無端起知解)
　약상구보리(若相求菩提)
　정존일념오(情存一念悟)

영월석시미(寧越昔時迷)

까닭 없이 알음알이를 일으켜
형상에 집착되어 보리를 구했다.
망정을 두고선 한 생각 깨달은들
옛날의 미혹함을 어떻게 초월하리

자성각원체(自性覺圓體)
수조정천류(隨照柾遷流)
불입조사실(不入祖師室)
망연취양두(茫然趣兩頭)

제 성품은 깨달음의 근원이기를
비침을 따라 까닭없이 헤매었나니
조사의 방장에 들지 않았더라면
까마득히 두 길을 갈팡질팡 했으리.

지도선사는 남해 사람이었다. 처음 6조화상에 와서 말했다.
"학인이 출가한 이래 ≪열반경≫을 10년이나 읽었지만 아직도 대의를 밝히지
못하였으니, 바라건대 화상께서 가르쳐 주십시오."
"≪열반경≫의 어디를 모르는가."
"모든 행(行)이 무상하니, 이것이 생멸의 법칙이다. 생멸이 다 사라진 뒤에는
적멸이 쾌락이 된다 하였는데 거기를 모르겠습니다."
"어떻게 의심이 나는가."
"온갖 중생은 모두가 두 가지 몸이 있는데 하나는 육신이요, 또 하나는 법신
입니다. 육신은 무상하여 생멸이 있지만 법신은 영원하여서 알음도 깨달음도
없습니다. 그런데 경에서 말씀하시기를 '생멸이 다 사라진 뒤에 적멸이 즐거움
이 된다' 하였으니, 어느 몸이 적멸이 되며, 어느 몸이 즐거움을 받습니까. 만

일 육신이라면 숨이 끊일 때에 완전히 괴로우니 괴로움을 즐겁다 하지 못할 것
이요, 법신이 적멸이 된다면 초목이나 기왓쪽 같으리니 누가 즐거움을 느끼겠
습니까. 또 법성은 생멸의 본체요, 5온은 생멸의 작용이니, 한 본체 위의 다섯
가지 작용으로서 생멸은 항상합니다. 생은 본체에서 작용을 일으킨 것이요, 멸
은 작용을 거두어서 본체로 돌아간 것인데 만일 다시 난다는 말을 긍정한다면
유정들은 끊이지도 않고 멸하지도 않을 것이요, 다시 난다는 말을 긍정치 않으
면 영원히 적멸로 돌아가서 무정물과 같게 될 것입니다. 그렇다면 온갖 법은
모두가 열반에게 짓눌리어 나지도 못하거늘 무슨 즐거움이 있겠습니까.”

“그대는 스님이면서도 어찌하여 외도의 삿된 소견을 익히어 가지고 최상승(最
上乘)의 법을 따지려 하는가. 그대의 소견에 따르건대 육신 밖에 따로 법신이
있고, 생멸을 떠나서 적멸을 구하는구나. 또 열반의 항상 즐거움을 추측하되 받
는 이가 있으리라 하니, 이는 생사에 집착되어 세상 쾌락을 탐하는 것이다. 그
대는 잘 알아야 한다. 부처님은 온갖 미혹한 사람들이 5온의 화합을 그릇 알아
자기의 본체로 여기고, 온갖 법을 분별하여 바깥 경계라 여기고, 살기를 좋아하
고 죽기를 싫어하여 끊임없이 생사에 헤매고, 꿈같이 허망한 것임을 몰라 헛되
이 바퀴 돌 듯하는 헤매임에 빠지고, 항상 즐거움인 열반을 도리어 괴로움이라
여기어 종일토록 쏘다니니, 부처님께서 이를 가엾이 여기어 열반의 진정한 즐거
움을 보이시니, 찰나에도 나는 형상이 없고 찰나에도 멸하는 형상이 없으며, 따
라서 없앨만한 생멸도 없다. 이것이 적멸이 나타나는 것이다. 이렇게 나타날 때
에 나타나는 부피도 없으므로 그를 항상 즐거움이라 한다. 이 즐거움은 받는 이
도 없고, 받지 않는 이도 없거늘 어찌 한 본체에 다섯 작용이라는 이름이 있으
랴. 하물며 열반이 모든 법을 짓눌러서 영원히 나지 못하게 한다 하니 그야말로
부처를 비방하고 법을 헐뜯는 것이다. 나의 게송을 들으라.”

무상대열반(無上大涅槃)
원명상적조(圓明常寂照)
범우위지사(凡愚謂之死)

외도집위단(外道執爲斷)

위없는 큰 열반이
뚜렷이 밝아서 항상 고요하니
어리석은 이는 죽음이라 하고
외도들은 아주 없음이라 여긴다.

제구이승인(諸求二乘人)
목이무위작(目以無爲作)
진속정소계(盡屬情所計)
육십이견본(六十二見本)

2승을 구하는 사람들은
무위의 작용이라 하거니와
모두가 망정으로 따지는 일이니
62견의 근본이 된다.

망립허가명(妄立虛假名)
하위진실의(何爲眞實義)
유유과시인(唯有過是人)
통달무취사(通達無取捨)

허망하게 거짓 이름을 부쳤거늘
어떻게 진실한 이치라 하겠는가
오직 동떨어진 사람이라야
취하고 버릴 것 없는 줄 알리라.

이지오온법(以知五蘊法)

급이온중아(及以蘊中我)
외현중색상(外現衆色象)
일일음성상(一一音聲相)

5온의 법을 알고
5온 속의 '나'도 앎으로써
겉으로 뭇 형상을 나타내고
낱낱 음성의 형상도 나타낸다.

평등여몽환(平等如夢幻)
불기범성견(不起凡聖見)
부작열반해(不作涅槃解)
이변삼제단(二邊三際斷)

평등하여 꿈과 같음을 알아
범부와 성인의 견해를 내지 않고
열반이란 견해도 짓지 않으면
2변(二邊) 3제(三際)가 끊어지리라.

상응제근용(常應諸根用)
이불기용상(而不起用想)
분별일체법(分別一切法)
불기분별상(不起分別想)

항상 모든 감관에 응하여 작용하나
작용한다는 생각을 일으키지 않고

온갖 법을 분별해 따지지만

분별한다는 생각을 일으키지 않는다.

겁화소해저(劫火燒海底)
풍고산상격(風鼓山相擊)
진상적멸락(眞常寂滅樂)
열반상여시(涅槃相如是)

겁의 불이 바다 밑까지 태우고
바람이 산봉우리를 두드려대도
참되고 항상한 적멸의 쾌락인
열반의 모습은 여전히 태연하다.

오금강언설(吾今彊言說)
금여사사견(今汝捨邪見)
여물수언해(汝勿隨言解)
허여지소분(許汝知少分)

내가 이제 억지로 설명을 해서
그대의 삿된 소견 버리게 하노니
그대가 말에 따라 끄달리지 않으면
그대가 조그만치 알았다 하리라.

대사가 게송을 듣고 기뻐 뛰면서 절하고 물러갔다.

f. 인종화상(印宗和尙)과 청원선사(靑原禪師)

인종화상은 오군(吳郡)사람이다. 성은 인(印)씨였다. 스승을 만나 출가한 뒤엔
≪대열반≫에 능숙하였다. 당의 함형 원년에 서울에 갔더니 대경애사(大敬愛寺)

에 살라는 조칙이 있었으나 굳이 사양하고 근춘에 가서 홍인대사를 뵈었다.

나중에 광주 법성사에서 ≪열반경≫을 강의하다가 6조 혜능을 만나서야 비로소 현묘한 이치를 깨닫고, 혜능으로써 법사를 삼았다. 또 양(梁)으로부터 당(唐)에 이르기까지의 여러 선지식의 어록을 모아 심요집(心要集)을 저술하였는데 세상에 널리 알려지고 있다. 선천(先天) 2년(개원 원년 713) 2월21일에 회계산 묘희사(妙喜寺)에서 임종하니 수명은 87세요 회계의 왕 사건(師乾)이 탑과 비의 명을 지었다.

청원선사는 길주 안성(安城) 사람으로 성은 유(劉)씨였다. 어릴 때에 출가하였는데 매양 여러 사람들이 모여서 토론을 하면 대사만은 잠자코 있었다. 나중에 조계의 법석이 번성하다는 말을 듣고 가서 절하고 물었다.

"무엇을 힘써야 계급에 떨어지지 않겠습니까?"

"그대는 일찍이 무엇을 했었는가."

"거룩한 진리도 하지 않았습니다."

"어떤 계급에 떨어졌었는가?"

"거룩한 진리도 하지 않거늘 무슨 계급이 있겠습니까."

조사가 매우 기특히 여기어 회중에 무리가 아무리 많아도 언제나 대사를 우두머리에 있게 하니, 마치 2조가 말을 하지 않아도 달마대사가 말하기를 나의 골수를 얻었다 한 것과 같았다. 하루는 조사가 대사에게 말했다.

"옛부터 옷과 법을 합쳐서 스승과 제자 사이에 전했으니 옷은 믿음을 표시하고 법은 마음을 인가한 것이다. 나는 이제 사람을 얻었으니, 어찌 믿지 않을 것을 걱정하겠는가. 나도 옷을 전해 받은 뒤로 오늘까지 이렇듯 여럿이 환란을 당했는데 하물며 후대의 자손들이겠는가. 반드시 많은 싸움이 일어나리니, 옷은 산문(山門)에 남겨두고 그대는 힘에 따라 한 지방을 교화하여 끊이지 않게 하라."

청원선사가 법을 얻은 뒤에 길주 청원산 정거사(靜居寺)에 살았다. 6조가 열반에 들려 할 때에 희천(希遷 : 南嶽石頭和尚)이라는 사미(沙彌)가 와서 6조께 물었다.

"화상께서 열반에 드신 뒤에 누구에게 의지하리까?"

"생각사(思)자를 찾아가라."

조사가 세상을 떠난 뒤에 희천은 늘 조용한 곳에 단정히 앉아 죽은 듯이 고요하니, 제1좌가 물었다.

"그대의 스승은 이미 가셨는데 공연히 앉아서 무엇을 하느냐?"

"나는 유언받기를 생각사(思)자를 찾으라 하였소."

"그대의 사형(師兄)에 행사(行思)라는 이가 있는데 지금 길주에 산다."

희천이 이 말을 듣고, 곧 조사의 탑에 절하고 물러나서 바로 정거사로 가니 대사(行思)가 물었다.

"어디서 오는가?"

"조계에서 왔습니다."

"무엇을 얻으러 왔는가?"

"조계에 가기 전에도 잃은 것이 없습니다."

"그렇다면 조계에는 무엇하러 갔는가?"

"조계에 가지 않았던들 어찌 잃지 않은 줄 알았겠습니까?"

"조계대사께서도 화상을 아셨습니까?"

대사가 대답했다.

"그대는 지금 나를 아는가?"

"아는데 어찌 또 알아보겠습니까?"

"여러 짐승의 뿔이 많으나 기린의 뿔 하나로 만족한다."

희천이 다시 물었다.

"화상이 영(齡 : 曹溪山)에서 나온 지 얼마나 되십니까?"

"나는 모르겠다. 그대는 언제 조계를 떠났는가?"

"희천은 조계에서 오지 않았습니다."

"나는 그대가 갈 곳도 알고 있다."

"화상은 어른이신데 너무 조급히 서두르지 마십시오."

다른 날 대사가 다시 희천에게 물었다.

"어디서 왔다 했지?"

"조계에서 왔습니다."

대사가 불자(拂子)를 번쩍 들면서 물었다.

"조계에도 이런 것이 있던가?"

"조계 뿐이 아니라 인도에도 없습니다."

"자네는 일찍이 인도에 다녀온 것이 아닌가?"

"갔었다면 있을 것입니다."

"맞지 않으니, 다시 말하라."

"화상께서도 하나 반(一半)은 말씀하셔야 합니다. 학인 만은 완전히 속이지 마십시오."

"그대에게 말하기는 사양치 않으나 뒷사람이 알아듣지 못할까 걱정이다."

대사가 희천에게 편지를 주어 남악회양(南岳懷讓)에게 전하게 하면서 말했다.

"이 글을 전하고는 속히 돌아오라. 나에게 묵은 도끼 하나가 있는데 그대에게 주어 산에 살게 해주리라."

희천이 남악에 가서 채 글을 바치기 전에 물었다.

"여러 성인들을 사모하지 않고, 자기의 영혼도 소중히 여기지 않을 때는 어떠합니까?"

"그대의 질문이 너무 도도하다. 어찌하여 아래를 향해 묻지 않는가."

"차라리 영원한 겁의 생사에 헤매일지언정 성인들의 해탈을 사모하지 않습니다."

회양이 그만 두었다. 희천이 정거사로 돌아오니, 대사가 물었다.

"그대가 떠난 지 오래지 않았는데 글을 전달했는가?"

"소식도 통하지 않고 글도 전하지 않았습니다."

"왜 그랬는가?"

희천이 앞의 말을 자세히 보고 하고는 이에 말했다.

"떠날 때에 화상께서 '무딘 도끼를 주마' 하셨는데 지금 주십시오."

대사가 발 하나를 쭉 뻗어 드리우니, 희천이 절을 하였다. 그리고는 물러가서 남악으로 갔다.

하택신회(荷澤信會)선사가 와서 절하고 도를 물으니, 대사(行思)가 물었다.
"어디서 왔는가?"
"조계에서 옵니다."
"조계의 뜻하는 바가 어떻든가?"
신회가 몸을 흔들기만 하니, 대사가 말했다.
"아직도 기왓쪽이 막혔구나."
"화상께서는 요사이 진금을 사람들에게 주시지 않으셨습니까?"
"설사 주었다 한들 그대가 어디에 붙여서 간섭하겠는가."

어떤 스님이 물었다.
"어떤 것이 불법의 대의입니까?"
"노릉(盧陵)지방의 쌀값이 어떤가?"
대사는 석두희천에게 법을 전하고, 당의 개원 8년(720) 경신 12월 13일에 법당에 올라 대중에게 고하고 가부좌를 맺고 앉은 채 열반에 드니, 희종(僖宗)이 "홍제선사귀진의 탑(弘濟禪師歸眞之塔)"이라 시호를 내렸다.

g. 회양선사(懷讓禪師)와 현각선사(玄覺禪師)

회양선사는 두(杜)씨로 금주(金州) 사람이다. 15세에 형주 옥천사(玉泉寺)에 가서 홍경율사(弘景律師)에 의하여 스님이 되었다. 구족계를 받은 뒤에 율장을 익히었는데 하루는 혼자 탄식하기를 "출가한 이는 무위의 법을 배워야 한다" 하였다.
이때에 동학인 탄연(坦然)이 대사(懷讓)의 고매한 뜻을 짐작하고 숭산(嵩山)의 혜안화상(慧安和尙)에게로 가라고 권고했다. 혜안이 개발해 주심을 받고 다시 조계로 가서 6조께 참배하니 조사가 물었다.

"어디서 왔는가?"

"숭산(崇山)에서 왔습니다."

"어떤 물건이 이렇게 왔는가?"

"한 물건이라 해도 맞지 않습니다."

"닦아서 증득할 수가 있겠는가?"

"닦아 증득하는 것은 없지 않으나 더럽힐 수는 없습니다."

"이 더럽힐 수 없는 것이 곧 부처님들께서 전해 주신 것이다. 그대도 그렇고 나도 그렇다. 인도의 반야다라삼장의 예언에 의하건대 그대의 제자 가운데 망아지 하나가 끼어서 천하 사람을 다 밟아 죽인다 했으니 모두 네 마음 속에만 간직해 두고 너무 급히 말하지 말라."

대사가 활연히 깨닫고, 곁에서 시봉하기 15년만인 당의 선천 2년(개원 원년 713)에야 비로소 형악(衡岳)으로 가서 반야사(般若寺)에 살았다. 개원(開元) 때에 도일(道一 : 馬祖大師)이라는 사문이 전법원(傳法院)에서 매일 좌선을 하고 있었다. 대사는 그가 법기임을 짐작하고 곁에 가서 물었다.

"대덕(大德)은 좌선을 해서 무엇을 하시오."

"부처가 되려 합니다."

대사는 바로 나가서 벽돌 하나를 가지고 와서 절 앞의 바위 위에다 갈고 있었다. 도일이 이를 보고 물었다.

"스님. 무얼 하시렵니까?"

"거울을 만들려 하네."

"벽돌을 간다고 해서 어찌 거울이 되겠습니까?"

"좌선을 한들 어찌 부처를 이루겠는가."

"어찌하여야 하겠습니까?"

"사람이 수레를 몰고 가는데 수레가 가지 않으면 수레바퀴를 때려야 하는가, 소를 때려야 하는가."

도일이 대답이 없으니 대사가 다시 말했다.

"그대는 좌선을 배우는가, 앉은 부처(坐佛)를 배우는가. 만일 좌선을 배운다
면 좌선은 앉은 데 있지 않고, 만일 부처를 배운다면 부처는 일정한 형상이 아
니다. 머무를 곳이 없는 법에 대하여 취하고 버리려는 생각을 내지 말라. 그대
가 만일 앉은 부처가 된다면 그는 부처를 죽이는 일이고, 앉은 일에 집착한다
면 그 이치를 통달하지 못할 것이다."

도일이 대사의 가르침을 받고 마치 제호(醍醐)를 마신 것 같이 기뻐하면서
절하고 다시 물었다.

"어떻게 마음을 써야 무상삼매(無相三昧)에 부합되겠습니까?"

"그대가 심지법문(心地法門)을 듣는 것은 종자를 뿌리는 것 같고, 내가 법요
(法要)를 연설하는 것은 하늘에서 비를 뿌리는 것 같으니, 그대의 인연이 맞았
으므로 도를 보게 될 것이다."

"도는 빛이나 형상이 아니거늘 어떻게 보겠습니까?"

"심지법을 보는 눈이라야 도를 보나니, 무상삼매의 경우도 그렇다."

"이룸과 무너짐이 있습니까?"

"만일 이룸, 무너짐, 모임, 흩어짐 따위로써 도를 보면 도를 본 것이 아니다.
나의 게송을 들으라."

　　심지함제종(心地含諸種)
　　과택실개붕(過澤悉皆萌)
　　삼매화무상(三昧華無相)
　　하괴부하성(何壞復何成)

　　마음 땅에 여러 종자가 묻혔는데
　　비를 만나면 모두가 싹이 튼다
　　삼매의 꽃은 형상이 없거늘
　　무엇이 무너지고 무엇이 이뤄지랴.

도일이 깨우쳐 줌을 받고 마음과 뜻이 홀연히 열리어 시봉을 시작하여 10년

에 이르르니, 그의 경지는 점점 심오해졌다. 대사께 입실(入室)한 제자가 모두 여섯인데 그들에게 각각 인가하는 말을 해주었다.

"그대들 여섯 사람이 함께 나의 몸을 증득하여 제각기 한 부분에 계합되었으니, 하나는 나의 눈썹을 얻어서 위의에 능숙하고(常浩), 하나는 나의 눈을 얻어서 눈짓에 능숙하고(智達), 하나는 나의 코를 얻어서 공기를 아는데 능숙하고(神照), 하나는 나의 혀를 얻어서 이야기에 능숙하고(嚴峻), 하나는 나의 마음을 얻어서 고금을 아는데 능숙하다(道一)."

또 말하였다.

"온갖 법이 마음에서 생기는데 마음은 생기는 바가 없고, 법은 머무는 곳이 없다. 만일에 마음을 통달하면 하는 일마다 걸림이 없나니 상근(上根)의 무리를 만나기 전에는 삼가는 것이 좋으리라."

어떤 대덕이 물었다.

"거울을 가지고 물상을 만들면 물상이 이루어진 뒤에는 거울의 밝음이 어디로 갑니까?"

"대덕의 어릴적 모습은 어디로 갔는가."

"다만 물상이 이루어진 뒤엔 어찌하여 비치지 못하는가 했을 뿐입니다."

"아무리 비치지는 않는다 하여도 조금도 속이지는 못한다."

나중에 마대사가 강서(江西)에서 교화를 펴고 있었는데 하루는 대사가 대중에게 말했다.

"요즘 도일이 무리에게 설법을 하더냐?"

"벌써부터 설법을 합니다."

"아무도 소식을 전해오는 이가 없구나."

대중이 잠자코 있었다. 그 때 스님께서 털끗 하나를 뽑아 보내면서 말하기를

"그가 법상에 오르기를 기다렸다가 그저 '어떠하오' 하고 물으라. 그리하여 '그가 대답하는 말을 낱낱이 기억해 오라' 하였다.

그 스님이 모든 것을 지시대로 하고 돌아와서 대사께 아뢰었다.

"마대사가 말하기를 '난리를 겪은지 30년 동안 한 번도 염장(鹽醬) 먹는 일을 폐지한 적이 없다' 하였습니다."

대사가 고개를 끄덕였다.

천보(天寶) 3년(744) 8월 11일에 형악(衡嶽)에서 열반에 드니 '대혜선사최승륜탑(大慧禪師最勝輪塔)'이라 시호를 내렸다.

현각스님의 성은 대(戴)씨이니, 어릴 때에 출가하여 삼장을 두루 탐구하였다. 특히 천태지관(天台止觀)으로 마음을 모으고 있더니, 나중에 좌계(左溪) 현랑선사(玄朗禪師)의 격려를 받고, 동양(東陽)의 책선사(策禪師)와 함께 조계로 갔다. 처음에 조계에 이르러 주장자와 병을 들고 조사(6조)를 세 번 도니 조사가 말했다.

"사문은 모름지기 3천 위의와 8만 세행(細行)을 갖추어야 하는데 대덕은 어디서 왔기에 도도한 아만을 부리는가?"

"생사의 일이 중대하고 무상이 신속하기 때문입니다."

"어찌하여 생멸 없음을 체득해서 신속 없는 도리를 요달치 않는가?"

"체득한다면 생멸이 없고, 요달함은 본래 신속도 없습니다."

"그렇다. 참으로 그렇도다."

이때에 대중이 모두가 깜짝 놀랐다. 대사는 그제야 비로소 위의를 갖추고 절을 하더니, 곧 하직을 아뢰었다. 조사가 말했다.

"너무 빠르지 않는가?"

"본래 요동치 않았거늘 어찌 빠를 것이 있겠습니까?"

"누가 움직이지 않음을 아는가?"

"스님께서 도리어 분별심을 내셨습니다."

"그대는 무생(無生)의 뜻을 매우 잘 터득하였구나?"

"무생이라면 어찌 뜻이 있겠습니까?"

"뜻이 없다면 누가 분별하는가?"

"분별하는 것도 뜻이 아닙니다."

조사가 탄복하면서 말했다.

"좋은 말이다. 하룻 밤이나 쉬어가라."

그리하여 그 때 사람들이 일숙각(一宿覺)이라 하였다. 책공(策公)이 대사를 만류하므로 깊은 곳에로 가면서 자세히 저술하였는데 경주(慶州) 자사(刺史) 위정(魏靖)이 모아서 서문을 내고, 10편으로 묶어서 영가집(永嘉集)이라 하니 모두가 세상에 널리 알려졌다.

그의 내용을 살펴보면
첫째, 도를 사모하고 위의에 뜻을 두게 한 것,
둘째, 교만과 사치를 경계한 것,
셋째, 삼업을 깨끗이 닦은 것,
넷째, 사마타(奢摩他)의 행을 닦은 것,
다섯째, 비바사나(毘婆舍那)의 행,
여섯째, 평등법,
일곱째, 3승의 점차를 보인 것,
여덟째, 현실과 진리가 다르지 아니한 것을 보인 것,
아홉째, 벗을 권고할 것,
열째, 서원을 세울 것 등이 그것이다.

특히 그 가운데 증도가(證道歌)는 많은 수행자들의 길잡이가 되었으므로 여기 소개하면 다음과 같다.

군불견(君不見)
절학무위한도인(絕學無爲閑道人)　　부제망상불구진(不除妄想不求眞)
무명실성즉불성(無明實性卽佛性)　　환화공신즉법신(幻化空身卽法身)
법신각료무일물(法身覺了無一物)　　본원자성천진불(本源自性天眞佛)
오음부운공거래(五陰浮雲空去來)　　삼독수포허출몰(三毒水泡虛出沒)

그대는 보지 못하는가 배움이 끝난 할 없는 도인은
망상을 제하지도 않고 참을 구하지도 않는 것을
무명실성이 곧 불성이고

환화공신이 곧 법신이다
법신을 깨달으면 한 물건도 없고
본원자성이 천진불이다
5음의 뜬구름이 공연히 왔다 갔다 하고
3독의 물거품이 헛되이 출몰한다.

증실상무인법(證實相無人法)   찰나멸각아비업(刹那滅却阿鼻業)
약장망어광중생(若將妄語誑衆生)   자초발설진사겁(自招拔舌塵沙劫)
돈각료여래선(頓覺了如來禪)   육도만행체중원(六度萬行體中圓)
몽리명명유육취(夢裡明明有六趣)   각후공공무대천(覺後空空無大千)

실상을 증하면 사람과 법이 없어
찰나에 아비(아비지옥)의 업을 멸각한다
만약 거짓말로 중생을 속이면
스스로 발설지옥에 들어가 진사겁을 지낼 것이다.
담박 여래선을 깨달으면
6도 만행이 몸 가운데 원만하다
꿈속에 밝고 밝게 6취가 있고
깨달은 후에는 비고비어 삼천대천세계가 없다.

무죄복무손익(無罪福無損益)   적멸성중막문멱(寂滅性中莫問覓)
비래진경미증마(比來塵鏡未曾磨)   금일분명수부석(今日分明須剖析)
수무념수무생(誰無念誰無生)   약실무생무불생(若實無生無不生)
환취기관목인간(喚取機關木人間)   구불선공조만성(求佛施功早晚成)

죄도 없고 복도 없고 손익도 없으니
적멸성 가운데서는 묻고 찾지 말라
지금까지 때낀 거울 아직 닦지 않았으니

오늘 분명히 나누어 분석해보라
누가 무념이고 누가 무생이라 하였는가
진실로 무생이면 생도 없고 생 아님도 없으니
누구든지 나무 사람을 불러 물어보라
불을 구해 공덕을 베풀면 조만간 성취하리라.

방사대막파착(放四大莫把捉)   적멸성중수음탁(寂滅性中隨飲啄)
제행무상일체공(諸行無常一切空)   즉시여래대원각(卽是如來大圓覺)
결정설표진승(決定說表眞乘)   유인불긍임정징(有人不肯任情徵)
직재근원불소인(直裁根源佛所印)   적엽심지아불능(摘葉尋枝我不能)

4대를 놓아 붙들어 잡지 말고
적멸성중을 따라 쪼아 먹으라.
제행이 무상하고 일체가 비었으니
곧 이것이 여래의 대원각이다
결정된 말은 진승(眞乘)을 표한 것,
누구든 긍정치 못하면 마음대로 물으라
바로 근원을 끊는 것이 부처님께서 인가한 곳이라
잎을 따고 가지를 찾는 일 나는 능치 못하다.

마니주인불식(摩尼珠人不識)   여래장리친수득(如來藏裡親收得)
육반신용공불공(六般神用空不空)   일과원광색비색(一顆圓光色非色)
정오안득오력(淨五眼得五力)   유증내지난가측(唯證乃知難可測)
경리간형견불난(鏡裡看形見不難)   수중착월쟁염득(水中捉月爭拈得)

마니주를 아는 이 없어
여래장 속에서 친히 거두어 얻으니
여섯 가지 신통이 공하기도 공하지 않기도 하며

한 개 둥근빛이 색이기도 하고 색 아니기도 하다
5안을 깨끗이 하여 5력을 얻음은
다만 증하여 이내 알 수 없으나
거울 속의 그림자 보기 어렵지 않으니
물 가운데 달을 어떻게 건질 것인가.

상독행상독보(常獨行常獨步)　　　달자동류열반로(達者同遊涅槃路)
조고신청풍자고(調古神淸風自高)　　모췌골강인불고(貌悴骨剛人不顧)
궁석자구칭빈(窮釋子口稱貧)　　　실시신빈도불빈(實是身貧道不貧)
빈칙신상피루갈(貧則身常披縷褐)　　도즉심장무가진(道卽心藏無價珍)

항상 홀로 다니고 항상 홀로 걸으니
깨달은 이와 함께 열반로에서 즐긴다.
옛 싱그러운 곡조 맑아 바람 스스로 높으나
황새 모양 굳은 뼈를 사람들이 돌아보지 않는다
가난한 스님, 입으로 가난타 말하나
진실로 몸은 가난해도 도는 가난치 않다
가난하여 항상 몸에 누더기를 걸쳤으나
도를 마음속에 갈무려 무가의 보배가 있다.

무가진용무진(無價珍用無盡)　　　이물응시종불린(利物應時終不吝)
삼신사지체중원(三身四智體中圓)　팔해육통심지인(八解六通心地印)
상토일결일체료(上士一決一切了)　중하다문다불신(中下多聞多不信)
단자회중해구의(但自懷中解垢衣)　수능향외과정진(誰能向外誇精進)

무가의 보배는 써도 다함이 없음이여,
물을 이롭게 하는데 때 맞추어 아낌 없어라
3신(법보화) 4지가 몸 가운데 둥글고

8해 6통(육신통)이 심지에 인한다
뛰어난 사람은 단 번에 일체를 알고
보통 사람은 많이 듣고도 믿지 못하니
다만 스스로 생각 가운데 때묻은 옷 벗으면
누가 능히 밖에 나아가 정진함을 자랑할 것인가.

종타방임타비(從他謗任他非)　　　파화소천도자피(把火燒天徒自疲)
아문흡사음감로(我聞恰似飮甘露)　　쇄융돈입부사의(鎖融頓入不思議)
친악언시공덕(親惡言是功德)　　　　차칙성오선지식(此則成吾善知識)
불인굴방초원친(不因詘謗超怨親)　　하표무생자인력(何表無生慈忍力)

남의 훼방을 따라 남의 시비를 논하니
불로 하늘을 태우려다 괜히 스스로 지친다
내 듣기엔 감로를 마시는 것 같으나
단번에 녹여 부사의에 든다
나쁜 말을 공덕이라 보면
곧 이것이 나의 선지식이 된다
비방으로 원친(怨親)을 이르키지 아니하면
무엇 때문에 무생의 자인력을 표할 것인가.

종역통설역통(宗亦通說亦通)　　　　정혜원명불체공(定慧圓明不滯空)
비단아금독달료(非但我今獨達了)　　하사제불체개동(河沙諸佛體皆同)
사자후무외설(獅子吼無畏說)　　　　백수문지개뇌열(百獸聞之皆腦裂)
향상분파실각위(香象奔波失却威)　　천용적청생흔열(天龍寂聽生欣悅)

종(宗)도 통하고 설(說)도 통하니
정혜가 뚜렷이 밝아 공에 걸리지 않는다.
나만 홀로 깨달을 뿐 아니라

항사의 모든 부처가 꼭 같다

사자후 무애설이여,

온갖 짐승이 듣고 모두 뇌가 부서지고

큰 코끼리도 물위를 달리다가 위의를 잃는데

천룡이 듣고 어찌 기뻐하지 않겠는가.

유강해섭산천(遊江海涉山川)   심사방도위참선(尋師訪道爲參禪)

자종인득조계로(自從認得曹谿路)   요지생사불상간(了知生死不相干)

행역선좌역선(行亦禪坐亦禪)   어묵동정체안연(語黙動靜體安然)

종우봉도상탄탄(縱遇鋒刀常坦坦)   가요독약야한한(假饒毒藥也閑閑)

강 바다에서 놀다가 산천을 건너

스승을 찾아 도를 묻고 참선하다가

조계의 발자취를 보고

생사가 상관치 않는 것을 알았다

가는 것도 선이고 앉는 것도 선이니

어묵동정에 모두 편안하다

칼끝을 만나도 항상 탄탄하고

독약을 듬뿍 먹어도 편안하다.

아사득견연등불(我師得見燃燈佛)   다겁증위인욕선(多劫曾爲忍辱仙)

기회생기회사(幾廻生幾廻死)   생사유유무정지(生死悠悠無定止)

자종돈오료무생(自從頓悟了無生)   어제영욕하우희(於諸榮辱何憂喜)

입심산주란약(入深山住蘭若)   잠음유수장송하(岑崟幽邃長松下)

우리 스승이 연등불을 뵙고

다겁에 일찍이 인욕선인이 되어

몇 번이나 나고 몇 번이나 죽었던가

생사가 유유하여 그침이 없었네.
이로부터 담박 무생을 깨닫고
모든 영욕에 어찌 근심과 기쁨이 있겠는가
깊은 산에 들어가 암자에 사니
잠음유수가 솔 아래 있다.

우유정좌야승가(優遊靜坐野僧家)   한적안거실소쇄(閒寂安居實瀟灑)
각칙료불시공(覺則了不施功)   일체유위법부동(一切有爲法不同)
주상보시생천복(住相布施生天福)   유여앙전사허공(猶如仰箭射虛空)
세력진전환추(勢力盡箭還墜)   초득내생불여의(招得來生不如意)

들에서나 절에서나 고요히 앉아
한적히 편히 깨끗이 산다
깨달으면 공덕을 베풀지 않으니
일체 유위법이 같지 않다
상에 머물러 보시하면 하늘에 나는 복이되니
마치 허공을 향해 활을 쏘는 것 같아
세력이 다하면 화살이 떨어지듯
내생엔 뜻과 같지 않다.

쟁사무위실상문(爭似無爲實相門)   일초직입여래지(一超直入如來地)
단득본막수말(但得本莫愁末)   여정유리함보월(如淨瑠璃含寶月)
기능해차여의주(旣能解此如意珠)   자리이타종불갈(自利利他終不竭)
강월조송풍취(江月照松風吹)   영야청소하소위(永夜淸宵何所爲)

어찌 무위 실상의 문처럼 한 번 뛰어
바로 여래지에 들겠는가
다만 근본을 얻되 끝은 근심치 말라

깨끗한 유리가 보배달을 머금은 것 같다

내 이제 여의주를 알았으니

자리이타 끝까지 쉬지 말라

강 위에 달이 비치고 솔바람 부니

긴 밤 맑은 하늘이 무슨 까닭인가.

불성계주심지인(佛性戒珠心地印)　무로운하체상의(霧露雲霞體上衣)

강용발해호석(降龍鉢解虎錫)　양고금환명역력(兩股金鐶鳴歷歷)

불시표형허사지(不是標形虛事持)　여래보장친종적(如來寶伏親蹤跡)

불구진부단망(不求眞不斷妄)　요지이법공무상(了知二法空無相)

불성의 계주가 심지에 인(印)하고

안개 · 이슬 · 구름 · 노을이 몸위에 옷이다

용을 항복 받은 발우와 호랑이 싸움을 말린 지팡이

두 개의 금고리(진속 2제) 소리 역력하다

이 모양 표하여 헛되이 갖지 않으니

여래 보장 종적을 친견한다

참도 구하지 말고 거짓도 끊지 말라

알고 보면 두 법이 공하여 무상하다.

무상무공무불공(無相無空無不空)　즉시여래진실상(卽是如來眞實相)

심경명감무애(心鏡明鑒無碍)　곽묘영철주사계(廓妙瑩徹周沙界)

만상삼라영현중(萬像森羅影現中)　일과원명비내외(一顆圓明非內外)

활달공발인과(豁達空撥因果)　망망탕탕초앙화(漭漭蕩蕩招殃禍)

상도 없고 공도 없고 공 아님도 없으니

곧 이것이 여래의 진실한 모습이다

마음 거울이 밝게 비쳐 걸림 없으니

훤히 비춰 사계(沙界)에 두루한다
만상삼라가 그림자 가운데 나타나고
한 개 둥근 빛이 안팎이 없다
툭 터진 빈 마음이 인과를 뒤집으면
망망탕탕 앙화를 부른다.

기유착공병역연(棄有着空病亦然)　　환여피익이투화(還如避溺而投火)
사망심취진리(捨妄心取眞理)　　　취사지심성교위(取捨之心成巧僞)
학인불료용수행(學人不了用修行)　　진성인적장위자(眞成認賊將爲子)
손법재멸공덕(損法財滅功德)　　　막불유사심의식(莫不由斯心意識)

유를 버리고 공에 집착해도 병이니
물에서 헤어난 고기가 불에 뛰어든 격이다
망심을 버리고 진리를 취하면
취사의 마음이 재주를 부리게 된다
학인은 끊임없이 공부하지 아니하므로
정말 적인줄 알면서도 도리어 자식을 만든다
법재를 써가며 공덕을 멸함은
이 마음 의식에 말미암치 않음 없다.

시이선문료각심(是以禪門了却心)　　돈입무생지견력(頓入無生智見力)
대장부병혜검(大丈夫秉慧劍)　　　반야봉혜금강염(般若鋒兮金剛焰)
비단능최외도심(非但能催外道心)　　조증락각천마섬(早曾落却天魔膽)
진법뢰격법고(振法雷擊法鼓)　　　포자운혜쇄감로(布慈雲兮灑甘露)

이러므로 선문은 마음만 깨달으면
담박 무생에 들어서 지견의 힘이 생긴다.
대장부 지혜의 칼 잡으니

반야의 봉이고 금강 불꽃이다
능히 외도의 마음만 꺾을 뿐 아니라
천마의 쓸개를 떨어트린다
법의 우레가 울리고 법고를 두드리니
자비의 구름을 덮고 단 이슬을 뿌린다

용상축답윤무변(龍象蹴踏潤無邊)   삼승오성개성오(三乘五性皆惺悟)
운산비이갱무잡(雲山肥膩更無雜)   순출제호아상납(純出醍醐我常納)
일성원통일체성(一性圓通一切性)   일법편함일체법(一法遍含一切法)
일월보현일체수(一月普現一切水)   일체수월일월섭(一切水月一月懾)

용상이 축탑하여 끝없이 빛나니
3승(乘) 5성(性)이 모두 깨닫는다
설산의 비니가 다시 잡됨이 없이
순수한 제호를 내어 나에게 항상 바친다
한 성이 둥글면 일체성이 통하고
한 법이 널리 일체법을 먹음는다
한 달이 일체의 물에 나타나고
모든 물 속의 달이 하나의 달에 거두어진다.

제불법신입아성(諸佛法身入我性)   아성환공여래합(我性還共如來合)
일지구족일체지(一地具足一切地)   비색비심비행업(非色非心非行業)
탄지원성팔만문(彈指圓成八萬門)   찰나멸각아비업(剎那滅却阿鼻業)
일체수구비수구(一切數句非數句)   여오령각하교섭(與吾靈覺何交涉)

모든 부처님들의 법신이 나의 성에 드니
나의 성이 도리어 여래에게 합한다.
한 가지가 갖추어지면 일체지가 구족해지니

색도 아니고 마음도 아니고 행업도 아니다
손가락 퉁기는 사이에 8만문을 원성하니
찰나에 아비지옥의 업을 멸각한다
일체의 수구가 수구가 아니니
내의 영각으로 더불어 어떻게 교섭할까.

불가훼불가찬(不可毁不可讚)   체약허공물애안(體若虛空勿涯岸)
불리당처상담연(不離當處常湛然)   멱칙지군불가견(覓則知君不可見)
취불득사불득(取不得捨不得)   불가득중지마득(不可得中只麼得)
묵시설설시묵(黙時說說時黙)   대지문개문옹새(大施門開無壅塞)

훼방도 말고 칭찬도 말라
몸이 허공과 같아 언덕이 없다
그곳을 여의잖고 항상 담연하니
찾으면 곧 알 것인데 그대가 보지 못한다
취해도 얻지 못하고 버려도 얻지 못하니
가히 얻지 못하는 가운데서 이렇게 얻는다
말없이 말하고 말해도 고요하니
크게 시문(施門)을 베풀어 옹색함이 없다.

유인문아해하종(有人問我解何宗)   보도마하반야력(報道摩訶般若力)
혹시혹비인불식(或是或非人不識)   역행순행천막측(逆行順行天莫測)
오조증경다겁수(吾早曾經多劫修)   불시등한상광혹(不是等閑相誑惑)
건법당립종지(建法幢立宗旨)   명명불칙조계시(明明佛勅曹谿是)

누가 나에게 어떤 종이냐 묻는다면
마하반야의 힘을 받들고 있다 할 것이다.
혹 옳고 혹 그른 것을 사람이 알지 못하니

역행 순행을 하늘에 헤아리지 못한다
내 일찍이 다겁을 두고 닦을 새
이 등한의 상을 광혹치 않는다.
법당을 세우고 종지를 세우니
밝고밝은 불칙 조계가 이것이다.

제일가섭수전등(第一迦葉首傳燈)　　이십팔대서천기(二十八代西天記)
법동유입차토(法東流入此土)　　　　보리달마위초조(菩提達摩爲初祖)
육대부의천하문(六代傳衣天下聞)　　후인득도하궁수(後人得道何窮數)
진불립망본공(眞不立妄本空)　　　　유무구유불공공(有無俱遺不空空)

첫 번째 가섭이 먼저 등을 전하니
28대를 인도에서 기록하고
법이 동(東)으로 흘러 이 나라에 들어와
보리 달마가 초조가 되어
6대가 옷을 전한 것은 천하가 들은 것인데
후인들은 도를 얻는데 무엇을 헤아리는가.
참도 세우지 않고 망은 본래 공해
유와 무를 함께 보내 불공(不空)도 공하다.

이십공문원불저(二十空門元不著)　　일성여래체공동(一性如來體共同)
심시근법시진(心是根法是塵)　　　　양종유여경상흔(兩種猶如鏡上痕)
흔구진제광시현(痕垢盡除光始現)　　심법쌍망성즉진(心法雙忘性卽眞)
차말법악시용(嗟末法惡時用)　　　　중생복박난조제(衆生福薄難調制)

20공문도 원래 집착할 것 없다
한 성품인 여래의 몸이 저절로 같다
마음이 근(根)이고 법이 진(塵)이니

둘이 마치 거울 위에 흔적(痕迹)과 같다
흔적(痕垢)이 다하면 빛이 비로소 나타나고
마음과 법이 함께 있으면 성이 곧 진이다
아 말법의 악한 세상이여,
중생이 박복하여 조어하기 어렵구나.

거성원혜사견심(去聖遠兮邪見深)　마강법약다원해(魔强法弱多怨害)
문설여래돈교문(聞說如來頓教門)　한불멸제령와쇄(恨不滅除令瓦碎)
작재심앙재신(作在心殃在身)　불수원소경우인(不須怨訴更尤人)
욕득부초무간업(欲得不招無間業)　막방여래정법륜(莫謗如來正法輪)

성인 가신지 오래되니 사견이 깊어져
마군은 강하고 법은 약해져 원해가 많다.
여래께서 돈교문 설한 것을 듣고
기왓장처럼 부서지지 못한 것을 한탄한다
짓는 것은 마음에 있고 재앙은 몸에 있다
원망하여 사람을 탓하지 말라
무간업을 부르지 않고자 하면
여래의 바른 법을 훼방치 말라.

전단임무잡수(栴檀林無雜樹)　울밀심심사자주(鬱密深沈獅子住)
경정임한독자유(境靜林閑獨自遊)　주수비금개원거(走獸飛禽皆遠去)
사자아중수후(獅子兒衆隨後)　삼세즉능대효공(三世卽能大哮吼)
약시야간축법왕(若是野干逐法王)　백천요괴허개구(百千妖怪虛開口)

전단숲엔 잡나무가 없고
울창한 숲속에서 사자가 산다
경계와 숲이 고요하여 스스로 우유하니

기는 짐승 나는 새가 모두 멀리 떠난다
사자새끼가 무리를 지어 뒤따르니
3세에 능히 효후한다
만약 들여우가 법왕을 쫓는다면
백천의 요괴가 헛되이 입을 열 것이다.

원돈교물인정(圓頓敎勿人情)　　유의불결직수쟁(有疑不決直須爭)
불시산승정인아(不是山僧逞人我)　　수행공락단상갱(修行恐落斷常坑)
비불비시불시(非不非是不是)　　차지호리실천리(差之毫釐失千里)
시즉용녀돈성불(是卽龍女敦成佛)　　비즉선성생함추(非卽善星生陷墜)

원돈교는 인정을 잊었으니
의심을 해결치 못하면 바로 모름지기 싸우라
산승은 인아를 구속하지 않는데
수행인들이 놀래어 단상의 구렁에 떨어진다
그른 것도 그른 것 아니고 옳은 것도 옳은 것 아니다
털끝만큼이라도 차이가 나면 천리를 이른다
옳다면 용녀가 담박 부처가 되고
그르다 하면 선생이 지옥에 떨어진다

오조년래적학문(吾早年來積學問)　　역증토소심경론(亦曾討疏尋經論)
분별명상부지휴(分別名相不知休)　　입해산사도자곤(入海算沙徒自困)
각피여래고가책(却被如來苦呵責)　　수타진보유가익(數他珍寶有何益)
종래충등각허행(從來蹭蹬覺虛行)　　다년왕작풍진객(多年枉作風塵客)

내 일찍부터 학문을 쌓고
또 소를 보고 강론을 찾아
명상을 분별하여 쉴 줄 몰라

바다에 들어가 모래를 헤아리다가 스스로 지쳤다.

도리어 여래에게 모난 꾸짖음을 입었으니

낭의 보를 헤어서 무슨 이익 있겠는가

이로부터 어정어정 허행했음을 깨닫고

오랜 세월 헛되이 풍진객이 되었다

종성사착지해(種性邪錯知解)   부달여래원돈제(不達如來圓頓制)

이승정진몰도심(二乘精進沒道心)   외도총명지무혜(外道聰明智無慧)

종성이 삿되면 그릇된 지혜를 내고

여래 원돈의 제(制)에 달하지 못한다

2승은 정진하나 도심이 없고

외도는 총명하나 지혜가 없다.

역우치역소애(亦愚癡亦小駿)   공권지상생실해(空拳指上生實解)

집지위월왕시공(執指爲月枉施功)   근경법중허날괴(根境法中虛捏怪)

어리석고 어리석은 이여,

빈 주먹 가리키는 곳에 실해를 내는구나

손가락을 집착하여 달을 삼으니 헛 공만 베풀어

근·경·법 가운데 헛된 망상이로다

불견일법즉여래(不見一法卽如來)   방득명위관자재(方得名爲觀自在)

요즉업장본래공(了卽業障本來空)   미료환수상숙채(未了還須償宿債)

한 법도 보지 않는 것이 곧 여래이고

바야흐로 이름이 관자재라 하고

알면 업장이 본래 공하고

모르면 도리어 옛 빚만 더 한다.

기봉왕선불능찬(飢逢王膳不能餐)   병우의왕쟁득차(病遇醫王爭得差)
재욕행선지견력(在欲行禪知見力)   화중생연종불양(火中生蓮終不壞)

주린 놈이 왕선을 만나서도 먹지 못하니
병들어 의왕을 만나도 어떻게 병을 고칠 수 있겠는가
욕에 있어 선을 함은 지견의 힘이고
불 가운데 열이 나면 마침내 부서지지 않는다.

용시범중오무생(勇施犯重悟無生)   조시성불우금재(早時成佛于今在)
사자후무외설(獅子吼無畏說)   심차몽동완단(深嗟懵懂頑麤)

용시는 거듭 범했어도 무생을 깨닫고
일찍이 부처되어 지금에 이르렀다
사자후의 걸림없는 말이여,
몽롱한 어리석음을 깊이 탄식한다.

지지범중장보리(只知犯重障菩提)   불견여래개비결(不見如來開秘訣)
유이비구범음살(有二比丘犯婬殺)   파리형광증죄결(波離螢光增罪結)

또 무거운 계를 범해 보리를 장애하는 줄 알고
여래께서 비결을 열어 주신 줄 모른다
두 비구가 음살을 범하니
우팔리 반딧불이 더욱 죄를 맺었다

유마대사돈제의(維摩大士頓除疑)   수여혁일쇄상설(逡如赫日銷霜雪)
부사의해탈력(不思議解脫力)   차즉성오선지식(此卽成吾善知識)

유마대사가 담박 의심을 없애주니
마치 빛나는 해에 눈 서리가 녹는 것 같았다
사의할 수 없는 해탈의 힘이여,
항사같은 묘용이 다함이 없다.

사사공양감사로(四事供養敢辭勞)　　만냥황금역쇄득(萬兩黃金亦鎖得)
분골쇄신미족수(粉骨碎身未醻)　　일구료연초백억(一句了然超百億)

4사 공양을 감히 사양할 수 있겠는가
만 냥 황금도 또한 녹일 수 있다.
뼈와 살을 부셔도 넉넉히 보답치 못하고
한 글귀를 알면 백이을 초월한다

법중왕최고승(法中王最高勝)　　하사여래동공증(河沙如來同共證)
아금해차여의주(我今解此如意珠)　　신수지자개상응(信受之者皆相應)

법 가운데 왕이 가장 높게 뛰어나니
항사여래가 꼭 같이 증했다
내 이제 이 여의주를 알았으니
믿고 받는 이는 모두 상응한다.

요료견무일물(了了見無一物)　　역무인역무불(亦無人亦無佛)
대천세계해중구(大千世界海中漚)　　일체현성여전불(一切賢聖如電拂)

알고 보면 한 물건도 없고
또한 사람도 부처도 없다
대천세계가 바다 가운데 거품이고
일체현성이 번갯불 스쳐가는 것 같다.

가사철륜정상선(假使鐵輪頂上旋)　　정혜원명종불실(定慧圓明終不失)
일가냉월가열(日可冷月可熱)　　　　중마불능회진설(衆魔不能懷眞說)

가사 철륜이 머리에서 굴러서
정혜가 뚜렷이 밝으면 마침내 잃지 않는다
해가 차지고 달이 뜨거워지는 한이 있어도
마군이 무리들이 진설을 꺾을 순 없다.

상하쟁영만진도(象賀崢嶸謾進途)　　수견당랑능거철(誰見螳蜋能拒轍)
대상불유어토경(大象不遊於兎經)　　대오불구어소절(大悟不拘於小節)
막장관견방창창(莫將管謗蒼蒼)　　미료오금위군결(未了吾今爲君決)

코끼리 수레가 험한 길을 천천히 나아가니
누가 당랑이가 능히 수레를 막는 것을 볼 것인가
큰 코끼리는 토끼와 놀지 않고
대오는 소절에 걸리지 않는다
관견으로 창창(그윽하고 깊은 것)을 비방하지 말라
알지 못했으면 내 이제 그대 위에 풀어 주리라.

　대사는 선천(先天) 2년(개원 원년 713) 10월 17일 조용히 앉아서 열반에 드니, 11월13일에 서간 중턱에 탑을 세웠다. 무상대사(無相大師)라는 시호를 조서로 하사하고, 탑은 정광(淨光)의 탑이라 하다. 송조(宋朝)의 순화(淳化) 때에 태종황제(太宗皇帝)가 본주에 명령하여 탑실을 중수하였다.

h. 본정선사(本淨禪師)와 현책선사(玄策禪師)

　본정스님은 강주(絳州) 사람으로 성은 장(張)씨였다. 어릴 때에 스님이 되어 조계에서 수기(授記)를 받고 사공산(司空山) 무상사(無相寺)에 승적을 두었다.

당의 천보 3년에 현종(玄宗)이 중사(中使)인 양광정(楊光庭)을 산으로 보내 상춘등(常春藤)을 캐오라 했는데 지나는 길에 방장(方丈)으로 들어와 절하고 물었다.

"제자는 스님 뵙기를 바란지 오래입니다. 바라건대 자비를 드리우시어 가르쳐 주십시오."

"천하 선종의 석학(碩學)들이 모두 서울로 모이니, 천사(天使)께서 조정으로 돌아가시면 물을 수 있을 것이오. 나(貧道)는 산과 숲에 의해서 아무것도 하는 일이 없소. 광정이 울면서 절을 하니 선사가 말했다.

"나에게 절을 하지 마시오. 천사는 부처를 구하는가요 아니면 도를 구하는가요."

"제자는 지혜가 얕아서 모르겠으니, 부처와 도는 어떻게 다릅니까?"

"부처를 구한다면 마음이 바로 부처요, 도를 알고자 한다면 무심이 곧 도이다."

"어찌하여 마음이 바로 부처입니까?"

"부처는 마음을 깨달음으로써 이루어지고, 마음은 부처에 의하여 나타난다. 만일 무상을 깨달으면 부처도 있지 않다."

"어찌하여 무심이 곧 도입니까?"

"도는 본래 마음이 없지만 무심을 도라 하나니, 만일 무심을 깨달으면 무심이 곧 도이다."

광정이 절을 하고 곧, 대궐에 돌아온 뒤에 산에서 있었던 일을 자세히 아뢰니, 곧 광정에게 조칙하여 선사를 불렀다. 12월13일에 서울에 이르르니, 백련사(白蓮寺)에 머무르라는 조칙이 내렸고, 이듬해 정월 15일에 양가(兩街)의 명승과 석학을 내도량으로 불러 선사로 하여금 부처의 진리를 드날리게 하였다.

이때에 원선사(遠禪師)라는 이가 소리를 높여 선사에게 말했다.

"이제 황제의 앞에서 종지를 거량하는 터이니, 의당 즉석에서 묻고 즉석에서 대답해야 한다. 번거롭게 말할 필요가 없다. 그러니 선사가 보는 바에는 무엇을 도라 여기는가."

"도는 마음을 인하여 있거늘 어찌 무심이 도라 하는가?"

"도는 본래 이름이 없거늘 마음을 인하여 도라 한다."

"선사는 몸과 마음이 있는 것이 도라고 여기십니까?"

"산승은 몸과 마음이 본래 도라 여긴다."

"아까는 무심이 도라 하시더니, 이제는 몸과 마음이 본래 도라 하시니, 어찌 서로 어기는 것이 아니겠습니까?"

"무심이 도라 함은 마음이 없어지면 도도 없어지는 것이니, 마음과 도는 한결 같으므로 무심이 도라 하였고, 몸과 마음이 본래 도라 함은 도도 본래 몸과 마음이니, 몸과 마음이 본래 공했으므로 도의 근원도 궁구하면 있지 않다."

"선사의 몸을 보건대 몹시 작은 데도 이런 이치를 아시는군요."

"스님은 다만 나의 형상을 보고, 나의 형상 없음은 보지 못하였구나. 형상을 보는 것은 스님의 소견일 뿐이다. 경에 말씀하시기를 '무릇 형상은 모두가 허망하니, 만일 모든 형상이 형상 아닌 줄 알면 도를 깨닫는다' 하였는데 형상으로써 진실이라 여기면 겁이 다하더라도 도를 깨닫지 못한다."

"바라건대 선사께서는 형상 위에서 무상을 말해 주십시오."

"≪정명경(淨名經)≫에 '사대에 주인이 없고 몸에도 '나'와 내것(我所)이라는 소견이 없어야 도에 상응한다' 하였는데 스님이 만일 사대에 주인이 있다고 여기면 이는 '나'가 있음이요, 만일 '나'라는 소견이 있으면 겁이 다하여도 도를 알지 못한다."

원선사가 이 말을 듣고, 창피해 하면서 문적문적 자리를 피하니, 선사께서 게송을 읊었다.

사대무주부여수(四大無主復如水)

과곡봉직무피차(過曲逢直無彼此)

정예양처불생심(淨穢兩處不生心)

옹결하증유이의(壅決何曾有二意)

촉경단사수무심(觸境但似水無心)

재세종횡유하사(在世縱橫有何事)

사대는 주장이 없어 물과 같으니
곧거나 굽은 곳에 다투는 일 없고
더럽고 깨끗한 데에 마음을 내지 않고
막히고 트인 일에 두 생각 없듯
경계를 당하여 물같이 무심하면
세상을 종횡한들 무슨 걱정 있으랴.

다시 말했다.

"사대 가운데 어느 하나가 그러면 나머지 사대도 그렇고, 사대에 주장이 없음을 밝히면 무심을 깨닫고 무심을 깨달으면 자연히 도에 계합한다."

또 지명선사(志明禪師)라는 이가 물었다.

"만일 무심이 도라면 기왓장도 무심 도인이어야 한다. 만일 몸과 마음이 본래 도라면 4생 10류도 모두 몸과 마음이 있으니, 모두 도라야 하리라."

"대덕이 만일 보고 듣고 깨닫고 안다는 생각을 하면 도와는 아주 멀어지나니, 보고 듣고 깨닫고 알기를 구하는 이는 도를 구하는 사람이 아니다. 경에 말씀하시기를 '눈·귀·코·혀·몸·뜻이 없다' 하였으니, 여섯 감관도 없거늘 보고 듣고 깨닫고 알음이 무엇을 의하여 이루어지랴. 근본을 추궁하건대 있지 않거늘 어디에 마음이 있으랴. 어찌 초목이나 기왓장 같지 않을 수 있으랴."

지명이 말이 막혀 물러갔다. 선사는 또 게송을 말했다.

견문각지무장애(見聞覺知無障礙)
성향미촉상삼매(聲香味觸常三昧)
여조공중지마비(如鳥空中只麼飛)
무취무사무박상(無取無捨無博常)
약회응처본무심(若會應處本無心)
시득명위관자재(始得名爲觀自在)

보고 듣고 깨달음에 장애가 없고
소리·향기·맛·닿임이 항상 삼매라
나는 새가 허공을 저렇게 날 듯
취할 것 버릴 것과 미움도 고움도 모두 없다네
적응하는 일마다 본래 무심이 깨달으면
비로소 관자재라 불리우리라.

또 진선사(眞禪師)라는 이가 물었다.

"도가 무심이라면 부처는 마음이 있는가. 부처와 도는 하나인가, 둘인가?"

"동일하지도 않고 다르지도 않다."

"부처가 중생을 제도하는 것은 마음이 있기 때문이요, 도가 사람을 제도치 못하는 것은 마음이 없기 때문이다. 하나는 제도하고 하나는 제도하지 못하니, 어찌 다르지 않다 하리오."

"만일 부처는 중생을 제도하는데 도는 중생을 제도하지 못한다 하면 이는 스님이 허망하게 두 가지 소견을 내었을 뿐이다. 나로서는 그렇게 여기지 않나니, 부처와 도는 거짓 이름을 허망하게 세워진 것으로 두 가지가 모두 진실치 않은 것으로 안다. 하나의 거짓을 어찌 둘로 나누겠는가?"

"부처와 도가 거짓 이름이라고는 하나 이름을 세울 때엔 누가 세웠는가. 세운 이가 있다면 어찌 없다 하리오."

"부처와 도는 마음을 인하여 세워진 것인데, 세운 마음을 추궁하건대 그 마음도 있지 않다. 마음이 없다면 두 가지가 모두 진실치 않음을 깨닫고, 꿈과 허깨비 같음을 알면 본래 공함을 깨닫는다. 그러나 억지로 부처와 도의 두 이름을 세웠나니, 이것은 2승을 위한 견해이니라."

선사는 이어 닦을 것 지을 것이 없는 게송을 말하였다.

견도방수도(見道方修道)
불견부하수(不見復何修)

도성여허공(道性如虛空)
허공하소수(虛空何所修)

도가 보이면 닦는다 하겠지만
보이지 않거늘 무엇을 닦으랴
도의 성품은 허공과 같으니
허공을 어떻게 닦으랴.

편관수도자(遍觀修道者)
발화멱부구(撥火覓浮漚)
단간롱괴뢰(但看弄傀儡)
선단일시휴(線斷一時休)

수도하는 이를 두루 보건대
불을 헤치면서 거품을 찾나니
허수아비 놀리는 것을 보기만 하라
고동이 끊어지면 일시에 멈춘다.

또 법공(法空)선사라는 이가 물었다.

"부처와 도가 모두가 거짓 이름이면, 12분교(分敎)도 진실치 않을 것인데 어찌하여 예전부터의 존속들이 모두가 도를 닦는다 합니까."

"스님이 경의 뜻을 잘못 알았다. 도는 본래 닦을 것이 없거늘 스님은 억지로 닦고, 도는 본래 지을 것이 없거늘 스님은 억지로 짓고, 도는 본래 일이 없거늘 스님은 억지로 일을 내고, 도는 본래 알음이 없거늘 거기에서 억지로 알음을 내나니, 이러한 견해들은 도에 어기는 것이다. 예전의 여러 스님네는 그러지 않았다. 다만 스님이 잘못 알았을 뿐이다. 잘 생각해 보라."

선사는 또 게송을 말했다.

도체본무수(道體本無修)
불수자합도(不修自合道)
약기수도심(若起修道心)
차인불합도(此人不合道)

도의 본체는 본래 닦을 것 없나니
닦지 않으면 저절로 도에 합하지만
수도한다는 마음을 일으키면
그 사람은 도를 알지 못하리

기각일진성(棄却一眞性)
각입뇨호호(却入鬧浩浩)
홀봉수도인(忽逢修道人)
제일막향도(第一莫向道)

하나의 참 성품을 버리고
도리어 시끄러움에 들었으니
혹시 수도하는 이를 만나거든
제1에 도를 향하지 말라.

또 안선사(安禪師)라는 이가 있다가 물었다.

"도라는 것도 거짓 이름이요, 부처도 허망하게 세운 것이요, 12분교도 중생을 제도하기 위한 것으로서 온갖 것이 모두 허망이거니, 무엇을 참이라 합니까."

"허망이 있으므로 참으로써 허망을 대치한 것이나 허망의 본성을 추궁하건대 본래 공하거니, 참인들 어찌 있을 수 있으랴. 그러므로 참과 허망은 모두가 거짓 이름이니, 두 가지 일을 대치하건대 도무지 실체가 없고 근본을 추궁하건대 온갖 것이 모두 공하다."

"온갖 것이 허망이라면 허망도 참과 같아서 참과 허망이 다르지 않으리니,

그것을 어떤 물건이라 합니까?"

"만일 어떤 물건이라 하면 어떤 물건이란 것도 허망하다. 경에 말씀하시기를 '비슷함도 없고, 견줄 이도 없고 언어의 길이 끊어져서 새가 허공을 날으는 것 같다' 하였다."

안선사가 부끄러워서 어쩔 줄을 몰랐다. 선사가 또 게송을 말했다.

추진진무상(推眞眞無相)
궁망망무형(窮妄妄無形)
반관추궁심(返觀推窮心)
지심역가명(知心亦假名)
합도역여차(合道亦如此)
도두역지녕(到頭亦只寧)

참을 추궁하건대 참의 형상이 없고
망을 추궁하건대 망의 형상이 없다
추궁하는 마음을 돌이켜 관찰하건대
마음도 거짓 이름임을 알게 되리라
도를 아는 것도 이와 같으니
끝끝내 이렇게 무사할 뿐이다.

또 달성(達性)선사라는 이가 물었다.

"참선의 법은 지극히 미묘하여 참과 거짓이 모두 없고, 부처와 도가 아주 없으며, 수행의 성품이 공하고 이름과 형상이 진실치 않으며, 세계가 허깨비 같아서 온갖 것이 모두가 거짓이름이니, 이런 생각을 할 때에 중생의 선과 악의 두 가지 근본을 끊을 수 없으리이다."

"선과 악의 두 근본이 모두가 마음을 인도하여 있는데 마음을 추궁해 보아 있는 것이라면 근본도 허망치 않겠지만 마음을 추궁하매 있지 않거늘 근본이 어찌 성립하리요. 경에 말씀하시기를 '선한 법과 악한 법이 마음에서 생긴다'

하였으니, 선과 악의 업연이 본래 실제로 있지 않다."
　선사가 다시 게송을 말했다.

　　선개종심생(善皆從心生)
　　악개리심유(惡豈離心有)
　　선악시외연(善惡是外緣)
　　어심실불유(於心實不有)

　　선이 마음에서 생겼다 하나
　　악인들 어찌 마음을 떠나서 있으랴
　　선과 악은 밖의 인연이나
　　마음에는 실제로 있는 것이 아니다.

　　사악송하처(捨惡送何處)
　　취선령수수(取善令誰守)
　　상차이견인(傷嗟二見人)
　　반연양두주(攀緣兩頭走)
　　약오본무심(若悟本無心)
　　시회종별구(始悔從別咎)

　　악을 버린들 어디로 보내며
　　선을 취한들 누구에게 지키게 하랴
　　애달프다, 두 소견을 가진 사람은
　　두 쪽을 반연하여 분주히 군다.
　　본래부터 무심인줄 깨닫는다면
　　예전부터의 잘못을 뉘우치리라.

　　또 어떤 근신(近臣)이 물었다.

"이 몸은 어디서 왔다가 죽은 뒤엔 어디로 돌아갑니까?"

"어떤 사람이 꿈을 꿀 때엔 그 꿈이 어디서 왔다가 잠깬 뒤에 어디로 가는가."

"꿈속에서는 없다 할 수 없고 잠깬 뒤에는 있다 할 수 없으니, 비록 있고 없음이 있으나 가고 오는 바는 없습니다."

"나(貧道)의 이 몸도 꿈과 같다."

또 게송을 말했다.

시생여재몽(始生如在夢)
몽리실시뇨(夢裏實是鬧)
홀각만사휴(忽覺萬事休)
환동수시오(還同睡時悟)

삶을 꿈속 같이 보나니
꿈속에는 진실로 어지러우나
홀연히 깨고 보면 만사는 끝나서
도리어 잠들기 전과 같다.

지자령오몽(智者令悟夢)
미인신몽뇨(迷人信夢鬧)
회몽여양단(會夢如兩段)
일오무별오(一悟無別悟)
처귀여빈천(處貴與貧賤)
경역무별로(更亦無別路)

지혜로운 이는 꿈 깨는 법을 알고
어리석은 이는 꿈속에 소란을 믿나니
꿈속에 두 가닥(兩段)이 있음을 알면
한 번 깨닫고는 다시 깨닫지 않는다.

부귀와 빈천도

두 가닥이 아니다.

　상원(上元) 2년(716) 5월 5일에 열반에 드시니, 대효선사(大曉禪師)라 시호를 내렸다.

　현책스님은 무주의 금화(金華) 사람이다. 출가하여 세상으로 다니다가 하삭(河朔)에 이르니, 지황선사(智隍禪師)라는 이가 일찍이 황매산(黃梅山)의 5조(홍인)께 뵈옵고 암자살이 20년에 스스로가 바로 알았다고 여기고 있었다. 대사(현책)는 지황선사의 얻은 바가 참되지 못함을 알고 그에게 가서 물었다.

　"그대는 여기 앉아서 무엇을 하는가?"

　지황이 대답했다.

　"선정에 듭니다."

　"그대가 선정에 든다 하니, 그대의 마음이 있는가, 마음이 없는가. 마음이 있다면 온갖 초목들도 의당 선정을 얻어야 한다."

　"내가 선정에 들 때엔 있다거나 없다거나 하는 마음을 보지 못합니다."

　"있다거나 없다거나 하는 마음을 볼 수 없으면 이는 곧 항상한 선정이니, 어찌 들고 남이 있겠는가. 들고 남이 있다면 큰 선정이 아니니라."

　지황이 말없이 한참 있다가 누구를 스승으로 섬기었느냐고 물으니, 선사가 대답했다.

　"나의 스승은 조계의 6조이다."

　"6조는 무엇으로 선정을 삼았는가?"

　"우리 스승께서 말씀하시기를 '묘하고 맑음이 둥글고 고요하면, 본체와 작용이 여의다. 5음이 본래 공하고 6진이 있는 것이 아니다. 나지 않고 들지 않으며 안정되지 않고 어지럽지 않다. 선정의 성품은 머무름이 없고 머무름이 없으면 선정의 고요함이다. 선정의 성품은 남이 없고, 남을 여의면 선정의 생각이다. 마음은 허공과 같으나 허공의 부피가 있는 것도 아니라' 하셨다."

　지황이 이 말을 듣고 끝내 조계에 가서 의심을 풀려하니 조사의 뜻과 선사의 뜻이 은연히 부합되어 지황이 비로소 깨달았다.

선사는 그 뒤에 금화로 돌아가서 법석(法席)을 크게 열었다.

i. 영도선사(令韜禪師)와 혜충국사(慧忠國師)

영도스님은 길주 사람으로 성은 장(張)씨였다. 6조에 의해 스님이 되어서 잠시도 곁을 떠나지 않고 시봉을 하였는데 조사가 열반에 든 뒤에 옷과 탑을 맡은 주인이 되었다.

당의 개원 4년에 현종(玄宗)이 그의 덕풍을 듣고 대궐로 불렀는데 병을 빙자하여 떠나지 않았고 상원(上元) 원년에 숙종(肅宗)이 시자를 시켜 법을 전한 옷을 대궐로 들여다 공양하려 하면서 대사(영도)도 함께 대궐로 들라 하였는데 역시 병을 핑계하여 사양하고 조계산에서 생을 마치니 수명은 95세요, 시호는 대효(大曉)라 하였다.

혜충국사는 월주(越州)의 제개(諸暨) 사람이다. 성은 염(冄)씨였다. 마음을 깨친 뒤에 남양 백애산 당자곡(黨子谷)에 살기 40여 년을 산에서 내려가지 않으니 덕행이 대궐에까지 퍼졌다.

당의 숙종(肅宗)이 상원 2년(761)에 중사(中使)인 손조진(孫朝進)에게 조칙을 보내 서울로 맞아들여 스승의 예로써 대우하니, 처음은 천복사(千福寺)의 서선원(西禪院)에 살았고, 대종(代宗)이 즉위하매 다시 광택사(光宅寺)로 마지하여 16년 동안 기틀을 따라 설법하였다. 이때에 서천(西天)의 대이삼장(大耳三藏)이란 이가 서울에 왔는데 타심통(他心通)을 얻었다 하였다.

황제가 국사로 하여금 시험케 했는데 삼장이 국사를 보자 얼른 절을 하고, 오른쪽 옆에 섰으니, 국사가 물었다.

"그대가 타심통을 얻었는가?"

"외람스럽습니다."

"그대는 지금 노승(老僧 : 나)이 어디에 있다고 생각하는가?"

"화상은 한 나라의 스승이면서도 어찌 서천(西川)에 가서 경도(競渡) 놀이를 구경하십니까?"

"그러면 지금은 내가 어디에 있다고 생각하는가?"

"화상은 한 나라의 스승이신데 어찌 천진교(天津橋) 위에서 원숭이 놀리는 것을 구경하십니까?"

국사가 세 번째로 위와 같이 물었는데 삼장이 한참 동안 어쩔 줄을 몰라 하니, 국사가 꾸짖었다.

"이 살여우 같은 놈아 타심통이 다 무엇이냐?"

삼장이 아무 대답도 못했다.

하루는 시자를 부르니, 시자가 대답하였다. 이렇게 세 번 부르니, 세 번 모두 대답하였는데 국사는 이렇게 말했다.

"내가 너를 배신(孤負)한다고 여겼는데 도리어 네가 나를 배신하는구나."

남전(南泉)이 와서 뵈이니, 국사가 물었다.

"어디서 오는가?"

"강서(江西)에서 왔습니다."

"마조(馬祖)의 진면목을 얻어 왔는가?"

"그저 그렇습니다."

"네 배후를 드러내어라."

남전이 물러갔다.

마곡(麻谷)이 와서 뵈이고 선상(禪床)을 세 번 돈 뒤에 국사 앞에 석장을 구르고 섰으니, 국사가 말했다.

"이미 그쯤 되었다면 무엇하러 다시 나를 보러 왔는가?"

마곡이 다시 석장을 구르니, 국사가 꾸짖었다.

"이 살여우 귀신같은 놈아. 썩 물러나거라."

국사는 매양 대중에게 이렇게 말하였다.

"선종의 학자들은 부처님의 말씀 가운데서 1승의 요의법(了義法)을 따라야 스스로의 마음에 계합된다. 불요의법(不了義法)을 배워서 서로가 수긍치 않는 이는 마치 사자 몸 속의 벌레와 같다. 남의 스승이 된 이가 명리(名利)에 끄달리거나 딴 까닭의 소견을 내면 자기와 남에게 무슨 이익을 주겠는가. 마치 세간의 큰 장인바치의 연장은 주인의 손을 다치지 않고, 큰 코끼리가 지던 짐을 노새는 감당하지 못하는 것 같다."

어떤 스님이 와서 물었다.

"어찌하여야 부처가 되겠습니까?"

"부처와 중생을 동시에 놓아버리면 즉석에서 해탈을 얻으리라."

"어찌하여야 상응하겠습니까?"

"선과 악을 생각치 않으면 저절로 불성을 보게 되리라."

"어찌하여야 법신을 증득하겠습니까?"

"비로자나불의 경계를 넘어서야 한다."

"청정법신은 어찌하여야 얻습니까?"

"부처에 집착되지 않고 구하는 것이다."

"어떤 것이 부처입니까?"

"마음 그대로가 부처니라."

"마음에 번뇌가 있습니까?"

"번뇌의 성품은 저절로 여의느니라."

"어찌하여 끊지 않습니까?"

"번뇌를 끊으면 2승이라 하고, 번뇌가 나지 않으면 큰 열반이라 하느니라."

"좌선하며 고요함을 관찰하는 일은 무엇 때문입니까?"

"더럽지도 않고 깨끗하지도 않거늘 어찌 억지로 마음을 써서 조촐한 형상을 관찰할 필요가 있으랴."

"선사께서는 시방 허공이 법신인 것으로 보고 계십니까?"

"명상의 마음으로 취하면 이는 뒤바뀐 소견이니라."

"마음 그대로가 곧 부처라면 무엇하러 다시 만행(萬行)을 닦습니까?"

"여러 성인들은 모두가 두 가지 장엄(二嚴 : 福·慧)을 갖추셨는데 그대는 어찌 인과를 무시하는가. 또 내가 이제 그대의 말에 대답을 하자면 겁이 다해도 끝이 없다. 말이 많으면 도와는 멀어진다. 그러므로 말하기를 설법해서 얻은 바가 있으면 이는 여우의 울음이요, 설법해서 얻은 바가 없으면 이는 사자의 울부짖음이라 하느니라."

남양(南陽)의 장분(張濆)이라는 행자가 와서 물었다.

"들리는 말에 의하면 화상께서는 무정설법(無情說法)을 하신다는데 저는 그 이치를 모르겠사오니, 바라옵건대 화상께서 자비를 베푸시어 가르쳐 주십시오."

"그대가 무정설법을 물으려면 다른 이의 무정설법을 이해하여야 비로소 나의 설법을 들을 수 있으리니, 그대는 다만 무정설법을 들어 두기만 하라."

"지금 말씀하신 유정의 방편 안에 어떤 것이 무정의 인연입니까?"

"지금의 온갖 운동과 작용 가운데서 범부와 성인의 두 무리가 도무지 다하여 조그만치도 일어나지 않으면 그것이 의식을 벗어나는 것으로써 유무에 속하지 않는 것이다. 분주히 보고 느끼고 하나 오직 정식(情識)의 얽매임이 없는 소리만이 들린다. 그러므로 6조께서 말씀하시기를 여섯 감관이 경계를 대하여 분별하는 것은 의식이 아니라 하셨다."

어떤 스님이 와서 뵙고 절을 하니 국사가 물었다.

"무슨 업을 쌓았는가?"

"≪금강경≫을 강의하였습니다."

"맨 처음의 두 글자가 무엇이든가?"

"여시(如是)라 하였습니다."

"그게 무엇인가?"

그 스님이 대답이 없었다.

어떤 사람이 물었다.

"어떤 것이 해탈입니까?"

"모든 법이 서로 이르르지 못하는 곳이면 거기가 해탈이니라."

"그렇다면 아주 끊어진 것(斷)이겠습니다."

"그대에게 말하기를 모든 법이 서로 이르르지 못하는 곳이라 하였거늘 무엇이 아주 끊어졌다 하는가."

국사가 어떤 스님이 오는 것을 보고 손으로 원상(圓相)을 그리고 원상 안에 일(日)자를 써 보이니, 그 스님이 대답이 없었다.

국사가 본정(本淨)선사에게 물었다.

"그대가 이 다음에 기특한 말을 보면 어찌 하겠는가?"

"한 생각의 애착도 없을 것입니다."

"이는 그대의 집안 일이다."

숙종이 물었다.

"국사는 어떤 법을 얻었소?"

"폐하께서는 허공의 한 조각 구름을 보십니까?"

"보았소."

"소복소복하게 매달렸나이다."

"어떤 것이 십신조어(十身調御 : 부처님)입니까?"

국사가 벌떡 일어나서 말했다.

"아시겠습니까?"

"알지 못하겠소."

"노승의 물병이나 갖다 주시오."

"어떤 것이 무정삼매(無情三昧)입니까?"

"단월(檀越)께서 비로자나의 정수리를 밟고 걸으시오."

"그 뜻이 어떤가요?"

"자기의 청정법신을 잘못 알지 마십시오."

또 국사에게 물었는데 국사가 전혀 돌아보지 않으니, 황제가 말했다.
"짐은 당나라의 천자이거늘 국사는 어찌하여 전혀 돌아보지 않는가."
"황제께서는 허공을 보시나이까?"
"보았소."
"그가 눈을 찡그리고 폐사를 보십니까?"

어군용(魚軍容)이 물었다.
"스님이 백애산에 계실 때에 열 두 시간에 어떻게 수도 하셨습니까?"
국사가 동자를 오라고 불러놓고 그의 정수리를 만지면서 말했다.
"또록 또록해라. 똑바로 또록 또록해라. 분명하라. 똑바로 분명하라. 이 뒤에
는 남의 속임을 받지 말라."

국사가 자린공봉(紫璘供奉)과 토론할 때에 국사가 자리에 앉으니, 공봉이 물
었다.
"스님께서 주의를 주장하십시오. 제가 무찌르겠습니다."
"내가 주의를 다 주장했다."
"어떤 주의를 주장하셨습니까?"
"과연 보지 못하는군. 공의 경계가 아니야."
그리고는 곧 자리에서 내려왔다.

하루는 자린공봉에게 물었다.
"부처란 무슨 뜻인가?"
"깨닫는다는 이치입니다."
"부처님이 언제는 미혹했는가?"
"미혹했든 일이 없습니다."
"그렇다면 깨달아서 무엇하겠는가."
공봉이 대답이 없었다.
공봉이 다시 물었다.

"어떤 것이 실상입니까?"

"빈 것을 잡아오너라."

"빈 것을 얻을 수 없습니다."

"빈 것도 얻을 수 없다면서 실상을 물어서 무엇을 하려는가."

어떤 스님이 물었다.

"어떤 것이 불법의 대의입니까?"

"문수당(文殊堂) 안의 만 명의 보살이니라."

"학인은 알지 못하겠습니다."

"대비보살(大悲)은 눈과 손이 천 개이었느니라."

탐원(耽源)이 물었다.

"입멸(百年)하신 뒤에 어떤 사람이 극칙(極則)이 되는 일을 물으면 어찌 하겠습니까?"

"이 딱한 사람아, 호신부자(護身符子)를 구해서 무엇하랴."

국사는 교화할 인연이 다해서 열반에 들 때가 오셨음을 깨닫고 대종(大宗)에게 하직을 아뢰니 대종이 말했다.

"국사께서 열반에 드신 뒤에 제자는 무엇을 기억해 두어야 하겠소."

"단월에게 고하노니, 하나의 무봉탑(無縫塔)을 세우시오."

스승께서 탑의 본을 떠 주시기 바랍니다."

국사가 한참 있다가 한참만에 말했다.

"알겠는가?"

"모르겠습니다."

"내가 떠난 뒤에 응진(應眞)이라는 시자가 도리어 이 일을 알리라."

대력(大歷) 6년(771) 12월 9일에 오른 겨드랑이로 누워 영원히 떠나니, 제자들이 당자곡 안에 탑을 세우고 시체를 모시었는데 황제는 대증선사(大證禪師)라는 시호를 내렸다. 나중에 대종이 응진을 궐내로 불러들여서 앞의 일을 물으니, 응진이 한참만에 말했다.

"아시겠습니까?"

"모르겠소."

응진이 게송을 말했다.

상지남담지북(湘之南潭之北)

중유황금충일국(中有黃金充一國)

무영수하합월선(無影樹下合月船)

유리전상무지식(琉璃殿上無知識)

소상(湘)의 남쪽이요, 담(潭)의 북쪽이니

그 중간에 황금이 온 나라에 가득하네

그늘없는 나무 밑에 같은 배를 탔지만

유리전(琉璃殿) 위에는 아는 이가 하나 없다.

응진은 나중에 탐원산에 살았다.

j. 하택신회선사(荷澤神會禪師)

스님은 양양(襄陽) 사람으로 성은 고(高)씨였다. 14세에 스님이 되어 6조께 뵈이니 조사가 물었다.

"지식(知識 : 상대를 가리킴)이 멀리 오느라고 몹시 수고했는데 본래(本來)를 가지고 왔는가. 본래가 있다면 주인을 알아야 할 것이다. 말해 보라."

"머무름 없음이 근본이요, 보는 것이 주인입니다."

조사가 주장자로 때리면서 말했다.

"이 사미가 어찌 다음 말을 알아들을 수 있으랴."

대사는 주장자를 맞으면서 생각했다.

"큰 선지식은 여러 겁을 지나도 만나기 어려운데 이제 만났으니, 어찌 몸과 목숨을 아끼라."

이로부터 시봉을 하였는데 어느날 조사가 대중에게 고했다.
"나에게 한 물건이 있는데 머리나 꼬리도 없고, 이름도 별명도 없고, 얼굴도 없으니 여러분이 아시겠는가."
대사가 나서면서 말했다.
"여러 부처님의 근원이며, 신회의 불성입니다."
"그대들에게 이름도 별명도 없다 했는데 그대는 도리어 근본이요, 불성이라 하는구나."

대사는 절을 하고 물러갔다. 대사는 이어 서경(西京)으로 가서 계를 받고 당의 경룡(景龍) 때에 다시 조계로 돌아왔다. 조사가 열반에 든 뒤로 20년 동안 조계의 돈지(頓旨 : 頓悟의 敎理)는 형오(刑吳) 지방에서 침체되고, 숭악(崇嶽)의 점문(漸門 : 漸修의 敎理)만이 진락(秦洛) 지방에서 성행할 무렵에 서우로 돌아갔다. 천보 4년에 두 종파(南北宗)의 교리를 확정하여 현종기(顯宗記)를 저술했는데 그것이 세상에 널리 퍼졌다.

하루는 고향에서 두 부모가 별세했다는 소식이 왔는데 대사는 법당에 올라가서 종을 치고 외쳤다.
"부모가 모두 돌아가셨으니, 대중스님들께서는 ≪마하반야경(摩訶般若經)≫을 읽어 주십시오."
대중이 겨우 모이니, 다시 종을 치고 사뢰었다.
"대중 스님네여, 너무 수고하셨습니다."

국사는 상원 원년(674) 5월 13일 밤중에 엄연히 열반에 드니, 세속 수명은 75세였다. 상원 3년에 낙경(洛京) 용문(龍門)에다 탑을 세우니, 탑 곁에다 보응사(寶應寺)를 지으라는 조칙이 내렸고, 대력 5년(770)에는 진종반야전법의탑(眞宗般若傳法之塔)이라는 호가 하사되었고, 7년(772)에는 또 반야대사(般若大師)

라는 호가 내려졌다.

어떤 스님이 와룬선사(臥輪禪師)의 게송을 소개하였다.

와룬유기량(臥輪有技倆)
능단백사상(能斷百思想)
대경심불기(對境心不起)
보리일일장(菩提日日長)

와룬이 기능이 있어서
백천 가지 생각을 끊고
경계를 대하여 마음을 내지 않으니
보리가 나날이 자란다.

6조대사가 이를 듣고 말했다.

"이 게송은 마음을 밝히지 못했다. 만일 이에 의해 수행하면 얽매임을 더할 뿐이다."

그리고 한 게송을 보였다.

혜능몰기량(慧能沒技倆)
부단백사상(不斷百思想)
대경심수기(對境心隨起)
보리작마장(菩提作魔長)

혜능은 기능이 없어서
백천 가지 생각을 끊지 않고
경계를 대하여 마음을 자주 내니
보리가 어찌 자라겠는가.

여기까지 해서 중국 조사선의 맥을 정리하였다. 이 정도면 그 이후의 일은 더 소개하지 아니하여도 저절로 알 수 있기 때문이다. 다음부터서는 중국 불교 역사상 각기 특징이 있는 스님 몇 분을 더 소개하여 포교전법에 도움이 되게 하겠다.

제3편 마음의 등불을 밝힌 사람들

1. 금릉(金陵) 지공화상(誌公和尙)과 부대사(傅大士)

지공다사는 금릉사람이니, 성은 주(朱)씨였다. 도림사에서 선정을 익히다가 송의 태시 초엽에 홀연히 나타나 일정한 장소가 없이 살고, 음식을 때 없이 먹으며 머리는 몇 치나 자랐으며, 맨발로 주장자를 짚고, 주장자 끝에는 칼과 구리 거울을 달고 다녔다. 혹은 한두 자 되는 비단을 달고 며칠씩 먹지 않아도 주린 빛이 없었으며 때로는 노래를 부르는데 가사가 예언 같기도 하였다.

재(齋)의 건원(建元) 때, 무제가 대중을 홀리는 스님이라 하여 건강의 옥에다 가두었는데 이튿날 아침이 되어 사람들이 거리에서 보았다기에 감옥을 검사하니 여전하였다.

건강의 군수가 사실을 아뢰니, 황제가 궁중의 후당으로 맞아들였다. 이 때에 대사는 화림원에 있으면서 하루에 모자 셋을 썼는데 그 모자는 어디에서 생겼는지도 모른다.

조금 있다가 혜장왕과 문혜태자가 잇달아 죽자 무제는 세상을 비관하였으며 재(齋)는 이것으로 망했고, 이 까닭에 대사는 출입이 금지되었다.

양(梁)의 고조(高祖)가 즉위하자 곧 조서를 내렸다.

"지공의 자취는 티끌 세상에 젖었으나 신통한 거동은 헤아릴 수 없어서 물과 불이 적시거나 태우지 못하고, 뱀과 범도 침노하지 못한다. 그를 부처님의 진리로 말하자면 성문의 위요, 숨고 조신하는 것으로 말하자면 높은 선인이다. 어찌 세속 선비의 예사 감정이나 공한 형상으로 구속할 수 있으랴. 그런데 어찌하여 이토록 누를 끼치게 되었을까. 지금부터는 가두지 말라."

어느 날 황제가 물었다.

"제자가 마음이 번거로우니, 무엇으로 다스려야 되겠오?"

"12입니다."

이 말을 아는 이들은 12인연이 미혹을 고치는 약이란 말이라 했다.

또 12라는 뜻이 무엇인가를 물으니, 대사가 말했다.

"뜻은 글(書)과 시절과 시각이 있습니다."

이 말을 아는 이들은 글자를 쓰자면 12시에 배대할 수 있다는 말이라 했다.

또 물었다.

"제자는 언제나 조용한 마음으로 닦아 익힐까요?"

"안락할 때에 금하시오."

이 말을 아는 이는 닦아 익히고 금한다는 것은 그친다는 뜻이니, 안락할 때면 그친다는 말이라 했다.

또 대승찬(大乘讚) 24수를 지었는데 세상에 널리 퍼졌다.

천감(天監) 13년 겨울, 임종할 시기가 됨에 홀연히 대중스님에게 말했다.

"절 안에 있는 금강신을 밖으로 내다 놓아라."

하고 비밀히 딴 사람에게 말했다.

"보살은 곧 떠난다."

하더니 열흘도 못 되어 병 없이 떠났는데, 온 몸이 향기롭고 보드라웠다. 임멸하기 직전에 촛불 하나를 켜서 함부인 오경(吳慶)에게 뒷일을 당부했는데, 오경이 이 일을 위해 아뢰니, 황제가 탄식하면서 말했다.

"대사는 더 머물지 않겠구나. 촛불을 준 뜻은 나에게 뒷일을 부탁한 것이다."

그리하여 종산의 독룡부에다 후하게 장사를 지냈고, 이어 거기에다 개선정사(開善精舍)를 지었다. 그리고는 육수에게 명하여 무덤 안에 넣을 글을 짓게 하고 왕균(王均)의 절 문 앞에다 비를 세우니 곳곳에 대사의 영정을 뫼시게 되었다.

대사가 처음 세상에 알려질 때엔 5~60세 가량 되었는데 임종할 때까지 늙지 않으므로 사람들은 그의 나이를 헤아리지 못했다. 이때에 서첩도자(徐捷道者)라는 이가 있어 나이가 93세였는데, 자기가 지공의 외삼촌 동생이라 했고, 지공보다 4년이 아래라 했으니, 대사가 죽은 해를 헤아리건데 97세였다. 칙명으로 시호를 묘거(妙擧)대사라 했다.

평상시 대승찬 10수와 12시송, 14과송을 노래 부르고 다녔다.

대승찬 10수의 제목만 들어 보면 다음과 같다.
① 거룩한 도는 항상 눈앞에 있다.
② 허망한 몸이 그대로 부처님 몸이다.
③ 법성은 항상 고요하다.
④ 중생에게는 항상 바른 도를 말하라.
⑤ 불법의 견해와 외도의 견해는 둘 다 나쁘다.
⑥ 가소롭다 고물거리는 중생이여.
⑦ 세간에는 어리석은 사람 투성이다.
⑧ 깨달아 아는 것이 보리다.

12송은 자·축·인·묘·진·사·오·미·신·유·술·해의 시간에 각각 무슨 일을 어떻게 해야 할 것인가를 밝혔는데, 모두가 중도행을 실천하도록 권장하고 있다.

① 번뇌와 보리가 둘이 아니고,
② 지키고 범하는 것이 둘이 아니며,
③ 부처와 중생이 둘이 아니고,
④ 현실과 이치가 둘아 아니며,
⑤ 고요하고 시끄러움이 둘이 아니고,
⑥ 선과 악이 둘이 아니며,
⑦ 물질과 마음이 둘이 아니고,
⑧ 나고 죽는 것이 둘이 아니며,

⑨ 끊음과 제함이 둘이 아니고,

⑩ 참과 거짓이 둘이 아니며,

⑪ 해탈과 속박이 둘이 아니고,

⑫ 경계와 버림이 둘이 아니며,

⑬ 운용과 무애가 둘이 아니고,

⑭ 미혹과 깨달음이 둘이 아니다.

무주(婺州) 선혜대사(善慧大師)는 무주 의오현(義烏懸) 사람이다. 재(齋)의 건무(建武) 4년 정축 5월 8일에 쌍림향(雙林鄕) 부선자(傅宣慈)의 집에 태어나니, 본래의 이름은 흡(翕)이었다.

양의 천감(天監) 11년에 나이 16세로 유씨의 딸, 묘광에게 장가를 들어 보건(普建)과 보성(普成) 두 아들을 낳았고, 24세에 마을 사람들과 계정포(稽亭浦)에서 고기를 잡아서는 광주리를 물에 담고 축원하기를, "갈려면 가고 멈출려면 머무르라" 하니 사람들이 바보라 했다.

때마침 천축의 스님 달마라는 대사가 말했다.

"나는 그대와 함께 비나시 부처님께 서원을 세웠는데, 지금 도솔천궁에는 의발이 남아 있다. 언제 돌려주겠는가?"

그리하여 물가에 가서 그의 그림자를 보게 했다가 대사 원광(圓光)과 보계(寶蓋)를 보았다. 이에 대사가 웃으면서 말했다.

"용광로가 있는 곳에 못 쓰는 쇠붙이가 많고 훌륭한 의원의 문턱에 병자가 끓는다. 중생 제도하는 일이 급하거늘 어찌 그런 쾌락에 연연하리오."

이에 숭두타(嵩頭陀)가 송산(松山) 마루턱을 가리키면서 말하기를,

"저기가 살만하겠다."

하니 대사는 몸소 밭을 갈면서 살았다.

그리고는 게송 하나를 지었다.

空手把鋤頭　　　맨 손엔 호미를 잡았고

步行騎水牛　　　걸어가다가 물소를 탔다.

人從橋上過   사람이 다리 위를 지나니
橋流水不流   다리는 흐르건만 물은 흐르지 않네.

어떤 사람이 콩·보리·과일 따위를 훔치러 오면 대사는 얼른 광주리에 담아
주었고, 날마다 낮에는 일을 하고 밤에는 도를 닦았는데, 석가(釋迦), 금속(金
粟), 정광(定光) 등 세 부처님이 광명을 놓아 그 몸을 비치는 것을 보고 대사는
말했다.

"나는 수능엄정을 얻었으니, 집과 전답을 팔아서 무차대회를 열리라."

그리고는 대통 2년에 처자를 팔아서 돈 5만양을 얻어 법회를 열었다. 이 때
에 혜집(慧集)법사라는 이가 대사의 법문에 깨달음을 얻고 말했다.

"나의 스승은 미륵의 후손이시다."

대사는 이 말이 대중을 홀릴까 걱정되어 꾸짖었다.

대통 6년 정월 28일에 제자 부왕(傅王)을 시켜 양고조에게 글을 보냈다.

"雙林樹下 當來解脫 善慧大士는 삼가 國主 救世菩薩에게 사뢰나이다. 이제
상·중·하의 선을 가리고자 하니 잘 받아 지니시기 바랍니다.

상급의 선이라 함은 대략 생각을 비우는 것이 근본이요, 집착하지 않는 것이
근본이요, 형상을 잊는 것이 원인이요, 열반이 결과입니다.

중급의 선이라 함은 대략 몸을 다스리는 것이 근본이요, 나라를 다스리는 것
이 조종이요, 천상과 인간이 안락한 과보를 받는 것입니다.

하급의 선이라 함은 대략 뭇 생명을 보호하여 잔인함을 이기고 살생을 버리
어 온 백성이 모두가 6재를 지키게 하는 것입니다. 이제 듣건대 황제께선 불법
을 숭상하신다는데 속에 든 말씀을 사뢰고자 하셨으나 겨를을 얻지 못하였기에
이제 제자 부왕을 시켜 글월을 올리나이다."

부왕이 태악령(관명)인 하창(何昌)에게 전하니, 하창이 말했다.

"혜약(慧約)국사 같은 분도 계(啓)를 올리지 않는데 부흡은 평민이요, 또 국
사도 아니면서 겸손하지 못하게 어찌 감히 글월을 바치는가."

이에 부왕이 대궐 앞 길에서 팔 하나를 태우니, 하창이 동태사(同泰寺)로 달

려 가서 이 일을 호법사(皓法師)에게 물었다. 호법사가 속히 전달하라고 권하니 2월 23일에야 글을 전달했다. 황제가 이를 보고 급히 조서를 보내 맞아들였다. 대사가 황제께 이르니 황제가 물었다.

"본래 누구를 스승으로 섬기셨소?"

"본래는 본래가 없고, 스승을 섬긴 것도 그러합니다."

소명(昭明)태자가 물었다.

"보살이 말한 바는 길지도 짧지도 않고, 넓지도 좁지도 않고, 끝이 있지도 없지도 않아서 여여(如如)한 바른 진리일 뿐이거늘 또 무슨 말이 있겠습니까?"

하자 황제가 또 물었다.

"무엇이 진제(眞諦)입니까?"

"쉬었으나 멸하지 않는 것입니다."

"이는 빛이 있습니까?"

"재물에 임하여도 얻으려 애쓰지 않고, 죽음을 당하여도 면하려 애쓰지 않습니다."

"대사는 예절을 잘 아시는군요"

"온갖 법은 있지도 없지도 않습니다."

"대사께서 가르치신 것을 삼가 받들겠습니다."

"삼천대천세계에 있는 온갖 색상은 모두가 공으로 돌아가고 모든 냇물은 흘러 바다를 지나지 않고 무량한 묘법은 진여에서 벗어나지 않습니다."

다음날 황제가 수광전에서 지공(誌公)을 청해 금강경을 강해 달라 하니, 지공이 말했다.

"대사라야 할 수 있습니다."

황제가 대사께 청하니, 대사가 자리에 올라 박판(拍板)을 잡고 경을 소리 높여 읊고 49수의 게송을 지었다.

먼저 정구업진언과 발원문(稽首三界尊 十方無量佛 我今發弘願 持此金剛經 上報四重恩 下濟三塗苦 若有見聞者 悉發菩提心 盡此一報身 同生極樂國)을 외우고, 8금강(靑除災·辟毒·黃隨求·白淨水·赤聲·定除災·紫賢·大神), 4보살(羂·

索·愛·語)를 청한 뒤 "如來涅槃日 婆羅双樹間 阿難沒憂悔 悲慟不能前 優婆初 請問 經首立何言 佛敎如是著 萬代古今傳"으로부터 시작하여 "如星翳燈幻 皆爲 喩無常 漏識修因果 誰言得久長 危脆同泡露 如雲影電光 饒經八萬劫 終始落空之" 으로 끝마친 뒤 변계(遍計), 의타(依他), 원성(圓成) 3성송을 읊었다.

대동(大東) 5년에 자기 집을 버리고 송산 밑에다 절을 짓겠다고 아뢰고, 두 그루의 나무에 의하여 절을 지었으므로 쌍림사(雙林寺)라 하였는데, 그 나무가 잇대어 엉키고, 상서로운 구름이 감싸고 두 마리의 학이 와서 깃들었다.

태청(太淸) 2년에 대사는 맹세코 음식을 받지 않고, 부처님의 생신날을 택해 몸을 태워 공양하리라 하였는데, 그날이 되어 60여 인이 대신 먹지 않고 몸을 태우고, 3백여 인이 가슴을 찔러 피를 뽑아 향에다 개서 대사께서 세상에 더 계시기를 청하니 대사는 그들을 가엾이 여기어 승낙하였다.

승성(承聖) 3년에 다시 집안 살림을 팔아서 중생을 위하여 삼보께 공양하고 이어 게송으로 말했다.

傾捨爲群品	살림을 탕진함은 중생을 위하여
奉供天中天	거룩한 부처님께 공양키 위함이니
仰祈甘露雨	바라건대 끝없는 단이슬을 뿌려서
流樹普無邊	중생을 두루두루 적셔 주소서.

진(陳)의 천화 2년 대사는 송산 마루턱에 줄지어선 나무를 돌면서 도를 닦으니 7불이 뒤를 따라 감응하였는데, 석가가 앞을 이끌고 유마가 뒤를 따랐다. 이 때 석존만이 자주 돌아보면서 "나의 보처"라 하였는데, 홀연 그 산에 노란 구름이 일어 일산같이 서리었다. 그래서 사람들이 운황산(雲黃山)이라 불렀다.

이때에 혜화(慧和)법사라는 이가 있다가 병없이 떠났고, 송두타는 가산(柯山) 의 영암사에서 입멸했는데 대사는 멀리서 알고 말했다.

"숭공(崇公)이 도솔천에서 나를 기다리니 오래 머물 수 없다."

이때는 주변에 있는 나무들이 바야흐로 무성하여 열매를 맺으려던 때였다.

진(陳)의 태건(太建) 원년 기축 4월 24일에 대중에게 보였다.

"이 몸은 극히 더러운 것, 뭇 고통이 모인 바이니 모름지기 3업을 삼가고 바라밀을 닦아라. 만일 지옥에 떨어지면 끝내 벗어날 수 없으니 참회하라.

내가 떠난 뒤에 절대로 침상을 옮기지 말라. 7일 만에 법맹상인(法猛上人)이라는 이가 등상과 석종(石鐘. 부도)을 가지고 오리라."

"멸도하신 뒤에 형체는 어찌 하리까?"

"산 봉우리에서 태워라."

"되지 않을 때엔 어찌 합니까?"

"행여라도 관에다 거두지 말고, 그저 벽돌로 단을 쌓아 시체를 그 위에다 옮기고 병풍을 두른 뒤에 붉은 비단을 그 위에 덮어라. 그리고 위에는 부도를 세우고 미륵의 등상을 그 밑에 뫼시어라."

"부처님들이 열반에 드실 때엔 모두가 공덕의 말씀을 하셨으니 스님의 행적을 들려 주십시오."

"나는 넷째 하늘에서 왔는데 그대들을 제도하기 위해서 석가의 다음 보처가 되었다. 그리고 부보민(傅普敏)은 문수요, 혜집(慧集)은 관음이요, 하창(何昌)은 아난인데 함께 와서 나를 도왔다. 그러므로 대품대반야경에 이르기를, '어떤 보살이 도솔천에서 와서 모든 감관이 명리하여 빨리 반야에 상응하리라' 하였는데 바로 이 몸이다."

말을 마치자 가부좌를 맺고 임종하니 수명이 70세였다. 그러자 과연 맹사(猛師)가 수 놓은 미륵상과 구유종(九乳鐘)을 가지고 와서 뫼셔 놓더니, 이내 보이지 않았다. 대사의 도구 10여 가지가 아직도 남아 있다.

진(晉)의 천복(天福) 9년 갑진 6월 17일에 전왕(錢王)이 사자를 보내 탑을 열고 자금색(紫金色)의 영골(靈骨) 16편과 도구를 고을 남쪽에 있는 용산(龍山)으로 가져다가 용화사(龍華寺)를 짓고 봉안했다. 그리고는 영골로 그의 동상을 비겼다.

2. 남악 혜사선사(慧思禪師)와 천태 지의선사(智顗禪師)

혜사선사는 무진(武津)사람이니 성은 이(李)씨였다. 정수리에 육계가 있었고 소 걸음에 코끼리 거동을 하였다. 어릴 때부터 인자하시기로 마을에 알려졌다.

일찍이 꿈을 꾸니 어느 스님이 출가하라 권하기에 바로 부모를 하직하고 불도에 들어왔다. 구족계를 받은 뒤엔 항상 앉았기를 익히고 하루에 한끼니 만을 먹고 법화경을 비롯한 여러 경을 천 번 읽었다. 또 묘승정경(妙勝定經)을 열람하다가 선나(禪那)의 공덕을 찬탄하고 발심하여 도반을 찾아 나섰다.

이때에 혜문(慧聞)선사에게 수백명의 무리가 있었는데, 거기에 가서 법을 배웠다. 밤낮을 가리지 않고 마음을 거두어 잡아 여름 안거를 시작한지 37일만에 숙지통(宿知通)을 얻었다. 이에 더욱 정진했더니 갑자기 장애가 일었는데 4지가 나른하여 걸음을 걸을 수 없었다. 이때에 혼자서 이렇게 생각하였다.

"병은 업에서 나고, 업은 마음에서 일어나는데 마음의 근원에는 일어나는 것이 없거늘 바깥 경계가 어찌 존재하랴. 병과 업과 몸이 모두 그림자 같다."

이렇게 관찰하고 나니 뒤바뀐 생각이 사라지고 전과 같이 개운하였다. 여름을 지내고 나도 아무 얻은 바가 없으므로 매우 부끄럽게 생각하여 몸을 벽에다 벌렁 던지니 등이 벽에 닿기 전에 활짝 깨달았다. 법화삼매(法華三昧)의 최상승문(最上乘門)을 한 생각에 밝게 깨달아 연구와 연마를 더욱 오래 계속하니 앞서 닦던 관법이 더욱 늘고 덕망이 멀리 퍼져서 학자들이 날마다 모였다. 그들을 격려하기를 게을리 하지 않으니 기틀과 감응이 번다하였으므로 대·소승과 정혜 등의 법으로 근기를 따라 이끌어 주어 자비·인욕의 행을 닦게 하고, 보살의 삼취정계(三聚淨戒)를 받들어 행하게 했다.

의복은 모두가 베로 지었고, 정히 추우면 쑥솜(艾)을 더 두었다.

북제(北齋)의 천보(天保) 때에 무리들을 이끌고 남쪽으로 가다가 양효원(梁孝元)의 난을 만나 잠시 대선산(大鮮山)에 멈추니 목숨을 가벼이 여기고 법을 중히 여기는 이들이 앞뒤를 다투어 위험을 무릅쓰고 모여들어 산림(山林)을 메웠다.

이에 대사가 대중에게 일렀다.

"도의 근원은 멀지 않고 서품의 바다는 먼 곳에 있지 않다. 다만 자기를 향해 구할지언정 딴 곳에서 찾지 말라. 찾으면 얻지 못할 것이요. 얻는다 해도 참되지 못하다"하고 다음과 같이 게송을 읊었다.

頓悟心源開寶藏　　마음 근원 활짝 깨어 보배 창고 열리니
隱顯靈通現眞相　　숨고 드러나는 영통함은 참된 형상 나타내고
獨行獨坐常巍巍　　홀로 앉고 다녀 언제나 당당한데
百億化身無數量　　그 수효를 셀 수 없네

縱合偪塞滿虛空　　허공을 가득히 메웠다 하여도
看時不見微塵相　　볼려면 티끌만큼도 볼 수 없다네

可笑物兮無比況　　우습구나 무엇으로도 견줄 수 없는데
口吐明珠光晃晃　　입에 문 밝은 구슬 광채같이 황황해

尋常見說不思義　　언제나 부사의라 불리우고 있지만
一語標名言下當　　한 마디로 이름 불러 말 끝에 드러내네

또

天不能蓋地不載　　하늘이 덮지 못하고 땅이 싣지 못하며
無去無來無障礙　　가지도 오지도 않고 막힘도 없다
無長無短無靑黃　　길지도 짧지도 않고 청황도 아니며
不在中間及內外　　중간과 안팎에도 있지 않는다

超群出衆太虛玄　　무리를 뛰어나 태허 밖에 현묘한데
指物傳心人不會　　그것을 가리켜 마음을 전하나 사람들은 알지 못하네

　그 밖에도 물음에 따라 응답 하였고 도속이 시주한 것들을 가지고 금으로 반
야경을 만들었다.
　이때에 대중들이 대사께 두 가지의 경을 강의해 주기를 청하니 글을 따라 해
석을 내리고 때로는 문인인 지의(智顗)에게 대신 강하게 하기도 했는데 일심(一
心)에 만행이 갖추었다는 곳에 이르러 의심이 나서 물으니 대사가 말했다.
　"그대가 의심하고 있는 것은 대품에서 밝힌 차례의 뜻이다. 법화의 원돈종지
(圓頓宗旨)는 아니다. 나는 지난 여름 동안에 한 생각에 모든 법이 활짝 개이어
앞에 나타나는 것을 보았다. 나는 이미 몸으로 증득했으니 다시는 의심치 않게
되었다.
　지의가 법화경을 받들어 행하여 37일만에 깨달음을 얻었다.

　진(陳)의 광대(光大) 6년 6월 23일에 대소산에서 40여명의 대중을 이끌고 남
악을 향해 질러가 다시 말했다.
　"내가 이 산에 10년을 있게 될 것이다. 그 뒤에는 분명 멀리 다니기를 일삼
을 것이다. 나의 전생 몸도 여기를 지나간 일이 있다."
　길을 가다가 형양(衡陽)에 이르러 숲과 못이 수승하고 괴이한 곳을 만났는데,
대사가 말했다.
　"이는 옛 절이다. 내가 여기에 살았었다."
　그리하여 땅을 파게 하니 묵은 터가 역력했다. 또 바위 밑을 가리키면서 말
했다.
　"내가 여기서 좌선을 하는데 도적이 나의 목을 베었었다."
　그리고는 그 곁에서 마른 뼈다귀 한 무더기를 얻었다. 이로부터 대사의 덕화
가 더욱 널히 퍼졌는데, 진주(陳主)가 자주 초청해서 위로하고 공양하였으며,
대사(大師)라 불렀다.

　세상을 떠나려 할 때에 문인들에게 말했다.
　"단 열 사람 만이라도 생명을 아끼지 않고 항상 법전, 반주, 염불삼매나 방
등참회(方等懺悔)를 닦아 증득하기를 바라는 이가 있다면 나는 그들이 필요한

것을 무엇이나 다 공급하겠다. 만일 그런 사람이 없으면 나는 멀리 떠나겠다."

이때 대중들이 고행은 어려운 일이라 하여 아무도 대답치 않으니 대사는 무리를 물리치고 조용히 떠났다. 이에 작은 스님 운변(雲辯)이 소리를 지르니 대사가 눈을 뜨고 물었다.

"너는 악마다. 내가 떠나려는데 왜 시끄럽게 해서 나를 방해하는가. 어리석은 사람아, 나가라."

말을 마지고는 영원히 떠났다. 이 때에 이상한 향기가 방 안에 가득하였고, 정수리는 따뜻하고 몸은 보드라웠으며 얼굴 빛은 평상시와 같았다. 그 해는 태건(太建) 9년 6월 23일로서 세상 수명은 64세있다.

무릇 저술을 할 때엔 모두 입으로 불렀을 뿐 붓으로 쓴 것이 없으니 42자문(字門) 2권과 무쟁행문(無諍行門) 2권, 석론현(釋論玄), 수자의(隨自意), 안락행차제(安樂行次第), 선요(禪要), 삼지관문(三智觀門) 등 5부를 각 1권씩 남겼다.

천태 지의선사(天台 智顗禪師)는 형주 화용(荊州 華容)사람이다. 성은 진(陳)씨였다. 어머니 서(徐)씨의 꿈에 5색의 향연(香煙)이 품을 감싸는 것을 보았는데 탄생하는 날 저녁엔 상서로운 광채가 마을을 비쳤다.

어릴 적부터 신기한 일이 많아서 피부에 때가 묻지 않았고 7세때에 과원사(果願寺)에 들어가 스님이 법화경의 보문품 읽는 소리를 듣고 바로 따라 외웠으며 이어 법화경 7권의 글을 제대로 다 기억해서 외우니 흡사 전생에 익힌 것 같았다.

5세에 불상 앞에 절을 하면서 출가하기를 서원하다가 조급한 마음에 꿈을 꾸니 바닷가에 큰 산이 있고 그 봉우리에서 스님이 손을 흔들어 부르더니 다시 절안으로 데리고 들어가서 말하기를,

"그대는 여기서 살다가 여기서 죽으리라."

하였다.

18세에 양친을 잃고 과원사에서 법서(法緖)라는 스님에 의해 스님이 되었고, 20세에 구족계를 받았다.

진(陳)의 건명(乾命) 원년에 광주 태소산의 혜사(慧思)스님을 뵈오니 말했다.

"옛날 영산에서 함께 법화경을 들었는데, 이제 또 왔구나."

그리고는 보현도량을 보여주고 4안락행(신·구·의·서원)을 말해주니 대사는 37일 동안 관(觀)에 들어 몸과 마음을 활짝 열리고 선정과 지혜가 융통하고 숙명통이 일어나 혼자만이 분명히 알았다. 이렇듯 깨달은 바를 혜사에게 사뢰니 혜사가 말했다.

"그대가 아니면 증득하지 못하고 내가 아니면 알지 못하리니 이것이 법화삼매의 앞 방편이며, 첫 선다라니(旋陀羅尼)이다. 비록 문자를 따지는 스승이 천만명이 있더라도 그대의 변재는 당하지 못하리라. 그대는 법의 등불을 잘 전하여 마지막으로 부처의 종자를 끊는 사람이 되지 말라."

대사는 인가를 받은 뒤 태건 원년에 혜사를 하직하고 금능에 가서 살면서 교화했는데, 설법하되 문자를 세우지 않았고 변재가 능숙하여 밤낮을 게을리 하지 않았다.

태건 7년 을미에 무리들을 다 돌려 보내고 천태산 불롱봉(佛隴峰)에 숨었다. 이에 앞서 정광(定光)선사라는 이가 여기에 살다가 제자들에게 말하되 "머지 않아 큰 선지식이 제자들을 거느리고 이리로 오리라" 하였는데, 조금 있다가 대사가 이르렀다. 이에 정광이 말했다.

"옛날 손을 들어 부르던 일을 기억하는가?"

대사는 곧 등상에 절하는 일을 깨닫고 기쁨과 슬픔이 엇갈려 손을 맞잡고 암자로 들어갔다. 그날 밤 허공에서 종과 경쇠(磬) 소리가 나니 대사가 물었다.

"이게 무슨 상서입니까?"

"이는 종을 쳐서 대중을 모아 살 징조입니다. 여기는 황금의 땅인데 내가 이미 살고 있고 북쪽 봉우리는 은의 땅이니 그대가 사시오."

산을 연 뒤에 선제(宣帝)가 수선사(修禪寺)를 짓고, 시풍현의 조세를 베어 주어 대중의 양식을 충당케 했다.

수(隋)의 양제(煬帝)가 대사께 보살계를 받으려 하니 대사는 황제를 위해 총지(總持)라는 법명을 지어 바쳤고 황제는 대사를 지자(智者)라 불렀다.

대사는 항상 법화경을 칭찬하되 일승의 묘전(妙典)이며, 화성(化城)의 집착을 깨트리며, 초암(草菴)속에 꽉 막힌 망정을 풀어주며 방편의 여러 문을 열며 진실의 묘한 이치를 드러내며 온갖 착한 작은 행(行)을 회통하며 광대한 일승에 들어간다 하였다. 그리하여 법화현의(法華玄義)를 들어내었으니 석명(釋名)·변체(辯體)·명종(明宗)·론용(論用)·판교상(判敎相)의 다섯 갈피로 되었다.

8敎라 함은 화의사교(化義四敎)의 돈(頓)·점(漸)·비밀(秘密)·부정(不定)과 화법사교(化法四敎)의 장(藏)·통(通)·별(別)·원(圓)이다.

3세 부처님의 말씀을 다 꾸려서 극진한 이치를 다했으니 이를 떠나서는 모두가 마군이의 말이다. 그러므로 교리를 밝힌 뒤엔 관행(觀行)이 아니면 본성을 회복할 수 없기에 일심삼제(一心三體)의 도리에 의하여 삼지삼관(三止三觀)을 보였다. 하나 하나가 마음을 관하여 생각 생각에 얻을 수 없나니 먼저는 공(空)이요, 다음은 가(假)요, 나중에는 중(中)인데 두 치우침(邊)을 떠나서 일심을 보기를 구름 밖의 달같이 보는 이는 별교(別敎)의 행상(行相)이다. 일찍이 말하기를,

"온갖 미혹을 깨뜨리는 데는 공(空)보다 더한 것이 없으며, 온갖 법을 건립하는 데는 가(假)보다 더한 것이 없고, 온갖 성품을 끝까지 규명하는 데는 중(中)보다 위대한 것이 없다 하였으니 하나의 중(中)이 온갖 중이다. 가(假)도 공도 모두가 중 아님이 없다. 공과 가의 경우도 역시 그러하나니 이는 원교의 행상이다. 마치 마혜수유천(摩醯首維天)의 세 눈이 가로도 세로도 합친 것도 아닌 것도 아닌 것 같기 때문이다.

삼관(三觀)이 원만히 이루어지면 법신(法身)이 가리어지지 않아서 가난한 집 자식과 같이 됨을 면하리라. 그러나 학자들이 성품 닦는 일에 흘리거나 치우친 집착에 빠질까 다시 걱정이 되어 다시 여섯 곳의 법문을 세워서 환란을 막았으니,

첫째는 이치가 곧 부처이니 십법계의 중생들이 최하로는 초명(蟭螟)에 이르기까지 똑같이 묘한 성품을 받고 태어났다. 본래부터 청정한 깨달음의 본체는 항상 머무르고 한 이치는 평등하여 원만하기 때문이다.

둘째는 이름이 곧 부처이니, 이치의 성품은 비록 평탄하나 헤매임을 빠진이는 날마다 사용하면서도 알지 못하나니, 반드시 말씀과 가르침으로 밖에서 훈

습시켜야 이름을 듣고 믿음을 일으키게 되기 때문이다.

셋째는 관행이 곧 부처이니, 이미 이름을 듣고 견해를 일으키었으니 반드시 앞의 세 관법에 의하여 근원에 들어 가야 되기 때문이다.

넷째는 비슷한 작용을 일으키기 때문이다.

다섯째는 부분적인 진여(分眞)가 곧 부처이니, 3심이 일어나서 진여의 작용을 얻으면 지위마다 더욱 수승해지기 때문이다.

여섯째는 구경이 곧 부처이니 무명이 영원히 사라지고 깨달음의 마음이 원융 지극해서 증득할 바 없음을 증득하기 때문이다.

위에서 말한 여섯 지위는 모두 곧 부처라 했는데 모두가 법신·화신을 갖춤 으로써 정보를 삼고, 사는 곳 마다 네 가지 국토로 의보를 삼는다. 네 가지 국 토라 함은 상적광토(常寂光土)와 실보무장애토(實報無障礙土)와 방편유여토(方 便有餘土)와 정예동거토(淨穢同居土)이다.

그러나 실제에는 몸도 국토도 아니요, 나음도 열등함도 없다. 오직 근기를 상대하여 가르치기 위하여 몸과 국토를 말하고 우수함과 열등함을 나눈다."

대사는 몸과 국토의 원융함과 방편과 실제의 걸림 없음을 얻었으므로 30여 년 동안 밤낮으로 연설해서 네 가지 이익을 얻었고 네 가지 실단(悉檀)을 갖추 었다.

문인 관정(灌頂)이 날마다 말 마디를 기록해서 책으로 모아 일컬어 천태교(天 台敎)라 했는데 따로따로 분류를 나누면 여러 가지가 있다. 대대로 전해져서 절강지방에 성대히 퍼져있다.

수의 개황(開皇) 17년 11월 17일에 황제가 조서를 보내 대사를 부르니, 대 사는 떠나려 하면서 문인들에게 말했다.

"나는 이제 가면 돌아오지 않는다. 그대들은 불롱남사(佛隴南寺)를 성취하되 전적으로 나의 계획에 따르라."

이에 시자가 말했다.

"스님의 힘이 아니고야 어찌 이룩하겠습니까?"

"이는 왕가에서 하실 것이니 그대들은 보겠지만 나는 보지 못한다."

대사는 21일에 염동의 석성사(石城寺)에 가는데 백척 돌 불상 앞에 이르자 걸음을 멈추더니 26일에 시자를 돌아보면서 말했다.

"관음께서 마중을 나왔으니 오래지 않아 떠나야겠구나."

이때 문인 지랑(智朗)이 청했다.

"어떤 지위와 어떤 생을 얻으셨습니까?"

"내가 대중을 거느리지 않았으니 반드시 6근이 청정해졌을 것이요. 나를 손해시켜도 남을 이롭게 하지 아니했으니 5품의 지위에 참예하였다."

서기에서 분부하여 관심게(觀心偈)와 그 밖의 온갖 법문을 외치고는 가부좌를 맺고 앉아서 떠나니 수명은 60세요, 법랍은 40세였다. 제자들이 불롱암(佛隴岩)으로 뫼시고 돌아가 장사했다.

대업(大業) 원년 9월에 양제(煬帝)가 회해(淮海)에 순행(巡行)을 나왔다가 제자 지조(智璪)를 보내 절의 편액을 쓰게 하고 이어 산에 들어가서 대사의 제사에 참석케 했다.

제삿날이 되어 스님들이 모여 석실(石室)을 열고 보니 빈 탑(榻)만이 남아 있었다. 이 때 모인 스님들이 천이었는데 바로 그 때 한 사람이 갑자기 불었다. 그래서 사람들은 모두 말하기를 '대사의 화신이 국왕의 공양을 받으러 왔다'고 했다.

대사는 처음 선교(禪敎)를 배우기 시작하면서 부터 마지막 멸도하기 까지 항상 헤어진 누더기 한 벌을 입어 여름이나 겨울에도 벗지 않았다. 오가면서 천태산에 살기 22년 큰 도량을 지은 것만도 12개소 였는데 최후에는 국청사(國淸寺)에 살았다. 그리고 형주의 옥천사등 36개의 절에서 스님 1만 5천명을 만들었고, 경전 15장을 베끼고 금이나 동의 불상과 그런 불상 80만을 조성하였으니 그 사적은 퍽 많은데 모두가 근본 전기와 같다.

3. 천태 풍간법선사(天台 豊干法禪師)와 한산(寒山)·습득(拾得)

천태 풍간선사는 어떤 사람인지 모른다. 천태산 국청사에 살면서 머리를 깎고 눈썹을 다듬고 베 두루마기를 입고 지냈다. 사람들이 혹시 불법의 이치를 물으면 그저 수시(隨時)라는 두 마디를 할 뿐이었다.

일찍이 창도가(唱道歌)를 부르면서 범을 타고 송문(松門) 안으로 들어오니 대중들이 깜짝 놀란 일이 있었다.

본사의 부엌에 두 고행자가 있었으니, 한산자(寒山子)와 습득(拾得)이었다. 두 사람이 같이 공양을 지었는데 날마다 중얼거리고 이야기를 하건만 엿들으면 아무도 무슨 말인지 알 수 없어서 사람들은 그들을 미치광이라 했다. 그러나 대사만은 퍽 친했다. 어느 날 풍간선사에게 한산이 물었다.

"묵은 거울을 닦지 않으면 어떻게 비치겠습니까?"

"얼음 항아리는 그림자가 없는데 원숭이는 물속의 달을 건진다."

"이것은 잘 비치지 않는데요?"

"만 가지 덕상을 가지고 오지 아니 했거늘 나에게 무엇을 말하라 하는 것인가."

한산과 습득이 함께 절을 했다. 대사는 이어 혼자서 오대산에 들어가 순례를 하다가 한 늙은이를 만나 물었다.

"문수가 아닙니까?"

"어찌 두 문수가 있으리오."

대사는 절을 하고 채 일어나기 전에 홀연히 사라졌다. 나중에 천태산에 돌아와서 입멸했다.

처음에 염구윤(閭丘胤)이 단구(丹丘) 지방을 지키려 나가게 되어 모자를 쓰려는 찰나 홀연히 머리가 아프기 시작하여 의관을 고치지 못했다. 이에 대사가 그를 찾아가서 말했다.

"내(貧道)가 천태산에서 성주(使君)를 뵈러 왔습니다."

여구윤이 병이 났다는 사실을 말하니 대사가 맑은 그릇의 물을 머금어서 뿜으니 잠깐 사이에 쾌차했다. 여구윤이 이상히 여겨 앞날의 운수를 한 마디 해

달라 하니 대사가 말했다.

　"임지에 가시거든 꼭 문수와 보현을 뵈시오."

　"그 두 보살이 어디에 있습니까?"

　"국청사에서 밥을 짓고 그릇을 씻는 한산과 습득이 바로 그들입니다."

　여구윤이 절을 하고 물러나서 바로 절로 가서 물었다.

　"이 절에 풍간선사가 있는가? 그리고 한산과 습득은 어디 분인가?"

　그때에 도요(道堯)라는 스님이 대답했다.

　"풍간선사의 방은 장경각 뒤에 있는데 지금은 텅 비었고, 한산과 습득 두 사람은 현재 부엌에서 일을 하고 있습니다."

　여구윤이 대사의 방에 들어가 보니 오직 범의 발자국만이 보였다. 그래서 다시 도요에게 물었다.

　"풍간선사는 여기서 무엇을 했는가?"

　"오직 방아를 찧어서 대중의 시봉을 하다가 한가하면 노래를 부르고 그렇다간 부엌에 들어가서 한산과 습득을 만났습니다.

　한산자(寒山子)에 관해서는 본래 성도 종족도 모른다. 처음에 풍현의 서쪽으로 10리 쯤에 한암(寒岩)과 명암(明岩)이 있었는데, 그 바위 틈에 살았으므로 한산이라 부른 것이다.

　얼굴이 바싹 여위고 다 떨어진 베 바지를 입고 자작나무 껍질로 관을 만들어 쓰고 큰 나막신을 신고 있었다. 때로는 국청사에 가서 습득을 찾아 찬밥이나 반찬 찌꺼기를 얻어 먹고는 댓돌 위를 슬슬 거닐기도 하고 허공을 보고 공연히 호통을 치기도 했다. 절에 사는 스님들이 작대기로 때려 쫓으면 몸을 잽싸게 뒤쳐 손벽을 치면서 깔깔 웃으며 달아났고, 말하는 것이 씨는 먹히지 않으면서도 어딘가 깊은 뜻이 들어 있었다.

　어느날 풍간이 말했다.

　"그대가 나와 함께 오대산에 간다면 나의 도반이 되고, 나와 함께 가지 않는다면 그대는 나의 도반이 아니다."

　"나는 안 가겠소."

"그러면 그대는 나의 도반이 못된다."

"스님은 오대산에 가서 무엇을 하시렵니까?"

"문수보살을 뵈련다."

"그러니 스님은 나의 도반이 못 되십니다."

풍간이 죽은 뒤에 여구윤이 산에 들렸다가 한산과 습득 두 사람이 화로 곁에 둘러 앉아 웃으면서 이야기하는 것을 발견하고 얼결에 절을 했다. 이에 두 사람은 소리를 맞추어 여구윤을 꾸짖으니 절의 대중이 놀라서 말했다.

"대관께선 어찌하여 이 미치광이에게 절을 하십니까?"

한산자는 다시 여구윤의 손을 잡고 웃으면서 말했다.

"풍간은 똑하지요?"

하고 오랫동안 있다가 손을 놓았다.

이로부터 한산과 습득은 손을 맞잡고 솔문을 빠져나가 다시는 절에 돌아오지 않았다. 여구윤이 다시 한암으로 찾아와서 절하여 뵙고 의복과 약을 보내니 두 분은 소리를 높여,

"도적아, 도적아."

하고 꾸짖고는 몸을 움추려 바위 틈으로 들어가면서 말하기를,

"여러분, 모두가 제각기 노력하라."

하니 바위틈이 저절로 합해졌다.

여구윤이 슬퍼하여 스님 도요로 하여금 그의 유물을 찾게 하니 숲 사이의 잎 사귀에 쓴 노래와 계송, 마을 집벽에 써 놓은 시 3백여 수를 얻어 세간에 퍼뜨렸다. 조산본적(曹山本寂)선사가 주석을 내어 대한사자시(對寒山子詩)라 불렀다.

습득(拾得)도 성도 이름도 전하지 않는다. 풍간선사가 산에서 거닐다가 적성 (赤城)까지 갔을 때에 길옆에서 아기 우는 소리가 나기에 찾아 보니 몇 살 되지 않은 아이가 있었다. 처음에는 소치는 아이로 여겼으나 물어보고서야 버려진 아이임을 알고 습득(拾得)이라 이름을 지어 주고는 국청사로 데리고 가서 전좌(典座) 소임을 맡은 스님에게 맡기면서,

"나중에 누가 찾거든 꼭 내어주라."

했는데, 나중에는 영습(靈熠)이라는 스님이 그를 거두어 식당의 향과 등불을 맡게 되었다. 그러던 어느 날 갑자기 탁자에 올라가 불상과 마주 앉아 밥을 먹기도 하고 또는 교진여(憍陣如)상좌의 등상 앞에서 "소과성문(小果聲聞)아" 부르기도 하였다.

스님들이 이를 보자 쫓아냈다. 영습도 화가 나서 큰스님께 보고해서 그의 소임을 빼앗고 부엌에서 그릇이나 씻으라 했더니 날마다 공양이 끝난 뒤엔 뜨물 찌꺼기를 가라앉혀서 통에 담아 두면 한산이 와서 지고 가곤 하였다.

어느 날 마당을 쓰는데 원주가 물었다.

"그대의 이름은 습득이다. 풍간선사가 그대를 주워 왔다. 그대의 진짜 성은 무엇인가, 또 어디서 살았는가?"

습득이 비를 던지고 차수(叉手)하고 오똑 섰으니 원주는 어리둥절 하였다. 이에 한산이 가슴을 치면서,

"아이고(蒼天)!"

를 잇달아 외치니 습득이 그에게 물었다.

"그대는 어찌 생각하는가?"

한산이 대답했다.

"듣지 못했는가? 동쪽집에서 초상이 나면 서쪽집에서 슬픔을 보탠다는 말을…."

그리고 두 사람은 춤과 곡과 웃음으로 어울려 밖으로 나갔다. 이때 호가람신(護伽藍神)의 사당에다 날마다 대중의 남은 밥을 두면 까마귀가 물어갔다. 이에 습득이 막대기로 튕기면서 말했다.

"그대는 밥 하나도 지키지 못하면서 어찌 가람을 지키겠는가?"

그날 밤 가람신이 온 대중의 꿈이 나타나서 말했다.

"습득이 나를 때린다."

아침에 스님들이 꿈 이야기를 하다가 우연히 부합됨을 알고 온 절이 발칵 뒤집혔다. 이어 고을에 이 사실을 알리니 고을에서 이런 공문이 왔다.

"현사(賢士)의 숨은 행리는 보살의 명확하신 몸이매 표창해야 하리니 습득을 어진 선비라 부르노라."

이때 도보스님이 한산의 문구를 수록해 모으면서 습득의 게송을 곁들여 붙였다.

습득의 여러 게송 중 하나를 여기 소개한다.

미륵보살 게송

늙은 몸이 누더기 옷 입고 거칠은 밥으로 배를 불리며
해진 옷 기워 몸을 가리니 모든 일에 인연을 따를 뿐이네.

어느 사람 나를 꾸짖으면 나는 좋습니다 하고
나를 때리면 나는 쓰러져 눕고

얼굴에 침을 뱉어도 마를 때까지 그냥 두네.
내편에선 애쓸 것 없고 저편에선 번뇌가 없으리.

이러한 바라밀이야말로 신묘한 보물이니
이 소식을 알기만 하면 도가 차지 못한다 걱정할 것 없네.

사람은 약하나 마음은 약하지 않고
사람은 가난해도 도는 가난하지 않아
한결 같은 마음으로 행을 닦으면 언제나 도에 있으리.

세상 사람들 영화를 즐기나 나는 보지도 않고
명예와 재물 모두 비었거늘 탐하는 마음 만족을 모르네.

황금이 산처럼 쌓였더라도 덧없는 목숨 살 수 없나니
자공(子貢)은 말을 잘 했고 주공(周公)은 지혜가 빠르고
제갈 공명 (諸葛孔明)은 계책이 많고 번쾌(樊快)는 임금을 구했으며
한신(韓信)은 공이 크지만 칼을 받고 죽지 않았던가.

고금(古今)에 수없는 사람들 지금 얼마나 살아 있는가.
저 사람은 영웅인 체하고 이 사람은 호남자(好男子)라 하지만
귀밑에 흰 털이 나게 되면 이마와 얼굴은 쭈그러지고
해와 달은 북 나들 듯 세월은 쏜 살과 같네.
그러다가 병이 들게 되면 머리를 숙이고 한탄할 뿐
젊었을 적에 왜 수행하지 않았던가 하네.

병 난 뒤에 지난 일 뉘우쳐도 염라대왕은 용서하지 않나니
세 치 되는 목숨 끊어지면 오는 것은 송장 뿐,

옳다 그르다는 시비도 없고 집안 일 걱정도 않으며
나와 남을 분별함이 없고 좋은 사람 노릇도 아니 하네.

꾸짖어도 말이 없고 물어도 벙어리인 양
때려도 성내지 않고 밀면 통째로 구를 뿐이네.

남이 웃어도 탓하지 않고 체면을 차리지도 않으며
아들 딸이 통곡하여도 다시는 보지 못하고,

명예와 재물 그렇게 탐하더니 북망산천으로 이웃을 삼네.
온 세상 사람들 두 얼이 빠졌으니

그만이라도 정신 차려서 보리의 도를 닦아 행하라.
씩씩한 대장부 되어 한 칼로 두 조라 내라.

불구덩에서 뛰어나 쾌한 사람 되어 보게.
참된 이치를 깨닫게 되면 해와 달로 이웃하리라.

4. 명주 포대화상(明州 布袋和尙)

그의 성과 종족은 자세하지 않으나 자기가 자칭하는 이름은 계차(契此)였다. 생김새가 비대하고 이마에 주름이 잡히고, 배가 겹쳐지고 말이 일정치 않고, 아무데서나 자고 누웠다. 항상 지팡이 끝에다 베자루 하나를 달아 메고 온갖 살림을 모두 그 속에다 넣었다.

저자나 마을에 들어갔다가 물건을 보면 달라고 했는데, 단술이나 초나 생선이나 김치 따위를 만나면 조금 떼어서 입에다 넣고 나머지는 자루 속에다 넣으니 사람들이 장정자 포대사(長汀子 布袋師)라 불렀다.

일찍이 눈 속에 누웠으나 눈이 몸에 젖지 않으니 사람들이 이 때문에 신기하게 여겼다. 혹 사람들에게 무엇을 달라 했다가 돈을 주면 돌려 주고 남에게 길흉을 예언해 주면 조금도 틀리지 않았다.

비가 올려 하면 젖은 짚신을 신고 길바닥을 뛰어다니고 심한 가뭄을 만나게 되면 굽 높은 나막신을 신고 시장의 다리 위에서 무릎을 세우고 자니 사람들이 이것으로 날씨를 짐작하였다.

어떤 스님이 대사의 앞을 가는데 대사가 그의 등을 한 번 문지르니 스님이 고개를 돌렸다. 이에 대사가 말했다.

"돈 한 푼 주오."

"바로 말하면 한 푼 주겠소."

대사가 베자루를 벗어 던지고 차수를 하고 섰었다.

백록(白鹿)화상이 물었다.

"어떤 것이 베자루입니까?"

대사가 다시 짊어지고 갔다. 보복(保福)화상이 물었다.

"어떤 것이 불법의 대의입니까?"

대사가 베자루를 벗어 던지고 차수하고 섰으니 보복이 다시 물었다.

"그것 뿐입니까?"

대사가 다시 짊어지고 가다가 길 모퉁이에 섰으니 어떤 스님이 물었다.

"스님, 여기서 무엇하십니까?"

"누군가를 기다린다."

"그가 왔습니다. 왔어요."

"그대는 그 사람이 아니다."

"어떤 것이 그 사람입니까?"

"내게 돈이나 한 푼 다오."

대사는 노래를 불렀다.

只箇心心是佛   오직 마음이라는 마음, 그 마음만이 부처이니
十方世界初靈物   시방세계에 가장 영특한 물건일세
縱橫妙用可憐生   가로 세로 묘한 작용 신통한 그 놈이니
一切不如心眞實   온갖 것이 마음의 진실함만은 못하다.

騰騰自在無所爲   팔팔하고 자재하여 하는 일 없으니
閑閑究竟出家見   한가롭고 한가로와 출가한 장부일세
若睹目前眞大道   눈 앞의 참된 도를 본다 해도
不見纖毫也大奇   털끝만큼도 기특하게 여기지 않네
萬法何殊心何異   만법이 무엇이 다르며 마음은 무엇이 다르기에
何勞更用尋經義   어찌하여 수고로이 경의 뜻을 또 찾으랴

心王本自絶多知   심왕은 본래 분별을 끊었으니
智者只明無學地   지혜로운 이는 오직 배울 것 없는 경지만을 밝힌다.
非聖非凡復若呼   범부도 성인도 아니거니 또 무엇이라 하리요
不彊分別聖情孤   억지로 분별치 않으면 거룩한 심정 우뚝해진다
無價心殊本圓淨   값지을 수 없는 마음의 구슬이 본래 둥글고 깨끗하거늘
凡是異相妄空呼   범부는 다른 형상이라 허망하게 이름만 부른다.

人能弘道道分明　　사람이 도를 펴면 도가 밝아지니
無量淸高稱道情　　한량없이 맑고 높음을 도의 뜻이라 부른다.
携錦若登故國路　　석장을 집고 고국의 길에 오르기만 한다면
莫愁諸處不開聲　　어디서나 도의 소리 듣지 못할까 근심치 말라.

또

一鉢千家飯　　발우 하나로 천 집의 밥을 먹고
孤身萬里遊　　외로운 몸 만리에 거닐은다
靑目睹人少　　푸른 눈은 사람을 보는 일 없고
問路白雲頭　　길을 물으니 백운의 끝이더라.

양의 정명(貞明) 3년 병자 3월에 장차 입멸하려할 때에 옥립사 동쪽 복도 밑의 반석 위에 단정히 앉아서 게송을 읊었다.

彌勒眞彌勒　　미륵은 참 미륵인데
分身千百億　　몸을 천 백 억으로 나누네
時時示時人　　때때로 요샛 사람들에게 보이나
時人自不識　　요샛 사람들이 스스로 알지 못하네

게송을 마치고는 편안히 앉아서 떠났는데 그 뒤에 딴 고을사들은 여전히 대사가 베자루를 메고 다니는 것을 보았다. 이에 사부대중이 그 모습을 그렸는데, 지금도 악림사 큰 법당 동당(東堂)에 온 몸이 그대로 남아있다. 중화민국 건립이 후 중국의 승상(僧像)을 무엇으로 상징할까 하다가 포대화상으로 점찍어 절문마다 포대화상을 모셨다.

부 록

청정도론(清淨道論) : 근본불교수행론

보리도차제(菩提道次第) : 티베트의 자비선 교재

경덕전등록(景德傳燈錄) : 인도 중국 선맥을 기록한 선우역사서

선문염송(禪門拈頌) : 선의 내용을 철학적으로 논설한 한국의 선서

직지심체(直指心體) : 바로 마음의 자체를 밝힌 선서

벽암록(碧巖錄) : 화두선의 실상을 밝힌 선서

종용록(從容錄) : 묵조선(默照禪)의 진미를 맛보게 하는 책

무문관(無門關) : 문 없는 문을 열고 들어가는 철칙 48개를 정리한 책

청정도론 (清淨道論 : Visuddhi Magga)

팔리어로 쓰여진 청정도론이 우리나라에서는 초기불전연구원에서 완역하여 2004년도에 출판하였다. 세 권으로 된 청정도론은 총 1500페이지가 넘은 대작이다. 이 대작을 통해 우리는 부처님께서 무엇을 생각하셨고, 무슨 말씀을 하셨으며, 제자들을 지도하는데 어떤 수행법을 권장하셨는지를 조금이라도 알 수 있다.

이런 뜻에서 이곳에 초기불교연구원에서 발간한 3권의 청정도론 목차만을 싣는다. 이와 함께 1953년에 영국태생 스리랑카 스님으로 팔리어에 능통한 나나몰리(Nanamoli)스님의 영역본 목차도 함께 병합하여 제시한다.

나나몰리스님은 팔리어판 청정도론에 따라 수행하면서 오랜 시일에 걸쳐 이를 영어로 번역하였다고 영역판 서문에 적고 있다. 이 스님의 영역에서 특이한 점은 팔리어를 영어로 번역하면서 팔리어 단어를 해석해서 적고 있다는 점이다. 예로서 팔리어 sila를 중국 역경사들은 戒라 번역했는데, 나나몰리스님은 이를 덕행(德行)이라 번역하였고, 중국역경사들이 음사한 頭陀行(Dhutanga)을 고행수행으로 해석번역한 점 등이다.

끝으로 붓다고사의 짧은 전기(傳記)를 이곳에 덧붙이다.

붓다고사(覺音/佛音) 스님

기원 5세기경 인도에서 태어난 붓다고사는 당시 장로파 불교의 학자이며 해설가로서 '청정도론(清淨道論)'을 저술하여 후세에 전함으로써 불교3장 이해는 물론 특히 불교 수행법에 관한 이해에 커다란 도움을 주고 있다. 청정도론은 붓다의 성불에 이르는 수행과정을 종합하여 분석한 거작으로 당시 장로파불교의 보수적인 경전해석을 종합한 저술로 장로파불교의 여섯 논장 가운데 가장 중요한 논장으로 꼽히고 있다.

붓다고사의 일생에 관해서는 권위있는 기록이 후세에 전해오지 않지만 스리랑카에서 결집된 불교대역사서(Mahavamsa)에 그의 일생이 기록되어 있다. 또한 단행본으로는 붓다고사 전기가 전해오지만 상호간에 엇갈리는 점이 많다. '붓다고사'란 '부처님의 목소리'라는 뜻을 지닌 팔리어이다.

붓다고사의 여러 저술 첫머리에 소개되는 그의 이력을 통해서 얼마간 그의 전기를 구성해 볼 수 있다. 이에 의하면 붓다고사는 오늘날 남인도 칸치푸람에서 한 브라민의 아들로 태어나 베다를 공부하고 인도 전역을 다니면서 당시 타종교인들과 종교 및 철학 토의를 벌리기도 하였다.

한때 보디가야를 방문했을 때 그곳에서 레바타(Revata)라는 불교 스님을 만나 철학 토의를 통해 패배를 당하고 불교로 전향할 것을 결심하게 되면서 장로파 아비다르마(논장)를 공부하기 시작하였다. 그후 출가하여 불교 스님이 되고, 인도에서 구할 수 없는 당시의 불교경전에 관한 해설서를 찾아 스리랑카로 옮겨갔다.

스리랑카로 옮겨 아누라다푸라 대사원 스님들이 수집한 다양한 불교3장을 열람하고 공부하면서 이를 종합하여 팔리어로 옮길 수 있게 허락해 줄 것을 요청하였다. 이에 사원의 장로스님들이 그의 능력을 시험하기 위해 경전 속의 두 구절에 대한 해석을 요구했다. 붓다고사는 이에 대한 대답으로 청정도론을 저술하여 제출하였다. 계속해서 이번에는 천신이 이 시험이 관여하여 그가 가지고 있는 교재를 숨겨놓고 그 안에 있는 내용을 시험하자 붓다고사는 어쩔 수 없이 처음서부터 경전을 재 찬술하여야만 했다. 마침내 여러 시험에 통과하자 사원의 장로스님들은 그에게 사원에서 소장하고 있는 3장 모두를 모아 이를 종합 결집하도록 허락하고, 이어 이들을 팔리어로 번역하였다.

붓다고사가는 스리랑카에서 3장을 팔리어로 옮기는 작업을 계속한 후 이 작업을 마치자 이것을 들고 보디가야로 와서 보리수 앞에서 부처님께 헌정하였다.

청정도론 (清淨道論)

이와 같이 청정도론은 근본불교성전의 기본 논문이다.

① 양심에 가책을 느끼는 윤리 도덕적인 생활(戒)과

② 안정된 미음 속에서 평화를 느끼는 선정 생활(定)

③ 옳고 그름을 판단할 수 있는 지혜로운 생활(慧)

이것에서 평정을 얻으면
첫째, 선악에 관계되지 않는 청정
둘째, 마음이 흔들리지 않는 청정
셋째, 보는데 오류가 없는 견청정
넷째, 의심을 제거하는 의청정
다섯째, 도와 도 아닌 것을 아는 지견청정
여섯째, 도 닦음에 갖가지 방편을 벗어나는 수행청정
일곱째, 더 이상 나아갈 수 없는 참된 평화, 열반을 증득하는 깨달음의 청정을 실천할 수 있다.

그럼 다음에 각묵스님 등이 번역한 국역 청정도론의 목차를 싣는다.

淸 淨 道 論
Visuddhi Magga

② 심의만 수용하는 수행의 주석
③ 탁발음식만 수용하는 수행의 주석
④ 차례대로 탁발하는 수행의 주석
⑤ 한 자리에서만 먹는 수행의 주석
⑥ 발우(한개)의 탁발음식만 먹는 수행의 주석
⑦ 나중에 얻은 밥을 먹지 않는 수행의 주석
⑧ 숲에 머무는 수행의 주석
⑨ 나무 아래 머무는 수행의 주석
⑩ 노천에 머무는 수행의 주석
⑪ 공동묘지에 머무는 수행의 주석
⑫ 배정된 대로 머무는 수행의 주석
⑬ 눕지 않는 수행의 주석
　일반적인 항목의 주석

제3장 명상주제의 습득
(Description of concentration – Taking a meditation subject)

I. 삼매란 무엇인가?

II. 무슨 뜻에서 삼매라 하는가?

III. 삼매의 특징, 역할 등은 무엇인가?

IV. 얼마나 많은 종료의 삼매가 있는가?
　한 가지 및 두 가지
　세 가지
　네 가지

V. 무엇이 이것의 오염원인가?

VI. 무엇이 깨끗함인가?

VII. 어떻게 닦아야 하는가?
　1. 열 가지 장애의 설명

2. 명상주제를 주는 자에 대한 설명
3. 기질의 설명
   40가지 명상주제의 설명

제4장 땅(4大 가운데 地)의 까시나
(Description of concentration – the earth kasina)

*까시나(kasina)는 근본불교 논장에 설명되어 있는 지관수행에서 관행(觀行)의 대상으로, 이는 물질적인 것이거나 색깔 또는 바람처럼 비물질적인 것일 수도 있다. (역자주)

4. 적당하지 않은 사원과 적당한 사원의 설명
   적당하지 않은 사원
   적당한 사원
5. 사소한 장애를 끊음
6. 닦는 절차
   (1) 땅의 까시나
      까시나 만들기
      두 가지 삼매
      표상을 보호함
       열 가지 본삼매에 드는 능숙함
       다섯 가지 비유
       초선의 주석
       초선의 정형구
       다섯 가지의 구성요소들을 버렸음 등의 설명
       세 가지로 좋음
       오래 머묾을 성취함
       표상을 확장하는 방법
       다섯 가지 자유자재
       제2선의 주석
         제2선의 정형구
       제3선의 주석
         제3선의 정형구
       제4선의 주석

제4선의 정형구
다섯으로 분류한 선(禪) — 오종선(五種禪)

제5장 나머지 까시나
(The remaining kasinas)

(2) 물의 까시나
(3) 불의 까시나
(4) 바람의 까시나
(5) 푸른색의 까시나
(6) 노란색의 까시나
(7) 붉은 색의 까시나
(8) 흰색의 까시나
(9) 광명의 까시나
(10) 한정된 허공의 까시나
일반적인 항목의 주석

제6장 부정(不淨)의 명상주제
(Foulness as a meditation subject)

부푼 것 등의 용어 설명
1. 부푼 것의 명상주제
2. 검푸른 것
3. 문드러진 것
4. 끊어진 것
5. 뜯어먹힌 것
6. 흩어진 것
7. 난도질을 당하여 뿔뿔이 흩어진 것
8. 피가 흐르는 것
9. 벌레가 버글거리는 것

제9장 거룩한 마음가짐(梵住)
(The abiding)

제10장 무색(無色)의 경지 – 비물질적 대상
(The immaterial state)

제11장 삼매
(Conclusion. 결론)

1. 음식에 대한 혐오 수행
2. 사대를 구분하는 수행
   땅의 요소에 속하는 20가지를 마음에 잡도리함
   물의 요소에 속하는 12가지를 마음에 잡도리함
   불의 요소에 속하는 4가지를 마음에 잡도리함
   바람의 요소에 속하는 6가지를 마음에 잡도리함
   그 외에 13가지 방법으로 마음에 잡도리함
   삼매를 닦으면 무슨 이익이 있는가?

제12장 신통력
(The supernormal powers)

초월지에 대한 주석
1. 신족통변화(神足通)에 대한 주석
   열가지 신통의 주석
   결의에 의한 신통
   1. 하나인 사태에서 여러 모양을 나투는 신통
   2. 하나의 몸이 되었다가 하나의 몸을 나투는 신통
   3. 나타나는 신통
   4. 숨기는 신통
   5. 장애가 없는 신통
   6. 땅 속으로부터 출몰하는 신통
   7. 물 위에서 침몰하지 않는 신통
   8. 날아가는 신통
   9. 손으로 해와 달을 만지는 신통
      난도빠난다 용왕을 길들인 이야기
   10. 몸이 자유자재한 신통

제13장 초월지
(Conclusion. 결론)

2. 신성한 귀의 요소(天耳界. 天耳通)의 주석
3. 남의 마음을 아는 지혜(他心通)의 주석
4. 전생을 기억하는 지혜(宿命通)의 주석
   세계가 파멸하는 원인
5. 죽음과 다시 태어남을 아는 지혜의 주석
   일반적인 항목의 주석

제14장 무더기(蘊)
(Description of Aggregates)

통찰지(慧)란 무엇인가?
I. 무엇이 통찰지인가?
II. 무슨 뜻에서 통찰지라 하는가?
III. 통찰지의 특징. 역할 등은 무엇인가?
IV. 얼마나 많은 통찰지가 있는가?
   한 가지 및 두 가지
   세 가지
   네 가지
V. 어떻게 닦아야 하는가?
   통찰지의 토양과 뿌리와 몸통에 대한 구분
   다섯 가지의 무더기(蘊)등
   (1) 물질의 무더니(色蘊)
   (2) 알음알이의 무더기(識蘊)
       (가) 유식한 것(善)
       (나) 해로운 것(不善)
       (다) 결정할 수 없는 것(無記)
           (ㄱ) 과보로 나타난 마음

제17장 통찰지의 토양(緣起)

(The woil in which understanding grows – conclusion)

제18장 견청정(見淸淨)
(Purification of view)

정신 · 물질을 파악함

  (1) 근본물질(四大)을 통해서 구분함
  (2) 18계(界)를 통해서 구분함
  (3) 12가지 감각장소(處)를 통해서 구분함
  (4) 무더기(蘊)들을 통해서 구분함
  (5) 네 가지 근본물질을 통해서 간략하게 구분함
만약 정신의 법들이 확연해지지 않으면 세 가지 양상으로 정신의 법들이 확연해짐
여러 경과 대조함
비유로 정신 · 물질을 설명함
정신 · 물질은 서로 의지한다.

제19장 의심을 극복함에 의한 청정
(Purification of overcoming doubt)

조건을 파악함
   정신 · 물질은 항상 조건에서 생긴다.
   공통적인 것과 특별한 것의 두 기자 조건
   연기의 역관 및 순관
   업과 업의 과보
   업과 업의 과보 이외에는 달리 행위자가 없다.

제20장 도와 도 아님에 대한 지견에 의한 청정
(Purification by knowledge and vision of what is and what is not path)

명상의 지혜
세 가지 통달지
깔라빠에 대한 명상 (깔라빠: 팔리어 kalapa: 혼합물질)
40가지 관찰
물질의 생겨남을 봄
정신의 생겨남을 봄
물질의 칠개조를 통한 명상
정신의 칠개조를 통한 명상
18가지 중요한 위빳사나
일어나고 사라짐을 관찰하는 지혜(전반부)
위빳사나의 경계
도와 도 아님의 구분

제21장 도닦음에 대한 지견에 의한 청정
(Purification of knowledge and vision of the way)

(1) 일어나고 사라짐을 관찰하는 지혜(후반부)
(2) 무너짐을 관찰하는 지혜
(3) 공포로 나타나는 지혜
(4) 위험함을 관찰하는 지혜
(5) 역겨움을 관찰하는 지혜
(6) 해탈하기를 원하는 지혜
(7) 깊이 숙고하여 관찰하는 지혜
(8) 상카라에 대한 평온의 지혜
　　세 가지 해탈의 관문
　　일곱 분의 성자들의 분류
　　이 지혜는 앞의 두 지혜와 같다

도의 출현으로 인도하는 위빳사나
12가지 비유
칠각지 등의 차이를 결정한다.
(9) 수순(隨順)하는 지혜

제22장 지견에 의한 청정
(Purification by knowledge and vision)

1. 고뜨라부, 네 가지 도, 네 가지 과 (고뜨라: 팔리어 gotra: 種姓)
   고뜨라부의 지혜와 첫 번째 도의 지혜
   나머지 도와 과의 지혜와 나머지 성자들
2. 깨달음의 편에 있는 법들 (37보리분법)
   (1) 깨달음의 편에 있는 법의 원만성취
   (2) 출현
   (3) 힘의 결합
   (4) 버려야 할 법들과
   (5) 그들을 버림
   (6) 통달지 등 네 가지의 역할
   (7) 통달지 등의 구분

제23장 통찰지 수행의 이익
(The benefits of understanding)

IV. 통찰지를 닦으면 무슨 이익이 있는가?
   1. 여러 가지 오염원들을 없앰
   2. 성스러운 과의 맛을 체험함
   3. 멸진정에 들 수 있는 능력을 갖다
   4. 공양 받을 만한 자가 됨 등을 성취함

보리도차제(菩提道次第 : Byang Chub Lam Rim)

티베트의 자비선과 보리도차제

티베트의 자비선은 우주인생의 근본이 되는 법(진리)을 밝히고 그 법을 가르쳐주는 스승을 공경하는 법과 배운 바 정법을 세상에 널리 펴 세상을 복되게 하는 방법을 가르치고 있다.

어리석은 중생은 생사락만을 즐겨 오직 자기 이익만 구하고 중유인사는 악을 그치고 선행을 지어 스스로 적멸에 드는 것을 희망하지만 최상장부는 자기의 고통을 그치고 일체중생의 고통은 벗겨서 영생을 즐기는 삶을 살기 때문이다.

먼저 원시경전(청정도론)을 중심으로 법의 청정과 스승도반의 청정을 믿고 육도(六度), 사섭(四攝)의 행을 실천한 뒤 지관정려(止觀靜慮)를 실천하여 37조도품을 완성함으로써 사마타, 위빠사나를 함께 구족할 것을 권장하고 있다.

티베트스님들, 특히 달라이라마의 정법으로 교육되고 있는 보리도차제의 명상법을 도면으로 소개하면 다음과 같다.

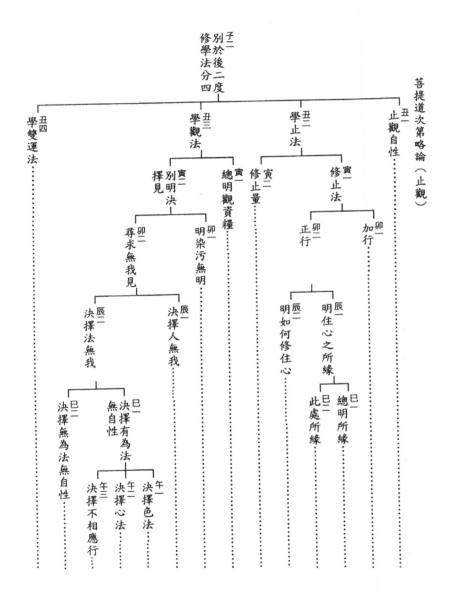

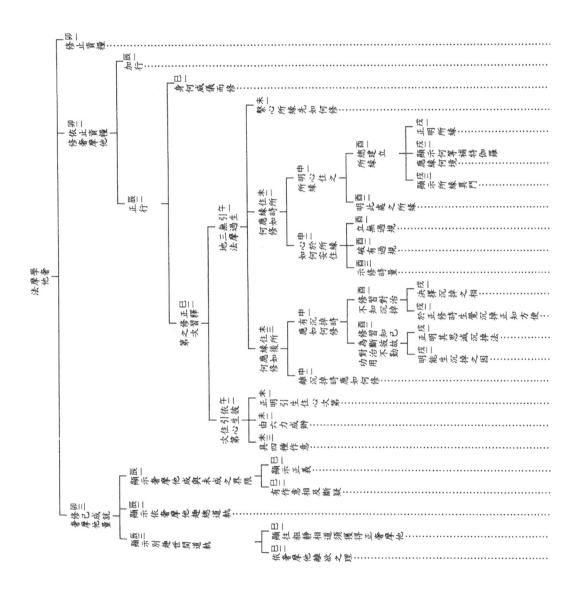

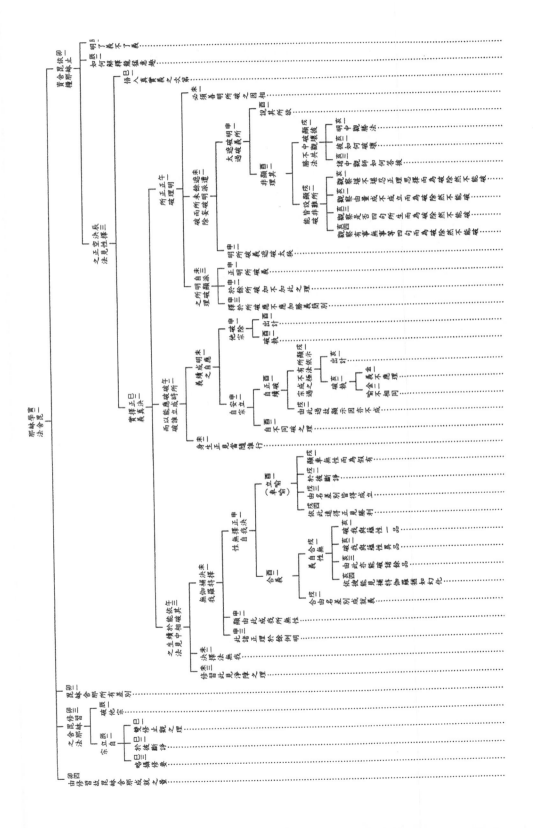

경덕전등록(景德傳燈錄)

선종의 정맥(正脈)을 계승해 나가는 내용을 기록한 책 가운데 다섯 가지 등록이 있으니 ① 전등록(傳燈錄) ② 광등록(廣燈錄) ③ 속등록(續燈錄) ④ 연등록(聯燈錄) ⑤ 보등록(普燈錄)이 그것이다. 모두 이것은 달마 이후의 넘쳐흐르는 불법을 선종 중심으로 정리한 것들이다.

그 가운데서도 송나라 도언스님께서 (운정암(云鄭嵒)의 발문에는 호주(湖州) 철관음원(鐵觀音院) 공진(拱辰)스님이 지었다고도 함) 진종 경덕(景德) 원년(1004)에 지은 것으로 총 30권으로 되어 있다. 양억(楊億 : 양문공)이 교정, 진종황제께 상진하여 선종 사전서 중 가장 대표적인 문헌으로 인정받았다. 당대에 이루어진 보림전(寶林傳), 속보림전(續寶林傳), 성주집(聖胄集) 등을 총망라하여 달마의 후예들이 사자가 상승(相承)해 놓은 내력을 자그마치 53세 1701인의 역사를 기록하고 뒤에 게찬(偈讚), 송명(頌銘), 가잠(歌箴) 등을 보충함으로써 유불 모두에 큰 영향력을 주었다. 주자의 이락연원록(伊洛淵源錄), 황리주(黃梨洲)의 명유학안(明儒学案), 만계야(萬季野)의 유림종파(儒林宗派) 등을 산출하였다.

내용이 방대하므로 이렇게 제목만을 소개하여 비교해보도록 한다.

景德傳燈錄目錄

洛京佛光如滿禪師
袁州南源道明禪師
忻州鄘村自滿禪師
朗州中邑洪恩禪師 ……
　洪州百丈山懷海禪師者

景德傳燈錄卷第七
懷讓禪師第二世四十五人
馬祖法嗣十八人見錄
懷讓禪師第二世法嗣

潭州三角山總印禪師
池州魯祖山寶雲禪師
洪州泐潭常興禪師
虔州西堂智藏禪師者
京兆府章敬寺懷惲禪師者
毗陵芙蓉山太毓禪師者
蒲州麻谷山寶徹禪師者
幽州盤山寶積禪師者
伊闕伏牛山自在禪師者
信州鵝湖大義禪師者
定州柏巖明哲禪師

盧山歸宗寺智常禪師者
鄂州無等禪師者
湖南東寺如會禪師者
五臺山隱峰禪師者
池州南泉普願禪師者
京兆興善寺惟寬禪師者
明州大梅山法常禪師者
婺州五洩山靈默禪師者
杭州鹽官鎮國海昌院齊安禪師者

忻州打地和尚
洞安和尚
鎮州金牛和尚
泉州龜洋山無了禪師者
紅螺和尚
大陽和尚
齊峰和尚
米嶺和尚
黑眼和尚
洪州西山亮座主

磁州馬頭峰神藏禪師
潭州華林善覺禪師
南嶽西園蘭若曇藏禪師者
則川和尚
松山和尚
韶州乳源和尚
利山和尚
汀州水塘和尚

本谿和尚
石林和尚
温州佛嶴和尚
烏臼和尚
潭州石霜大善和尚
石白和尚

古寺和尚
江西椑樹和尚
京兆草堂和尚
袁州陽岐山甄叔禪師
� …

景德傳燈錄卷第八
懷讓禪師第二世五十六人
　四十三人見錄
懷讓禪師第二世法嗣

汾州無業禪師
澧州大同廣澄禪師
池州南泉普願禪師者
京兆興善寺惟寬禪師者
明州大梅山法常禪師者
婺州五洩山靈默禪師者

古寺和尚
浮盃和尚
福谿和尚
逍遙和尚
洪州水老和尚
潭州龍山和尚
襄州居士龐蘊者

景德傳燈錄卷第九
懷讓禪師第三世五十六人
　三十八人　十三人見錄
前虔州西堂藏禪師法嗣四人　一人見錄
洪州百丈山懷海禪師法嗣

京兆黑澗和尚
洛京黑澗和尚
京兆興平和尚

黃檗希運禪師傳心法要

前京兆章敬寺懷惲禪師法嗣
吉州薯山慧超禪師
前湖南長沙景岑招賢大師
荊南白馬曇照禪師
福州長谿龜山正原禪師
鄧州香嚴下堂義端禪師
趙州觀音院東院從諗禪師
終南山雲際師祖禪師
金州操禪師
朗州古堤和尚
河中公畿和尚

前溈山靈祐禪師法嗣
前虔州西堂藏禪師法嗣
前湖南東寺如會禪師法嗣
慶州處微禪師
鄂州茱萸山和尚
池州靈鷲閑禪師
洪州東山慧和尚
鎮州萬歲和尚
京兆府道禪師

前百丈懷海禪師第三世法嗣
潭州溈山靈祐禪師
洪州黃檗希運禪師者
天台平田普岸禪師
筠州五峰常觀禪師
潭州石霜山性空禪師
福州大安禪師
福州古靈神讚禪師
韶州古佛通禪師者
廣州和安寺通禪師者
江州龍雲臺得禪師

景德傳燈錄卷第十
懷讓禪師第三世六十一人
　馬祖法嗣一十七人　十二人見錄
京兆章敬寺懷惲禪師法嗣

前大梅山法常禪師法嗣
新羅國迦智禪師
杭州天龍和尚
湖南上林戒靈禪師
湖南祇林和尚
五臺山秘魔巖和尚
前永泰寺靈湍禪師法嗣

前幽州盤山寶積禪師法嗣
鎮州普化和尚者
嘉禾藏廙禪師

前虔州西堂藏禪師法嗣四人　一人見錄
前百丈山懷海禪師法嗣四人　一人見錄

明州大梅山法常禪師法嗣三人　二人見錄
池州南泉普願禪師法嗣三人
澧州大同廣澄禪師法嗣五人　三人見錄
婺州五洩山靈默禪師法嗣四人　一人見錄

幽州盤山寶積禪師法嗣二人　一人見錄
荊州永泰寺靈湍禪師法嗣五人　三人見錄
潭州石霜大善和尚

雲水靖宗禪師法嗣
前蒲州麻谷山寶徹禪師法嗣二人　一人見錄
前湖南東寺如會禪師法嗣四人　一人見錄
前京兆章敬寺懷惲禪師法嗣
　　汾州無業國師法嗣
潭州龍牙山圓暢禪師法嗣二人　一人見錄

前百丈懷海禪師第三世法嗣
魯祖山寶雲禪師法嗣　一人無機緣語句不錄
洪州泐潭山靈默禪師法嗣
紫玉山道通禪師法嗣　一人無機緣語句不錄
華嚴寺智巖禪師法嗣　一人見錄

盧山歸宗寺智常禪師法嗣六人　四人見錄

前歸宗寺法常禪師法嗣
福州芙蓉山靈訓禪師
漢南穀城縣高亭和尚

新羅洪直禪師法嗣　二人無機緣語句不錄．
許州無跡和尚法嗣
前潙山靈祐禪師法嗣

袁州仰山慧寂禪師
鄧州香嚴智閑禪師
襄州延慶禪師
杭州徑山洪諲大師
福州靈雲志勤禪師
益州應天和尚
福州壽山師解禪師
饒州嶢山和尚
新羅九峰慈禪師
京兆米和尚
晉州霍山和尚
襄州王敬初常侍

前福州長慶大安禪師法嗣
益州大隨法眞禪師
韶州靈樹如敏禪師
福州靈雲洪法大師
杭州徑山洪諲大師
襄州延慶禪師
鄧州香嚴智閑禪師
袁州仰山慧寂禪師
前潙山靈祐禪師法嗣

新華嚴寺智藏禪師
五臺山智通和尚
前華嚴寺智藏禪師
黃州齊安和尚

景德傳燈錄卷第十一
懷讓禪師第四世八十九人
前潙山靈祐禪師法嗣四十三人　十人見錄．
漳州長慶院大安禪師法嗣二十人　八人見錄．
韶州靈樹如敏禪師法嗣
福州徑山鑒宗大師法嗣二人　一人見錄．
趙州東院從諗禪師法嗣十三人　七人見錄．
衢州子湖巖利蹤禪師法嗣　一人無機緣語句不錄．
鄂州茱萸和尚法嗣　三人無機緣語句不錄．
吉州孝義寺性空禪師
天龍和尚法嗣　一人見錄
長沙景岑禪師法嗣二人　一人見錄
襄州關南道常禪師法嗣二人　一人見錄
白馬曇照禪師法嗣　二人無機緣語句不錄．
新羅大證禪師法嗣

小馬神照禪師法嗣　一人無機緣語句不錄．
高安大愚和尚法嗣　一人見錄
泉州莆田縣國歡崇福院慧日大師
滁州浮江和尚
台州浮石和尚
洪州武寧縣新興嚴陽尊者
漳州浮石和尚
紫桐和尚
日容和尚
前鄂州茱萸和尚法嗣
石梯和尚
天龍和尚法嗣
前長沙景岑禪師法嗣
前衢州子湖巖利蹤禪師法嗣
益州西睦和尚
杭州多福和尚
婺州新建禪師
婺州木陳從朗禪師
隴州國清院奉禪師
揚州國清院慧覺禪師
洪州城東光孝院慧覺禪師
前趙州從諗禪師法嗣
廣州文殊院圓明禪師

明州雲頂山常通禪師
前關南道常禪師法嗣
襄州關南道吾和尚
漳州羅漢和尚
前高安大愚禪師法嗣
筠州末山尼了然

懷讓禪師法嗣第四世一十三人
前關南道常禪師法嗣
襄州關南道吾和尚
新羅五觀山順支了悟大師
杭州羅漢宗徹禪師
仰山南塔光涌禪師
仰山東塔和尚
前臨濟義玄禪師法嗣
灌谿志閑禪師
幽州譚空和尚

懷讓禪師法嗣第五世
前袁州仰山慧寂禪師法嗣
仰山西塔光穆禪師
晉州霍山景通禪師
睦州龍興寺陳尊宿
鎮州臨濟義玄禪師法嗣二人　一人見錄
鎮州寶壽沼和尚
魏府興化存獎禪師
定州善崔禪師
鎮州萬歲和尚
雲山和尚
鎮州三聖慧然禪師法嗣

懷讓禪師法嗣第四世一十九人
杭州徑山洪諲禪師法嗣四人　一人見錄
揚州光孝院慧覺禪師法嗣
袁州仰山南塔光涌禪師法嗣五人　一人見錄
涿州紙衣和尚法嗣
鎮州寶壽沼和尚法嗣二人　二人見錄
魏府大覺和尚法嗣四人　三人見錄
杭州羅漢宗徹禪師
魏府大覺禪師
金陵道場山和尚禪師
河東裝休

懷讓黃檗山希運禪師法嗣第四世
前洪州黃檗山希運禪師法嗣
鎮州臨濟義玄禪師
睦州龍興寺陳尊宿
福州千頃山楚南禪師
杭州烏石山靈觀禪師
福州紙衣和尚法嗣
涿州紙衣和尚法嗣
鎮州寶壽沼和尚法嗣二人　二人見錄
魏府興化存獎禪師法嗣二人　一人見錄
灌谿志閑禪師法嗣
前洪州黃檗山希運禪師法嗣　一人無機緣語句不錄．
前袁州仰山慧寂禪師法嗣

懷讓禪師法嗣第五世
前袁州仰山慧寂禪師法嗣
仰山西塔光穆禪師
晉州霍山景通禪師
新羅五觀山順支了悟大師
仰山南塔光涌禪師
前臨濟義玄禪師法嗣
灌谿志閑禪師
幽州譚空和尚

杭州徑山洪諲禪師法嗣四人　一人見錄
睦州陳尊宿法嗣　陳操
福州香嚴智閑禪師法嗣
睦州刺史陳操
涿州紙衣和尚
杉洋庵主

景德傳燈錄卷第十二
懷讓禪師法嗣第四世五十一人
洪州黃檗山希運禪師法嗣一十三人　七人見錄．
袁州仰山慧寂禪師法嗣一十人　六人見錄
鎮州臨濟義玄禪師法嗣二十一人　十五人見錄．
睦州陳尊宿法嗣二人　一人見錄
鄧州香嚴智閑禪師法嗣一十二人　十人見錄．
福州雙峰和尚

懷讓禪師法嗣第六世
道懺禪師
均州武當山佛巖暉禪師
江西廬山雙谿田道者
前福州雙峰古禪師
雙峰和尚法嗣
安州大安清幹禪師
益州崇眞演教大師
益州長平山和尚
益州南禪無染大師
洪州米嶺和尚
前徑山第三世洪諲禪師法嗣
前揚州光孝院慧覺和尚法嗣
終南山清幹和尚
前仰山南塔光涌禪師法嗣第六世
越州清化全付禪師
韶州芭蕉山慧清禪師
郢州芭蕉山鴻究妙濟大師
韶州昌樂縣黃連山義初明微大師
吉州資福如寶禪師
前灌谿志閑禪師法嗣
汝州寶壽沼和尚法嗣
汝州西院思明禪師
池州魯祖山教和尚
魏府興化存獎禪師法嗣
前三聖慧然禪師法嗣
鎮州寶壽沼和尚
淄州水陸和尚
桐峰庵主
雲山和尚
鎮州萬歲和尚
定州善崔禪師
福州雙峰和尚法嗣　一人見錄
鄧州香嚴智閑禪師法嗣　二人無機緣語句不錄．
新羅大證禪師法嗣　二人無機緣語句不錄．

前魏府大覺和尚法嗣
廬州大覺和尚
廬州澄心院旻德和尚……

鎭州宋本鎭州臨濟義玄禪師
照錄本鎭州臨濟義玄禪師章
汝州南院和尚……

景德傳燈錄卷第十三
懷讓禪師及曹谿別出共七十七人……

懷讓禪師第七世
郢州芭蕉山慧清禪師法嗣四人……

吉州資福如寶禪師法嗣四人 三人見錄……

汝州南院和尚法嗣 一人見錄……

汝州風穴延沼禪師……

汝州首山省念禪師法嗣四人 一人見錄……

汝州西院思明禪師……

韶州慧林鴻究禪師法嗣 一人見錄……

懷讓禪師第八世
汝州風穴延沼禪師法嗣四人 二人見錄……

潭州報慈歸眞大師德韶法嗣 二人見錄……

懷讓禪師第九世
汝州首山省念禪師法嗣……

羅浮山定眞和尚法嗣五人 一人見錄……

制空山道進和尚法嗣二十八人 二人見錄……

曹谿別出第三世
洛陽荷澤神會大師法嗣……

司空山本淨和尚法嗣 二人無機緣語句不錄……

韶州下回田善快和尚法嗣 一人無機緣語句不錄……

緣素和尚法嗣 一人無機緣語句不錄……

衡州道倩和尚法嗣 一人無機緣語句不錄……

祇源山眞應和尚法嗣 一人無機緣語句不錄……

耽源山法如和尚法嗣 一人無機緣語句不錄……

南陽慧忠國師法嗣 一人無機緣語句不錄……

磁州法如和尚法嗣 二人無機緣語句不錄……

河陽懷空和尚法嗣 一人無機緣語句不錄……

烏牙山圓震禪師法嗣 二人無機緣語句不錄……

五臺山無名禪師法嗣 一人無機緣語句不錄……

益州南印和尚法嗣 一人無機緣語句不錄……

曹谿別出第四世
荊南惟忠禪師法嗣
吳頭陀法如禪師 一人無機緣語句不錄……

曹谿別出第五世
遂州道圓禪師法嗣
鎭州道圓禪師法嗣 四人無機緣語句不錄……

曹谿別出第六世
奉國神照禪師法嗣 一人見錄……

曹谿別出第六世
圭峰宗密禪師法嗣 三人見錄……

鹿臺玄達禪師法嗣 六人無機緣語句不錄……

滑州智遠禪師法嗣 一人無機緣語句不錄……

懷讓禪師第七世
前郢州芭蕉山慧清禪師法嗣 四人無機緣語句不錄……

前郢州芭蕉山慧清禪師……

吉州資福如寶禪師法嗣……

洪州興陽希靜禪師……

郢州興陽山清讓禪師……

汝州西院思明禪師……

汝州幽谷山法滿禪師……

汝州風穴延沼禪師……

前汝州風穴延沼禪師法嗣……

潭州鹿苑和尚……

吉州福壽和尚……

吉州資福員遠禪師……

前吉州慧林鴻究禪師法嗣……

前韶州慧林鴻究禪師……

韶州靈瑞和尚……

風穴延沼禪師法嗣……

汝州廣慧眞禪師……

前汝州首山省念禪師法嗣……

前潭州報慈歸眞大師德韶法嗣……

郢州報慈歸眞大師德韶法嗣……

蘄州三角山總印禪師……

洛陽荷澤神會大師法嗣……

吉州耽源山眞應禪師……

潭州三角山總印禪師……

汝州首山省念禪師……

汾州善昭禪師……

曹谿別出第二世……

前汝州首山省念禪師……

前南陽慧忠國師法嗣……

前洛陽荷澤神會大師法嗣……

黃州大石山福林禪師……

沂水蒙山光實禪師……

曹谿別出第五世……

景德傳燈錄卷第十四
吉州青原山行思禪師章
節錄元本汝州風穴延沼禪師章.

第一世 一人見錄
第二世 二十一人
南嶽石頭希遷大師法嗣二十一人 十三人見錄

第三世 二十三人. 行思禪師第四世

荊州天皇道悟禪師法嗣 一人見錄……

鄧州丹霞山天然禪師法嗣七人 五人見錄……

藥山惟儼禪師法嗣十八人 六人見錄……

潭州長髭曠禪師法嗣二人 一人見錄……

潮州大顚和尚法嗣二人 一人見錄……

行思禪師第三世
石頭希遷大師法嗣……

行思禪師第二世
南嶽石頭希遷大師……

行思禪師第一世……

行思禪師
京兆尸利禪師
荊州天皇道悟禪師
澧州天皇道悟禪師
鳳翔府法門寺佛陀和尚
潭州華林和尚
潮州大顚和尚
潭州招提慧朗禪師
長沙興國寺振朗禪師
潭州藥山惟儼禪師
澧州大川和尚

行思禪師第三世
荊州石樓和尚
荊州天皇道悟禪師
澧州天皇道悟禪師
潭州大顚和尚
水空和尚
汾州攸縣長髭曠禪師
潭州大川和尚

行思禪師
本童和尚
丹霞山義安禪師
吉州性空禪師
京兆終南山翠微無學禪師
鄧州丹霞山天然禪師
澧州龍潭崇信禪師

米倉和尚
藥山惟儼禪師法嗣
潭州道吾山圓智禪師
潭州雲巖曇晟禪師
華亭船子和尚
宣州椑樹慧省禪師

藥山惟儼禪師法嗣
潭州道吾山圓智禪師
潭州雲巖曇晟禪師

鄂州清平山令遵禪師法嗣 一人見錄
行思禪師第四世
前澧州龍潭崇信禪師法嗣……
朗州德山宣鑒禪師……
洪州泐潭寶峰和尚……
湖南道場山如訥和尚……
前吉州性空禪師法嗣……
歙州茂原和尚……
蹂州光仁禪師……
前京兆翠微無學禪師……
舒州投子山大同禪師……
涿州紆源仲興禪師……
潭州漸源山仲興禪師……
潭州石霜山慶諸禪師法嗣……
建州白雲約禪師……
湖州道場山如訥和尚……
祿清和尚……
潭州雲蓋山智禪師……
潭州石霜山慶諸禪師法嗣……
筠州洞山良价禪師……
潭州杏山鑒洪禪師……
潭州大顚三平義忠禪師……
藥山大川和尚法嗣……
澧州百顏明哲禪師……
福州普光和尚……
優天和尚……

景德傳燈錄卷第十五
吉州青原山行思禪師法嗣
第四世一十七人
澧州龍潭崇信禪師法嗣 二人見錄

太原孚上座

漳州保福院超悟禪師

隨州雙峰山梁家庵永禪師

益州普通山普明大師

吉州潮山延宗禪師

漳州潙山楼禪師

洛京慈鶴山和尚

福州芙蓉山如體禪師

福州古田極樂元儼禪師

建州夢筆和尚

池州和龍山壽昌院守訥妙空禪師

福州永泰和尚

泉州東禪和尚

衢州南臺仁禪師

韶州雲門山文偃禪師

南嶽金輪可觀禪師

越州諸暨縣越山師鼒鑒真禪師

福州南禪契璠禪師

杭州龍興院宗靖禪師

泉州睡龍山道溥弘教大師

漳州龍院從晨禪師

泉州保福院從展禪師

福州安國院明弘瑫大師

襄州雲蓋山雙泉院歸本禪師

福州雪峰義存禪師法嗣 四十二人三十一人見錄

吉州青原山行思禪師第六世

景德傳燈錄卷第十九

明州翠巖永明令參大師

杭州龍華寺真覺靈照大師

福州蓮華山永福院超證從弇大師

福州僊宗院仁慧行瑫大師

漳州隆壽興法紹卿大師

福州鼓山興聖神晏國師

福州西興化度悟真師郁大師

陰珏和尚

雲居山懷岳達空禪師

晉州大梵山懷住和尚

新羅雲住和尚

池州稽山昌禪師

雲居山昌禪師

衡州南嶽南臺和尚

朗州德山和尚

洪州大善慧海禪師

盧宗寺懷懌禪師

雲居山昭化道簡禪師

揚州豐化和尚

欽州朱谿謙禪師

漳州水西南臺和尚

池州廣濟和尚

洪州鳳樓山同安院丕禪師

蘇州永光院真禪師

杭州佛日和尚

前洪州青原山行思禪師第六世

洛京上藍院令超禪師

洪州疎山匡仁禪師

樂普山安禪師

江西逍遙山懷忠禪師

筠州九峰普滿大師

青林虔禪師

洛京白馬遁儒禪師

益州北院通禪師

高安白水本仁禪師

撫州疎山匡仁禪師

漳州龍牙山居遁禪師

撫州曹山本寂禪師

撫州雲居山道膺禪師

洪州雲居山道膺禪師

吉州青原山行思禪師第六世

南嶽般舟道場實閣惟勁大師

景德傳燈錄卷第二十

洛京長水靈泉歸仁禪師

隨州隨城山護國院守澄海

筠州黃檗山慈柒禪師

洪州百丈安和尚

疎山證空禪師

杭州瑞龍院幼璋禪師

京兆重雲智暉禪師

高安白水本仁禪師法嗣

京兆香城和尚

前益州北院通禪師法嗣

前興化府青剉山和尚

定州穌慧炬和尚

鄧州芭蕉慧禪師

韶州萬頃山廣度和尚

襄州鳳凰山石門寺獻禪師

襄州龍牙山居遁禪師法嗣

漳州龍牙山居遁禪師

韶州華嚴和尚

華州草庵法義禪師

鳳翔府紫陵匡一大師

前京兆蕃菴寺休靜禪師法嗣

前撫州疎山匡仁禪師法嗣

景德傳燈錄卷第二十一

福州僊宗院契符清法大師

杭州天龍寺重機明真大師

福州臥龍山安國院慧球寂照禪師

漳州羅漢院桂琛禪師

前福州玄沙師備禪師法嗣第七世

吉州青原山行思和尚第七世

福州龍冊寺道怤禪師法嗣

信州鵝湖智孚禪師法嗣

漳州報恩懷嶽禪師法嗣

福州長慶慧稜禪師法嗣

福州玄沙師備禪師法嗣

吉州青原山行思和尚第七世上

京兆三相和尚

襄州後洞山和尚

常州正勤院蘊禪師

洪州天王院和尚

益州大雄山百丈超禪師

安州大安山省禪師

延州伏龍山延慶院奉璘禪師

前撫州曹山本寂禪師法嗣

京兆臥龍和尚

嘉州中度和尚

蜀川西禪和尚

西川布水巖和尚

前襄州草庵法義禪師

江西洞谿和尚

鄧州中度和尚

鳳翔府青峰傳楚禪師

前京兆盤龍山可文禪師法嗣

京兆白雲無休禪師

蘄州烏牙山彥賓和尚

泉州白雲院巍和尚

前江西逍遙山懷忠禪師法嗣

樂普元安禪師法嗣

京兆永安院善靜禪師

處州廣利容禪師

衡州華光範禪師

撫州曹山慧霞了悟禪師

襄州鹿門山處真禪師

常州從志玄明大師

洪州大雄山百丈超禪師

洪州天王院和尚

袁州木平山善道禪師

江西永安淨悟禪師

鄧州中度和尚

嘉州中度和尚

京兆臥龍和尚

陝州龍谿和尚

泉州福清院魏和尚

前撫州龍牙山居遁禪師法嗣

洛京黃山月輪禪師

京兆桐泉山和尚

鄧州香嚴山和尚

前洛京韶山寰普禪師法嗣

漳州文殊和尚

景德傳燈錄卷第二十二

吉州青原山行思禪師第七世中

杭州龍華寺靈照禪師法嗣　七人見錄
潭州妙濟院師浩傳心大師
明州翠巖令參禪師法嗣　二人見錄
福州安國院弘瑫禪師法嗣　九人見錄
漳州保福院從展禪師法嗣　二十五人見錄
南嶽金輪觀禪師法嗣　一人見錄
泉州睡龍龍山道溥禪師法嗣　一人見錄
韶州雲門山文偃禪師第七世　一十九人見錄
前杭州青原行思禪師法嗣六十一人　二十五人見錄

【上段】
婺州金華山國泰院瑫禪師
衢州嶽南臺誠禪師
福州升山白龍院道希禪師
福州螺峰沖奧明法大師
泉州睡龍龍山和尚
天台山雲峰光緒至德大師
杭州雲黃山契如庵主
前
泉州福華寺彥球安達禪師
福州長慶院道匡禪師
前
天台山國清寺靜相得一大師
杭州天竺山子儀心印水月大師
建州白雲智作真寂禪師
福州報慈院光雲慧覺大師
福州龍山薀禪師
福州龍山文義禪師
襄州定慧和尚
泉州鼓山智岳了宗大師
福州鼓山智嚴了覺大師
金陵報恩院清護禪師
福州鼓山淨德道場沖煦慧悟禪師

廬山開先寺紹宗智覺大師
婺州金鱗報恩院寶資曉悟大師
杭州傾心寺法瑫宗一禪師
福州水陸院洪儼禪師
福州靈隱山廣嚴院咸澤禪師
杭州報慈院慧朗禪師
福州怡山長慶常慧禪師
福州枕峰觀音院了空大師
福州長慶院清換禪師
福州東禪院遵禪師
福州東禪契訥禪師
處州翠峰從欣禪師
福州石佛院靜禪師
福州怡山靜禪師
新羅龜山和尚
吉州龍須院守玭禪師
撫州永安院懷烈淨悟禪師
福州祥光院澄靜禪師
襄州鷲嶺明遠禪師
杭州報慈院從盈禪師
前
杭州龍華寺契盈廣辯周智大師
越州清化山師訥禪師
衢州南禪遇緣禪師
復州資福院智遠禪師

前漳州報恩院懷岳禪師法嗣
福州怡山長慶藏用禪師
福州安國院從貴禪師
福州羅山義聰禪師
漳州報恩院弘崇禪師
朗州德山德海禪師
潭州嶽麓德巋和尚
泉州後招慶和尚

前明州雪峰令參禪師法嗣
台州瑞巖進禪師
台州六通院志球禪師
前杭州青原行思禪師法嗣
杭州白雲通禪師
杭州雲龍院歸禪師
杭州餘杭功臣院道閑禪師
衢州鎮境遇緣禪師
福州報國院照禪師
洪州漳江慧禪師
溫州雲山佛嶴院知默禪師
杭州雲門寺子興明悟大師
前福州安國院弘瑫明真大師法嗣
福州安國院白鹿師貴禪師
福州羅山義聰禪師
漳州報恩院德海禪師
泉州鳳凰山從琛洪忍禪師
漳州保福院清運資化禪師
泉州萬安院清運資化禪師
福州羅漢院清豁禪師

景德傳燈錄卷第二十三

吉州青原山行思禪師第七世下

韶州雲門山文偃禪師法嗣　三十六人　一
隨州雙泉山永禪師法嗣　一人無機緣語句一
台州瑞巖師彥禪師法嗣　五人見錄
懷州玄泉山彥禪師法嗣　五人見錄
福州羅山道閑禪師法嗣　十九人
安州白兆山志圓禪師法嗣　十三人　十六　八人
漳州藤霞和尚法嗣　一人見錄
吉州禾山無殷禪師法嗣　五人無機緣語句不錄
潭州雲蓋山景禪師法嗣　三人見錄
廬山歸寂澄禪師法嗣　二人　二人見錄
廬山歸宗弘章禪師法嗣　二人見錄
撫州荷玉山禪師法嗣　一人
撫州洞山禪師法嗣　二人無機緣語句不錄
筠州稜山章禪師法嗣　四人見錄
撫州金峰從志大師禪師法嗣　四人見錄
池州稜山慧禪師法嗣　六人　三人見錄
洪州曹山慧霞禪師法嗣　三人　一人見錄
撫州曹山慧霞禪師法嗣　一人見錄
潭州草庵禪師法嗣
華州草庵法義禪師法嗣　六人
襄州報慈藏嶼禪師法嗣　四人見錄
鳳翔府紫陵匡一大師法嗣　三人見錄

【下段】
福州永隆院彥端禪師
洪州高安縣建山澄禪師
福州林陽山瑞峰院志端禪師
福州康山神晏國師法嗣
福州興聖滿禪師
泉州報恩院明禪師
漳州延壽寺慧輪大師
泉州西明院琛禪師
前
泉州金輪可觀禪師法嗣
隨州雙泉山院寬明教大師
韶州舜峰韶和尚
廣州華嚴慧禪師
英州觀音和尚
韶州林泉和尚
後南嶽金輪和尚
前南嶽金輪和尚法嗣
郢州臨谿竟脫和尚
廣州華嚴道倫禪師
韶州雲門煦和尚
益州青城香林院澄遠禪師

廣州新會黃雲元禪師
韶州資福和尚
廣州義章龍境倫和尚
廣州雲門山奧和尚
韶州白雲閑和尚
韶州白雲智寂禪師
韶州披雲法雲禪師
韶州淨法章和尚禪師
韶州溫門山滿禪師
嶽州巴陵新開顥鑒大師
英州大容諲禪師
連州地藏院慧慈明識大師
漳州雲門山崇禪師
韶州保福院可儔明辯大師
舒州白水海會如新禪師
漳州保福院道熙禪師
泉州鳳凰山從琛洪忍禪師
福州報慈院道欽禪師
洪州漳江慧禪師
洪州雲山佛嶴院知默禪師
溫州雲山佛嶴院知默禪師
杭州龍冊寺子興明悟大師
漳州羅山守仁清禪師
潭州嶽麓和尚
漳州德山德海禪師
泉州後招慶和尚

洪州同安威禪師法嗣二人　一人見錄
襄州石門山獻禪師法嗣　一人見錄
襄州廣德義和尚法嗣三人
京兆香城和尚法嗣　一人無機緣語句不錄
杭州瑞龍院幼璋禪師法嗣　一人無機緣語句不錄
隨州護國守澄禪師法嗣八人
洛京靈泉歸仁禪師法嗣　一人無機緣語句不錄
京兆永安院善靜禪師法嗣　二人無機緣語句不錄
鳳翔府青峰和尚法嗣七人　六人見錄
鄞州烏牙山彥賓禪師法嗣三人　二人見錄
韶州青原山行思禪師法嗣第七世

祥符大巖白和尚
南嶽般若寺啓柔禪師
筠州洞山普利院懷和尚
筠州雲門山文偃禪師第八世住清裒禪師
朗州滄溪禪師
穎州羅漢匡果禪師
潭州谷山豐禪師
洪州泐潭道禪師
信州康國耀和尚
洪州洞山守初宗慧大師
蘄州北禪寂和尚悟通大師
廬山永安朗禪師
湖南潭明和尚
湖南天王永平禪師
金陵清涼明禪師
金陵奉先深禪師
西川青城大面山乘和尚
潞府妙勝臻禪師
興元府普通封和尚
韶州燈峰淨原和尚
韶州大梵圓和尚
澧州藥山圓光禪師
信州鵝湖山雲震禪師
襄州奉國清海禪師
盧山開先清耀禪師
韶州慈光和尚
潭州保安師密禪師

前台州瑞巖師彥禪師法嗣
南嶽橫龍和尚
歸宗寺弘章禪師
溫州溫嶺瑞峰院神祿禪師
隨州雙泉山道彥禪師
前懷州玄泉彥禪師法嗣
鄂州黃龍山晦機禪師
洛京栢谷和尚
池州和龍和尚
前洪州雲居第四世道齊禪師法嗣
揚州豐化院令崇禪師
澧州藥山忠彥禪師
潞府妙勝玄密禪師
懷州玄泉第二世和尚
前福州羅漢閑禪師法嗣
洪州大寧院隱微禪師
鄂州明招德謙禪師
前襄州鹿門山處真禪師
衡州華光范禪師
婺州明招德謙禪師
吉州清平惟曠真寂禪師
慶州天竺義澄常真禪師
建州白雲令奔和尚
西川慧禪師
福州羅漢紹玆禪師
婺州金柱義昭禪師
潭州谷山和尚
湖南瀏陽道吾山從盛禪師
福州羅漢義因禪師
灌州靈巖和尚
吉州匡山和尚
福州安國重滿禪師
潭州寶應清進禪師
前安州白兆山智圓禪師法嗣
朗州大龍山行霑大師
襄州白馬山行霑大師
鄞州大陽山笠乾院懷楚禪師
安州白兆山清皎禪師
蘄州四祖山清皎禪師
蘄州三角山志操禪師
晉州興教院普禪師
蘄州三角和敎禪師
澧州龍居山智門寺守欽圓照大師
澧州藤霞和尚
衡嶽南臺寺藏禪師
幽嶽福院思禪師
潭州潭柘水從實禪師
潭州雲蓋山證覺禪師

前盧山歸宗懷惲禪師法嗣
前池州稽山章禪師
前懷州玄泉彥禪師法嗣
前池州稽山章禪師法嗣
隨州雙泉山道虔禪師
前洪州雲居第四世道齊禪師法嗣
揚州豐化院令崇禪師
澧州藥山忠彥禪師
前蘄州烏牙山彥賓禪師法嗣九人
安州大安山興古禪師
蘄州烏牙山行朗禪師
西川灌口青峰和尚
京兆香闆山端已禪師
前鳳翔府青峰和尚法嗣
朗州明招德謙禪師法嗣六人
益州崇真和尚
梓州龍泉和尚
筠州上藍院慶禪師
婺州鹿門山處真禪師法嗣
前襄州鹿門山處真禪師
益州崇福禪師
泉州龜洋山慧忠禪師
洪州草庵法義禪師
泉州草菴禪師
前華州草菴禪師法嗣
盧山佛手巖行因禪師者
襄州谷隱智靜悟空大師
襄州鹿門山第二世譚和尚志行大師
洋州龍穴山和尚
唐州大乘山和尚
襄州鳳山含珠山審哲禪師
并州承天三交智嵩禪師
前鳳翔府紫陵匡一大師法嗣
鳳翔府紫陵匡一大師
紫菱匡禪師
洪州含珠山真和尚
陳州石鏡和尚
興元府大浪和尚
興元府石鏡和尚
隨城山護國志朗圓明大師
潭州延壽和尚
穎州薦福院思禪師
安州大安山能和尚崇教大師
安州大安山能演化大師
隨城山護國知遠演化大師
隨州龍居山智門寺守欽圓照大師
隨州隨城山護國守澄禪師法嗣
前襄州廣德義和尚法嗣
前襄州廣德延禪師
石門山乾明寺懷楚禪師
襄州石門山獻禪師法嗣
襄州廣德延禪師
幽州傳法和尚

景德傳燈錄卷第二十四

前蘄州烏牙山彥賓禪師法嗣
安州大安山興古禪師
蘄州烏牙山行朗禪師
前鳳翔府青峰和尚法嗣
西川灌口青峰和尚
京兆香闆山端已禪師
鄂州黃龍山晦機禪師法嗣九人　七人見錄
婺州明招德謙禪師法嗣六人　五人見錄
朗州明招德謙禪師法嗣第八世
安州白兆山懷楚禪師法嗣三人　一人見錄
襄州白馬山行霑禪師法嗣
洪州大龍山智洪禪師法嗣二人
鳳翔府紫陵匡一大師法嗣二人見錄
盧山歸宗弘章禪師法嗣二人無機緣語句不錄
盧山歸宗弘章禪師法嗣一人無機緣語句不錄
益州淨眾寺歸信禪師法嗣
襄州廣德延志朗圓明大師法嗣
隨州護國知遠禪師法嗣一人無機緣語句不錄
洪州同安志禪師法嗣第八世
襄州石門山獻禪師法嗣第八世七十四人
吉州青原山行思禪師第八世
吉州青原山行思禪師第八世七十四人
漳州羅漢院桂琛禪師法嗣十人見錄
昇州清涼院文益禪師法嗣七十四人
福州倭宗契符大師法嗣二人見錄
襄州清谿山洪進禪師法嗣一人見錄
杭州天龍重機大師法嗣一人見錄
撫州龍濟山主紹修禪師
杭州天龍寺秀禪師
婺州國泰瑤禪師法嗣一人見錄
婺州報恩寶資禪師法嗣一人見錄
福州昇山白龍道希禪師法嗣七人　六人見錄
泉州招慶法因大師法嗣五人見錄
處州翠峰從欣禪師法嗣一人見錄
洛州延慶傳毀禪師
房州開闢山懷晝禪師
襄州鷲嶺明遠禪師法嗣一人見錄

선문염송(禪門拈頌)

선문염송은 고려 때 진각국사 혜심(眞覺國師 慧諶 : 1178~1234)이 역대 선사들의 징(徵)·염(拈)·대(代)·별(別)·송(頌)·가(歌) 등 1125책을 모아 30권으로 출판한 대작이다.

여기에 백파긍선(白坡亘璇 : 1767~1852)은 사기 5권을 쓰고 진각스님의 제자 고려 때 각운(覺雲 : 高陽醉髡)은 그 말씀을 따라 설화 30권을 지었다.

'염'은 강요(綱要)를 염출하는 것이고
'징'은 질문하는 것이며
'대'는 대신한다는 말이고
'별'은 따로 묻고 대답한다는 말이고
'송'은 게송을 짓는 것이고
'가'는 노래 부르는 것이다.

이렇게 장황한 염송·설화는 한국선시의 백미(白眉)로서 널리 알려져 있었으나 유전(流箭), 전화(戰禍)로 거의 소실되었던 것을 박한영-조종현-활안스님이 계승함으로써 다시 재기의 선풍을 일으키고 있다.

간추린 제목은 활안스님의 『염송이야기』에서 발췌한 것이다.

염송 이야기 목차

(721) 협산여마(夾山與麼)
(722) 협산불필(夾山不必)
(723) 석제상당(石梯上堂)
(724) 대동주보(大同駐步)
(725) 투자대장(投子大藏)
(726) 투자대사(投子大死)
(727) 투자탄각(投子呑却)
(728) 투자일체(投子一切)
(729) 투자승상(投子繩床)
(730) 투자역겁(投子歷劫)
(731) 투자연평(投子延平)
(732) 투자아각(投子丫角)
(733) 투자대사(投子大事)
(734) 투자겁화(投子劫火)
(735) 투자삼신(投子三身)
(736) 투자백우(投子白牛)
(737) 투자일추(投子一槌)
(738) 투자삼라(投子森羅)
(739) 투자현중현(投子玄中玄)
(740) 투자금계(投子金雞)
(741) 투자의희(投子依稀)
(742) 투자제일월(投子第一月)
(743) 투자허공(投子虛空)
(744) 투자노승(投子老僧)
(745) 영준무인(令遵無人)
(746) 청평정색(淸平井索)
(747) 도림포모(道林布毛)
(748) 조과불법(鳥窠佛法)
(749) 소선사정교(沼禪師釘鉸)
(750) 보수만경(保壽萬境)
(751) 혜연봉인(慧然逢人)
(752) 삼성주주(三聖住住)
(753) 대각불자(大覺拂子)
(754) 대각홀래(大覺忽來)
(755) 대각본래(大覺本來)

제 19 권   선문염송(禪門拈頌)
(756) 존장중원(存奬中原)

(757) 흥화야할(興化也喝)
(758) 흥화창도(興化唱導)
(759) 흥화사방(興化四方)
(760) 흥화변할(興化便喝)
(761) 흥화단도(興化單刀)
(762) 흥화다자(興化多子)
(763) 지한도도(智閑道道)
(764) 관계벽전(灌溪劈箭)
(765) 관계일작(灌溪一杓)
(766) 최선사출래(崔禪師出來)
(767) 정상좌의 금주(定上座擒住)
(768) 정상좌의 선하(定上座禪河)
(769) 역촌다시(歷村茶匙)
(770) 담공개당(譚空開堂)
(771) 운산기신(雲山起身)
(772) 호계변할(虎溪便喝)
(773) 호계저리(虎溪這裏)
(774) 동봉과 대충(東峯大蟲)
(775) 동봉불어(桐峯不語)
(776) 복분작무(覆盆作舞)
(777) 복분곡상(覆盆哭上)
(778) 활상좌의 심경(蕅上座心境)
(779) 활상좌유사(蕅上座有事)
(780) 의존종승(義存宗乘)
(781) 암두조설(巖頭阻雪)
(782) 설봉해탈(雪峯解脫)
(783) 설봉속등(雪峯束藤)
(784) 설봉주정(雪峯洲亭)
(785) 설봉고간(雪峯古澗)
(786) 설봉세계(雪峯世界)
(787) 설봉편전(雪峯片田)
(788) 설봉속미(雪峯粟米)
(789) 설봉별비(雪峯鼈鼻)
(790) 설봉투망(雪峯透網)
(791) 설봉불전(雪峯佛殿)
(792) 설봉복선(雪峯覆船)
(793) 설봉목구(雪峯木毬)

(867) 운거산하(雲居山河)
(868) 동산서지(洞山鋤地)
(869) 광인법신(光仁法身)
(870) 소산수탑(疎山壽塔)
(871) 소산제성(疎山諸聖)
(872) 소산고목(疎山枯木)
(873) 소산죽족(疎山粥足)
(874) 소산노한(疎山老漢)
(875) 소산목사(疎山木蛇)
(876) 둔유정저(遁儒井底)
(877) 본적영의(本寂靈衣)
(878) 조산자부(曹山子婦)
(879) 조산최귀(曹山最貴)
(880) 조산청허(曹山淸虛)
(881) 조산보살(曹山菩薩)
(882) 조산불진(曹山佛眞)
(883) 조산변이(曹山變異)
(884) 조산소지(曹山掃地)
(885) 조산단좌(曹山端坐)
(886) 조산격칙(曹山格則)
(887) 조산대빈(曹山對賓)
(888) 조산설부(曹山雪覆)
(889) 조산심처(曹山心處)
(890) 조산천주(曹山泉州)
(891) 조산심경(曹山心經)
(892) 조산토각(曹山兎角)
(893) 조산사문(曹山沙門)
(894) 거둔선판(居遁禪板)
(895) 용아동수(龍牙洞水)
(896) 용아막야(龍牙鏌鎁)
(897) 용아종일(龍牙終日)
(898) 용아착력(龍牙着力)
(899) 용아오유(龍牙悟由)
(900) 용아학도(龍牙學道)
(901) 용아이서(龍牙二鼠)
(902) 용아오귀(龍牙烏龜)
(903) 용아여적(龍牙如賊)

(904) 용아강호(龍牙江湖)
(905) 용아명산(龍牙名山)
(906) 용아등산(龍牙登山)
(907) 영아일출(龍牙日出)
(908) 균주반시(균州般柴)
(909) 동산경왕(洞山徑往)
(910) 동산조도(洞山鳥道)
(911) 본인성전(本人聲前)
(912) 본인착사(本仁著沙)
(913) 문수녹록(文邃轆轆)
(914) 흠산수기(欽山竪起)
(915) 흠산일족(欽山一鏃)
(916) 함계응용(咸啓應用)

제 22 권   선문염송(禪門拈頌)

(917) 건봉거일(乾峯擧一)
(918) 건봉노두(乾峯路頭)
(919) 건봉법신(乾峯法身)
(920) 통선사와 비원(通禪師飛猿)
(921) 동산청정(洞山淸淨)
(922) 현자신전(蜆子神前)
(923) 경통등조(景通藤條)
(924) 대선예배(大禪禮拜)
(925) 광용조계(光涌曹溪)
(926) 남탑백설(南塔百舌)
(927) 남탑일언(南塔一言)
(928) 등주 불암휘(鄧州佛巖暉)
(929) 청간양두(淸幹羊頭)
(930) 교지관확(敎志寬廓)
(931) 거회달마(居誨達摩)
(932) 도건휴거(道虔休去)
(933) 구봉조조(九峯祖祖)
(934) 구봉두미(九峯頭尾)
(935) 구봉제성(九峯諸聖)
(936) 구봉제여(九峯諸餘)
(937) 구봉심법(九峯心法)
(938) 구봉상주(九峯常住)
(939) 석주사종인(石柱四種人)

(1084) 운문공양(雲門供養)
(1085) 운문천태(雲門天台)
(1086) 운문염칠(雲門念七)
(1087) 운문등롱(雲門燈籠)
(1088) 운문금일(雲門今日)
(1089) 운문주장(雲門拄杖)
(1090) 운문착편(雲門着偏)
(1091) 운문구우(雲門久雨)
(1092) 운문일갑(雲門一搕)
(1093) 운문심천(雲門深淺)
(1094) 운문조사(雲門祖師)
(1095) 운문대지(雲門大地)
(1096) 운문백해(雲門百骸)
(1097) 운문수구(雲門數句)
(1098) 운문미료(雲門未了)
(1099) 운문초생(雲門初生)
(1100) 운문절반(雲門折半)
(1101) 운문내처(雲門來處)
(1102) 운문선(雲門禪)
(1103) 운문평상(雲門平常)
(1104) 운문불병(雲門佛病)
(1105) 장경여래(長慶如來)
(1106) 장경노호(長慶老胡)
(1107) 장경무찰(長慶無刹)
(1108) 장경합성(長慶合聖)
(1109) 장경묘봉(長慶妙峯)
(1110) 장경상봉(長慶相峯)
(1111) 장경도반(長慶道伴)
(1112) 장경부지(長慶不知)
(1113) 장경법안(長慶法眼)
(1114) 장경정결(長慶淨潔)
(1115) 장경초리(長慶草裏)
(1116) 장경도금(長慶淘金)
(1117) 장경예출(長慶拽出)
(1118) 도부성체(道忞成褆)
(1119) 경청우적(鏡淸雨滴)
(1120) 경청사교(鏡淸蛇蛟)

(1121) 경청신년(鏡淸新年)
(1122) 경청줄탁(鏡淸啐啄)
(1123) 경청삼봉(鏡淸三峯)
(1124) 경청석교(鏡淸石橋)
(1125) 경청종자(鏡淸鍾子)
(1126) 경청만리(鏡淸鰻鱺)
(1127) 경청지남(鏡淸指南)
(1128) 취암일하(翠巖一夏)
(1129) 취암참견(翠巖叅見)
(1130) 대원법신(大原法身)
(1131) 부고시(孚顧視)
(1132) 부장세(孚掌勢)
(1133) 부부모(孚父母)
(1134) 부성전(孚聖箭)

제 26 권   선문염송(禪門拈頌)

(1135) 안국사홀기(晏國師忽起)
(1136) 고산일구검(皷山一口劍)
(1137) 고산해수(皺山咳嗽)
(1138) 명진득지(明眞得之)
(1139) 아호유자(鵝湖油糍)
(1140) 홍통혼신(弘通渾身)
(1141) 종지노바(從志老婆)
(1142) 금봉함개(金峯函盖)
(1143) 금봉조주(金峯趙州)
(1144) 금봉약거(金峯若擧)
(1145) 금봉금배(金峯金杯)
(1146) 금봉해안(金峯海晏)
(1147) 금봉금주(金峯擒住)
(1148) 요오조산(了悟曹山)
(1149) 광혜적적(光慧的的)
(1150) 서선사량(西禪思量)
(1151) 처진일편(處眞一片)
(1152) 혜옹적육(慧顒赤肉)
(1153) 남원종상(南院從上)
(1154) 남원일월(南院日月)
(1155) 남원필마(南院匹馬)
(1156) 남원패야(南院敗也)

(1157) 남원줄탁(南院崒啄)

(1158) 남원고전(南院古殿)

(1159) 남원단소(南院丹霄)

(1160) 남원일봉(南院一棒)

(1161) 남원일획(南院一劃)

(1162) 남원남종(南院南宗)

(1163) 보수본래(寶壽本來)

(1164) 보수추출(寶壽推出)

(1165) 사명체도(思明剃刀)

(1166) 박암선(泊巖禪)

(1167) 박암도(泊巖道)

(1168) 박암교(泊巖教)

(1169) 대령일체처(大嶺一切處)

(1170) 운주제불(雲住諸佛)

(1171) 도간고봉(道簡孤峯)

(1172) 운거일추(雲居一椎)

(1173) 동안금계(同安金鷄)

(1174) 귀종양량(歸宗兩兩)

(1175) 상찰향거(常察向去)

(1176) 동안의경(同安依經)

(1177) 동안강서(同安江西)

(1178) 동안천인(同安天人)

(1179) 동안희작(同安喜鵲)

(1180) 동안이기(同安二機)

(1181) 무은습학(無殷習學)

(1182) 담명대도(潭明碓擣)

(1183) 정과본래(淨果本來)

(1184) 호국서인(護國犀因)

(1185) 호국학립(護國鶴立)

(1186) 호국심법(護國心法)

(1187) 성아왕(省我王) ‥‥

(1188) 헌온금서(獻蘊金鋤)

(1189) 석문물외(石門物外)

(1190) 덕의등산(德衣登山)

(1191) 광덕영리(廣德伶利)

(1192) 혜정주장(慧情拄杖)

(1193) 파초제삼(芭蕉第三)

(1194) 여보원상(如寶圓相)

(1195) 자복염추(資福拈槌)

(1196) 자복일진(資福一塵)

(1197) 지휘귀근(智暉歸根)

(1198) 선장심심(善藏深深)

(1199) 광화수무(匡化誰無)

(1200) 도한기멸(道閑起滅)

(1201) 나산단좌(羅山端坐)

(1202) 나산석우(羅山石牛)

(1203) 선도일구(善道一漚)

(1204) 선정지유(善靜知有)

(1205) 영안벽상(永安壁上)

(1206) 전초대사(傳楚大事)

(1207) 계침종전(桂琛種田)

(1208) 지장색각(地藏塞却)

(1209) 지장모란(地藏牧丹)

(1210) 지장장득(地藏將得)

(1211) 혜구죽반(慧救粥飯)

제 27 권 선문염송(禪門拈頌)

(1212) 귀신연화(歸信蓮花)

(1213) 혜철운광(慧徹雲光)

(1214) 도은수가(道隱數家)

(1215) 도광상굴(道匡上窟)

(1216) 혜각용문(慧覺龍門)

(1217) 연빈산호(延彬珊瑚)

(1218) 왕대부발우(王大傅鉢盂)

(1219) 호감제바종(顥鑒提婆宗)

(1220) 파릉취모검(巴陵吹毛劒)

(1221) 파릉계한(巴陵鷄寒)

(1222) 파릉명안인(巴陵明眼人)

(1223) 파릉동서(巴陵東西)

(1224) 징원납의(澄遠衲衣)

(1225) 향림좌구(香林坐久)

(1226) 향림실내(香林室內)

(1227) 향림삼년(香林三年)

(1228) 원명급진(圓明及盡)

직지심체(直指心體)

　직지심체는 고려 때 백운 경한스님(白雲和尙 景閑 : 1299~1375)이 역대 조사들이 직지심체를 요체만 간추려 상하 양권 165절로 정리한 것이다.

　원래 스님은 전북 고부 출신으로 일찍 출가하여 원나라에 들어가 10여년간 공부하는 가운데 인도 지공(指空) 스님과 중국 청공(淸珙) 스님에게 인가를 받고 1354년 귀국하여 신광사 흥성사에서 선풍을 진작하다가 김포 포방산 고산암에 은거, 천년 취암사에서 입적하였다.

　수좌 법린(法鄰)이 어록을 찾고 경책을 희망하자 노안을 무릅쓰고 불조께서 증득하신 심체와 요절만을 간추려 정리하게 하였다.

　이 책은 프랑스 국립도서관에서 발견되어 세계 최고의 금속활자로 인증되어 우리나라에서는 1000년 초부터 인식되게 되었다.

　"어떤 것이 조사께서 인도에서 오신 뜻입니까?"

　"개울물이 깊으니 바가지 자루가 길어야 한다."

　"어떤 것이 조계의 일적수(一滴水)입니까?"

　"묻는 놈이 바로 조계 일적수다."

　이 글은 선학사전(禪學事典)과 한조(寒照) 선사의 역서와 각성(覺性)·무비(無比) 스님의 저서를 참고하였다.

불조 직지심체요절 권상(佛祖直指心體要節 券上)

인도편(印度篇)

一. 칠불(七佛)

1. 비바시불(毘婆尸佛) ………
2. 시기불(尸棄佛) ……………
3. 비사부불(毘舍浮佛) ………
4. 구류손불(拘留孫佛) ………
5. 구나함모니불(拘那含牟尼佛) ……
6. 가섭불(迦葉佛) ……………
7. 석가모니불(釋迦牟尼佛) ····

二. 제 조사(諸祖師)

1·2. 가섭·아난(迦葉·阿難)·
3. 상나화수(商那和脩) ……
4. 우바국다(優波踘多) …….
5. 제다가(提多迦) ……….
6. 미차가(彌遮迦) …………
7. 바수밀(波須密) …………
8. 불타난제(佛陀難提) ……
9. 복다밀다(伏馱密多) ……
10. 협 존자(脇尊者) …………
11. 부나야사(富那夜奢) …
12. 마명 존자(馬鳴尊者)
13. 가비마라(迦毘摩羅) …
14. 용수보살(龍樹菩薩) …
15. 가나제바(迦那提波)
16. 라후라다(羅睺羅多) …
17. 승가난제(僧伽難提)
18. 가야사다(伽耶舍多) …
19. 구마라다(鳩摩羅多) …
20. 사야다(闍夜多) ………
21. 바수반두(波修般頭) …
22. 마나라(摩拏羅) ………
23. 학륵나(鶴勒那) ………
24. 사자 존자(師子尊者) ·
25. 바사사다(婆舍斯多) …
26. 불여밀다(不如密多) ····
27. 반야다라(般若多羅) ····

중국편(中國篇)

28. 초조 보리달마(初祖 菩提達摩)·이조 혜가(二祖 慧可)
29. 바라제(波羅提) 인도(印度) ………………
30. 반야다라 존자(般若多羅尊者) 인도(印度) …………
31. 삼조 승찬(三祖 僧璨) …………………………
32. 사조 도신대사(四祖 道信大師)
    재송도자 오조 홍인(栽松道者 五祖 弘忍)
33. 육조 혜능(六祖 惠能) ………
34. 청원 행사선사(清源行思禪師)
35. 남악 회양화상(南岳懷讓和尚)
36. 영가 현각선사(永嘉玄覺禪師)
37. 남양 혜충국사(南陽慧忠國師)
38. 하택 신회선사(荷澤神會禪師)
39. 장폐 마왕(障蔽魔王) ………
40. 마조 도일(馬祖道一) ………
41. 백장 회해선사(百丈懷海禪師)
42. 황벽 희운선사(黃蘗希運禪師)
43. 남전 선사(南泉 禪師) ………
44. 반산 보적선사(盤山普積禪師)
45. 귀종선사(歸宗禪師) …………
46. 대매선사(大梅禪師) …………
47. 대주 혜해선사(大珠惠海禪師)
48. 분주 무업국사(汾州無業國師)
49. 귀종선사(歸宗禪師) …………
50. 서산 양좌주(西山亮座主) ……
51. 영묵선사(靈默禪師) …………
52. 석공화상(石鞏和尚) …………
53. 약산 유엄선사(藥山唯儼禪師)
54. 위산 대원선사(潙山大圓禪師)
55. 조주(趙州) …………………
56. 혜충국사(慧忠國師) …………
57. 도명화상(道明和尚) …………
58. 유관화상(惟寬和尚) …………………
59. 염관화상 회하승(鹽官和尚會下僧)
60. 형악 혜사선사(衡岳惠思禪師) ………
61. 조과화상(鳥窠和尚) …………
62. 대위화상(大潙和尚) …………
63. 나안화상(懶安和尚) …………
64. 양산 연관선사(梁山緣觀禪師) ………
65. 무업국사(無業國師) …………………

발문(跋文)

벽암록(碧巖錄)

벽암록은 원오극근(圜悟克勤, 1063-1135)선사가 운문종의 중현(雪竇重顯, 980~1052)스님이 전등록 1700 공안 중 1백칙을 골라 종지를 드러내고 송고 (頌古)를 붙였는데 원오극근선사가 거기 수시(垂示), 착어(著語), 평창(評唱)을 붙인 것이다. 총 10권으로 되어 있는데 대덕 4년 촉(蜀)의 장명원(張明遠)이 종 문제일서로 추천하여 간행함으로써 임제종 계통의 중요선서가 되었다.

우리나라에서는 세조 11년(1465) 을유자(乙酉字)로 인쇄하여 문화재적 가치 를 소유하고 있다.

중현스님은 사천성 출신이다. 어려서 보안원 인선(仁銑)을 따라 출가하여 대 자사 원영과 석문의 은총스님께 이력을 보고 수주 지문광조스님을 뵙고 깨달음 을 얻어 동정의 취미봉, 절강성 명주, 설두산 자성사에서 신풍을 진작, 운문종 의 중흥조사가 되었다.

원오스님 역시 사천성 출신으로 남송 고종으로부터 원오(圓悟), 북송 휘종으 로부터 불과(佛果)라는 호를 받아 국부의 귀의처가 되고 한림학사 각지장의 청 으로 6조사 소각사에서 법을 설하고 정화 연간(1111~1117) 남유하여 장상영 에게 화엄현지를 가르쳤다. 많은 지인들과 서찰로써 포교하여 한국에서 그의 편지 서장(書狀)으로 4집과 교재를 삼고 있다. 간화선(看話禪)의 추종자다.

圜悟碧嚴集目次

圜悟碧嚴集目次終

종용록(從容錄)

종용록은 송나라 굉지정각(宏智正覺,1091–1157)스님의 송고(頌古) 100칙에 만송행수(萬松行秀: 1166~1246)가 평창(評唱)한 것을 가정 17년(1224)에 간행하여 종용암록(從容庵錄)이라 불렀던 것이다.

총 6권으로 되어 있는데 벽암록이 간화선에서 의용하고 있는데 반하여 이 책은 조동종(曹洞宗) 묵조선(默照禪)의 종풍을 드러낸 것으로 이해하고 있다.

무문관 사십팔칙(無門關 四十八則)

　무문관은 송나라에 무문혜개(無門慧開, 1183~1260)스님이 복주영가의 용상사에 있으면서 학인들의 청을 따라 불조화두 1천여개 가운데서 48칙만 염제(拈提)하여 평창(評唱)과 송(頌)을 붙임으로써 벽암록, 종용록과 함께 선문의 대표적인 서적으로 인식되었다.

　"무문(無門)"이란 특별한 방법이 없다는 말이다. 우주의 모든 현상은 깨달음의 방편 아닌 것이 없는데 단지 중생의 근기 때문에 맞는 것도 있고 맞지 않는 것도 있다 하였다.

　"개가 불성(佛性)이 있는지 없는지!"

　"백장(百丈)이 말한 여우는 어떤 종류였는지!"

　"동산의 삼선근(三善根)은 무엇을 말하는지!"

　한 번 알아보아야 할 것이다.

無門關 四十八則 佛祖機緣 目錄

一 趙州狗子
二 百丈野狐
三 俱胝竪指
四 胡子無鬚
五 香嚴上樹
六 世尊拈花
七 趙州洗鉢
八 奚仲造車
九 大通智勝
十 清稅孤貧
十一 州勘庵主
十二 巖喚主人
十三 德山托鉢
十四 南泉斬猫
十五 洞山三頓
十六 鐘聲七條
十七 國師三喚
十八 洞山三斤
十九 平常是道
二十 大力量人
二一 雲門屎橛
二二 迦葉刹竿
二三 不思善惡
二四 離却語言
二五 三座說法
二六 二僧卷簾
二七 不是心佛
二八 久響龍潭
二九 非風非幡
三十 即心即佛
三一 趙州勘婆
三二 外道問佛
三三 非心非佛
三四 智不是道
三五 倩女離魂
三六 路逢達道
三七 庭前栢樹
三八 牛過窓櫺
三九 雲門話墮
四十 趯倒淨瓶
四一 達磨安心
四二 女子出定
四三 首山竹篦
四四 芭蕉拄杖
四五 他是阿誰
四六 竿頭進步
四七 兜率三關
四八 乾峰一路

수수께끼 불교 : 활안 정섭 · 호암 찬헌 編

여래선과 조사선

2016년 10월 10일 인쇄
2016년 10월 15일 발행

편   찬 | 활안 · 호암
발 행 인 | 불교정신문화원
발 행 처 | 불교통신교육원
주   소 | 12457 경기도 가평군 청평면 남이터길 65
전   화 | 031) 584–0657, 02) 969–2410
등록번호 | 76. 10. 20 제6호
인   쇄 | 이화문화출판사 (02–738–9880)

값 18,000원